beck ^Ische **reihe**

b^{sr}

Von Auguste Comte, dem „Gründervater" der Soziologie, bis zu Frankreichs Soziologiestar Pierre Bourdieu stellen die „Klassiker der Soziologie" in zwei Bänden Leben, Werk und Wirkung der großen Soziologen dar. Ausgewiesene Sachkenner eröffnen mit diesen Portraits einen vorzüglichen Einblick in die Geschichte und die wichtigsten theoretischen Konzepte der Soziologie.

Dirk Kaesler lehrt als Professor für Allgemeine Soziologie in Marburg. Er hat zahlreiche Veröffentlichungen vorgelegt, darunter „Max Weber" (1995) und „Soziologie als Berufung" (1997).

Klassiker der Soziologie

Band II
Von Talcott Parsons bis Pierre Bourdieu

Herausgegeben von
Dirk Kaesler

Verlag C.H. Beck

1. Auflage. 1999
2., durchgesehene Auflage. 2000

3. Auflage. 2002
Originalausgabe

© Verlag C.H.Beck oHG, München 1999
Gesamtherstellung: Druckerei C.H.Beck, Nördlingen
Umschlagabbildungen: *v. l. n. r.:* Theodor W. Adorno (AKG, Berlin)
Niklas Luhmann (Süddeutscher Verlag, Bilderdienst),
Jürgen Habermas (AKG, Berlin).
Umschlagentwurf: Groothuis + Malsy, Bremen
Printed in Germany
ISBN 3 406 42089 3

www.beck.de

Inhalt

Klaus Allerbeck

Paul F. Lazarsfeld
(1901–1976)

Paul Felix Lazarsfeld ist der Begründer der modernen Sozialforschung. Wenn dieser Titel angesichts konkurrierender Institutionen und Forscher auch strittig sein mag, so gebührt ihm doch die Priorität in Anbetracht seiner Verbindung der Vision einer empirischen Sozialforschung mit der Entwicklung ihrer Methodologie, ihrer Begründung durch Projektorientierung und dem Bemühen um Institutionalisierung.

Sein Lebenslauf ist gekennzeichnet durch zwei sehr unterschiedlich lange Schaffensperioden an zwei Institutionen: acht Jahre als privat finanzierter Forschungsassistent am Psychologischen Institut der Universität Wien und 37 Jahre als Professor an der *Columbia University*, New York. An beiden gründet er Institutionen, um seine innovative Form von Sozialforschung durchzuführen: die *Wirtschaftspsychologische Forschungsstelle* und das *Bureau for Applied Social Research*, die beide ihren Gründer nicht überleben.

Äußerlich erscheint sein Lebenslauf weniger geradlinig: Geboren am 13. Februar 1901 in Wien, wuchs er in einem bildungsbürgerlichen jüdischen Elternhaus auf. Seine intellektuelle Prägung erfuhr er als Jugendlicher im direkten Kontakt mit führenden Repräsentanten des Austromarxismus und durch sein Interesse an der Mathematik. Er studierte Staatswissenschaften und Mathematik an der Universität Wien und an der *Sorbonne* in Paris. Als Schüler und Student war Lazarsfeld aktiv in der radikal sozialistischen Mittelschülerbewegung und gründete 1919 die „Vereinigung Sozialistischer Mittelschüler" in Wien mit, die Arbeiterkinder in zahlreichen sozialistischen Jugendlagern betreute. 1924 promovierte er in Mathematik zum Dr. phil. und legte die Lehramtsprüfung als Gymnasiallehrer für Mathematik und Physik ab. Vom Schuldienst beurlaubt, wurde er 1927 Wissenschaftlicher Assistent am Psychologischen Institut der Universität Wien unter Karl und Charlotte Bühler. Vor allem mit seinen Kenntnissen in Statistik wirkte er an der von ihm gegründeten Wirtschaftspsychologischen Forschungsstelle, die sich mit vielfältiger Auftragsforschung befaßte. Ein zweijähriges Stipendium der *Rockefeller Foundation* 1933/1934 gab ihm die Gelegenheit zum Aufenthalt an mehreren amerikanischen Universitäten und Instituten. Nach Wien zurückgekehrt, entschließt sich Lazarsfeld zur Auswanderung in die USA.

Dort während der Mitte der Depression angelangt, gelingt es ihm, durch Vermittlung von Robert S. Lynd, ein Forschungsprojekt an der *University of Newark*, New Jersey durchzuführen, aus dem heraus er ein drittmittelfinanziertes Forschungszentrum aufbaute. Dort führte er, pro forma auch an der *Princeton University* beschäftigt, ein großes Forschungsprojekt der *Rockefeller Foundation* über die Auswirkungen des Rundfunks auf die Gesellschaft durch. Das *Office of Radio Research*, dessen Direktor er wurde, wurde 1939 an die *Columbia University* verlegt, wo Lazarsfeld zunächst *Lecturer* und 1940 *Associate Professor of Sociology* wurde. 1943 wird Lazarsfeld amerikanischer Staatsbürger. Das *Office of Radio Research* wird 1944 in das *Bureau of Applied Social Research* umfirmiert und 1945 der *Columbia University* assoziiert. Das *Department of Sociology* dieser Universität prägt Lazarsfeld, der 1962 zum *Quetelet Professor of Social Science* ernannt wurde, zusammen mit Robert K. Merton entscheidend mit. Seine internationale und nationale wissenschaftliche Anerkennung zeigt sich an seinen Gastprofessuren an der *Sorbonne* (1962/63 und 1967/68) und seiner Präsidentschaft bei der *American Sociological Association*. Nach seiner Emeritierung von der *Columbia University* wird er 1971 *Distinguished Professor of Social Sciences* an der *University of Pittsburgh*. Er stirbt am 30. August 1976.

Das Werk

Es gibt vier auf Deutsch geschriebene Bücher von Lazarsfeld. Dazu gehört ein Statistik-Lehrbuch einführenden Charakters[1] und eine scharfsinnige Analyse von Daten und Veröffentlichungen über *Jugend und Beruf*.[2] Berühmt geworden ist die zusammen mit Marie Jahoda und Hans Zeisel durchgeführte Untersuchung über die Arbeitslosigkeit in Marienthal.[3] Auffallend ist an diesen Untersuchungen ein ausgeprägter Datenhunger: Daten aus einer

Vielzahl unterschiedlichster Quellen werden unter der leitenden Fragestellung ausgewertet und interpretiert. Die Studien sind dabei nicht fixiert auf eine bestimmte Erhebungsmethode, sondern verwenden alle als sinnvoll erscheinenden Verfahren in Kombination miteinander. Besonders beeindruckend ist der methodische Einfallsreichtum in der Marienthal-Untersuchung: Hier stehen Beobachtungen, die mit der Stoppuhr durchgeführt wurden, neben der Auswertung von Tagebüchern und Schulaufsätzen, Beobachtungen einer Ärztin und Informationen über die Bedürftigkeit, die zur Ausgabe des Ertrags einer in Wien durchgeführten Kleidersammlung gesammelt wurden usw. So entsteht anhand des von kollektiver Beschäftigungslosigkeit geprägten Dorfes ein äußerst eindringliches, stimmiges Bild der Auswirkungen von Dauerarbeitslosigkeit, des Verlusts des Zeitbewußtseins und der sozialen Desorganisation, das die allgemeinen Vorstellungen über die Folgen von Arbeitslosigkeit nachhaltig verändert und umfassend beeinflußt.

Größere Bedeutung kommt indes Lazarsfelds amerikanischen Studien zu. Sein spezifischer Arbeitsstil bildet sich, trotz einer teilweisen Ähnlichkeit mit den Wiener Erhebungen, erst in den USA heraus. Er ist ein höchst produktiver Koautor. Organisation und Durchführung von Forschungsprojekten machen den Kern seines Tuns aus; solche Arbeit ist ihrem Wesen nach flüchtig, auch wenn ihre Spuren bleibend sind: in Veröffentlichungen ebenso wie in den zahlreichen Schülern, die in Lazarsfelds Projekten und in den von ihm gegründeten Organisationen das Handwerk und die Logik der empirischen Sozialforschung erlernt haben. Die Vielzahl der veröffentlichten Werke erlaubt noch am ehesten Zugang zu seinem Schaffen. Sie sind Beispiele, oft Musterbeispiele, empirischer Sozialforschung, bevor sie verbreitet war und zur Routine wurde.

Die Bedrohung der Lehrfreiheit

Besonders gilt dies für die mit Wagner Thielens, Jr., verfaßte große Studie *The Academic Mind*, die nähere Betrachtung verdient, weil sie für das Vorgehen Lazarsfelds charakteristisch ist und dieses mit großer Sorgfalt dokumentiert. Sie hatte einen nur zu klaren

Ausgangspunkt: die Bedrohung bürgerlicher Freiheiten im allgemeinen und der akademischen Freiheit im besonderen durch den McCarthyismus in den USA. Der *Fund for the Republic* hatte sie – wie auch Samuel A. Stouffers Untersuchung *Communism, Conformity and Civil Liberties*[4] – in Auftrag gegeben, um das Ausmaß der Wirkungen dieser Bedrohung zu dokumentieren. Im nachhinein erweist sich die Erwartung, daß die Studie Teil einer Kontroverse werden würde und dieser würde standhalten müssen, als ein glücklicher Umstand, wurde sie doch so mit außergewöhnlicher Umsicht konzipiert, durchgeführt, dokumentiert und ergänzt: zu ihr gehört ein von David Riesman geschriebener mehr als hundertseitiger Anhang *Some Observations on the Interviewing in the Teacher Apprehension Study*, der eine in dieser Form einmalige qualitative Überprüfung und Erweiterung der standardisierten Erhebung darstellt.

Die Untersuchung ist eine der seltenen Ausnahmen, bei denen sich Lazarsfeld einer nationalen Stichprobe bedient. 2451 Sozialwissenschaftler an 165 Colleges und Universitäten wurden 1955 von zwei verschiedenen Feldorganisationen – sozusagen zur wechselseitigen Kontrolle – befragt. Dabei wurde „Sozialwissenschaftler" in einem weiteren Sinn verstanden, der Historiker ebenso einschloß wie einige Geographen. Die Situation ist völlig anders als bei einer üblichen Bevölkerungsumfrage: Nicht nur sind die Befragten eine überaus heterogene Gruppe, auch die Institutionen, die sie beschäftigen, sind höchst verschieden. Die Tatsache der enormen Hetcrogenität war bekannt, aber akzeptierte Maße hierfür gab cs nicht. Wie also soll der Sozialforscher analysieren, wenn er nicht über Messungen verfügt?

Die Antwort, die Lazarsfeld gibt, ist einfach: Messung kann allein durch plausible Setzung erfolgen, da die Zusammensetzung des Lehrkörpers in diesen Fächern höchst unterschiedlich ist. Nur drei Kennziffern aus der Umfrage seien erwähnt: 82 % der befragten Dozenten hatten eine Dissertation geschrieben, 72 % hatten wissenschaftliche Artikel veröffentlicht, ein Drittel mindestens ein Buch über die Dissertation hinaus. Doch pure Deskriptionen dieser Art sind nicht das, was Lazarsfeld an dem Material interessiert; für ihn ist dies Rohmaterial, das er zur Indexbildung verwendet. Der Index, der hieraus entsteht, ist der der wissenschaftlichen „Produktivität". Der Index ist ein ganz krudes Maß: ein

Punkt wird vergeben für „Dissertation", ein Punkt für „mindestens eine Veröffentlichung", ein dritter Punkt für „mindestens ein Buch", ein vierter für „mindestens drei Vorträge bei professionellen Vereinigungen", was insgesamt eine Punktsumme von null bis vier Punkten ergibt. So geht Lazarsfeld stets vor, um latente Variablen zu messen.

Bemerkenswert ist, wie Lazarsfeld für ein gelehrtes Publikum dieses ziemlich rohe Maß für ein recht sensibles Thema einführt: Er weist darauf hin, daß es gar nicht so sehr auf die genaue oder gar „richtige" Definition von „Produktivität" ankommt, und zeigt sofort, daß „Produktivität", so „gemessen", eng zusammenhängt damit, ob jemand Ämter in Berufsvereinigungen innegehabt hat oder Berater für Nicht-Regierungsorganisationen war. Lazarsfeld legt durch den Nachweis von Beziehungsmustern dar, daß der Index ein gültiges Maß der latenten Variablen ist und daß er Erklärungskraft hat. Mit einfachen, kühnen Schritten bei Variablenkonstruktion und Analyse kommt er zum Ziel, ohne sich in den möglichen Verästelungen der empirischen Forschung und ewigen Zweifeln zu verlieren. Die verschiedenen Indizes eines Bereichs sind, wie Lazarsfeld schon Jahrzehnte zuvor gezeigt und immer wieder bestätigt hat, austauschbar. Die tragenden Säulen, auf denen die zentralen Ergebnisse beruhen, können ersetzt werden, ohne daß die Architektur der Befunde schaden nimmt.

Die Herausforderung durch die Unterschiedlichkeit der Colleges und Universitäten ist noch größer: Es gibt öffentliche und private, kleine und große, protestantische und katholische. Und am wichtigsten ist die am schwersten zu bestimmende Dimension dieser unterschiedlichen Anstalten: die Qualität. Wieder wird ein Index gebildet, in den objektive, aus veröffentlichten Daten bestimmbare Variablen eingehen wie das Verhältnis des Buchbestands in der Bibliothek zur Studentenzahl, das Jahresbudget pro Student, der Anteil der Promovierten am Lehrkörper. Und Lazarsfeld kann zeigen, daß dieser aus veröffentlichten Daten bestimmte Index durch das Material der eigenen Umfrage bestätigt wird.

Zentrales Thema ist, wie sich der in der McCarthy-Ära erzeugte Druck auf die Lehrenden auswirkt: Nimmt ihre Vorsicht zu, machen sie sich Sorgen, kommt es zu Ängstlichkeit? Mit großer Sorgfalt wird so ein Index für *„Apprehension"* gebildet, der als eine zentrale Variable die Analyse durchzieht. Aus den Daten entsteht ein Muster von Befunden, die z.T. durchaus überraschend sind: z.B. daß die besseren Colleges einem höheren Druck ausgesetzt sind, diesem aber besser standhalten. Welcher Art dieser Druck ist, wird im einzelnen dokumentiert. Die Berichte über Einzelfälle, die als Antworten auf offene Fragen wiedergegeben werden, zeigen Ausmaß und Art der antikommunistischen Hexenjagd jener Jahre.

Die überhistorische Bedeutung dieser Studie liegt in ihrem methodischen Ansatz, der noch immer beispielhaft und geeignet ist, irrige Ansichten über Umfrageforschung zu zerstreuen. Denn sie belegt entgegen eines gängigen Vorurteils, daß durch die Zufallsauswahl der Befragten die sozialen Strukturen nicht notwendig zerschlagen oder bis zur Unkenntlichkeit verändert werden. Im Gegenteil werden die Antworten auf den sozialen Kontext bezogen; ja es werden aus den einzelnen Antworten sogar Kontextinformationen gebildet. Solche Kontextanalysen sind komplexe Operationen, deren Durchführung vor der allgemeinen Verfügbarkeit von Computern besondere Betonung verdient. Die Untersuchung war weit mehr als eine des *Academic Mind*; sie erschloß auch die Sozialstruktur des amerikanischen Bildungswesens in einer Weise, wie dies zuvor noch nicht geschehen war.

Die Tatsache, daß Paul F. Lazarsfeld diese wichtige Studie inmitten einer nationalen Kontroverse größter Bedeutung in den USA anvertraut wurde, belegt überdeutlich, daß er in den fünfziger Jahren – neben Samuel Stouffer, der die monumentale Untersuchung über die amerikanische Armee im Zweiten Weltkrieg geleitet hatte – *der* führende akademische Sozialforscher der USA war.

Die erste empirische Präsidentschaftswahl-Studie

Unter den frühen amerikanischen Arbeiten ragt die erste grundlegende Wahluntersuchung *The People's Choice* (1944) heraus. Diese mit Bernard Berelson und Hazel Gaudet verfaßte, heute schmal anmutende Studie[5] hat die US-Präsidentschaftswahl von 1940 zum Gegenstand, bei der Willkie als republikanischer Herausforderer gegen den amtierenden Präsidenten Roosevelt kandidierte, der eine dritte Amtsperiode anstrebte. Der republikanische Kandidat dieser Wahl ist heute längst vergessen; doch zentrale Fragestellungen und Hauptergebnisse der Studie leben in der modernen amerikanischen empirischen Wahlforschung fort, zu deren Begründer Lazarsfeld mit diesem Projekt wurde.

Die Untersuchungsanlage war einzigartig: in sieben Erhebungswellen wurden in Erie County, Ohio, wiederholt dieselben potentiellen Wähler befragt. (Die Methode des *Panel* als Forschungsverfahren zur Untersuchung von Wandel wurde hier erstmals eingesetzt). Mögliche Einflüsse durch wiederholte Befragung wurden kontrollierbar gemacht, indem parallel Erhebungen bei verschiedenen Kontrollgruppen durchgeführt wurden. Der Untertitel des Buchs trifft die Ausgangsfragestellung der Studie gut: *„How the Voter makes up his mind in a Presidential Campaign"*. Von der Weltpolitik bis zu den Stellungnahmen der lokalen Zeitungen, von den Wahlkundgebungen im Untersuchungsgebiet bis zu den größeren Reden der Kandidaten werden die Ereignisse dokumentiert, welche die Entscheidung der Wähler beeinflussen *könnten* (und häufig als vermeintliche Erklärung genannt werden). Die Wirkungen eines Wahlkampfs sollten erstmals wissenschaftlich bestimmt werden. Doch der zentrale Beitrag der Untersuchung sollte ein ganz anderer sein, als die in der Untersuchungsanlage dokumentierte Ausgangsfragestellung erwarten ließ.

Die Autoren nehmen einen ihrer damals fraglos kontroversen Hauptbefunde, wenn nicht den Befund überhaupt, vorweg, indem sie ihn dem normalen Wissen des praktizierenden Politikers zuschreiben, als handele es sich um eine Selbstverständlichkeit: Die Präferenzen der meisten Wähler stehen schon lange vor dem Wahlkampf fest, und sie werden bestimmt durch die Zugehörigkeit zu sozialen Gruppen, mit anderen Worten durch die Sozialstruktur: Je höher der sozio-ökonomische Status, desto wahrscheinlicher ist die Wahl der republikanischen Partei. Lazarsfeld konstruiert einen *„Index of Political Predisposition"*, der Status, Wohnort und Konfession zusammenfaßt, um die vorherbestimmte Neigung zur republikanischen Partei auszudrücken.

Damit wird die Rolle des Wahlkampfs und seine Wirkungen nicht negiert: die *Prädispositionen* stehen fest, aber nicht das Wahlverhalten selbst, das schließlich zustande kommt. Der Wahlkampf aktiviert die Gleichgültigen, verstärkt die Parteineigungen und überzeugt die Zweifelnden. Vor allem macht er Meinungen und Absichten stimmiger: So tendieren diejenigen, deren Kandidaten – und Parteipräferenzen in der ersten Panel-Welle divergieren, dazu, zu späteren Zeitpunkten übereinstimmende Präferenzen mitzuteilen.

Wesentliches Thema war die Rolle der Massenmedien im Wahlkampf. Insbesondere ging es um das neue Medium Radio im Vergleich zu den Druckmedien. Dabei zeigte sich, daß die oft vermutete Medienkonkurrenz nicht eintrat: diejenigen, die ein bestimmtes Kommunikationsmedium nutzen, tendieren dazu, auch die anderen Medien wahrzunehmen. Parteipräferenzen spielen dabei eine Rolle: Demokraten bevorzugen den Rundfunk, Republikaner Zeitungen als Informationsquelle, entsprechend der dominanten politischen Orientierung der Medien.

The People's Choice definierte auch viel von der künftigen Forschungsagenda Lazarsfelds und seiner Mitarbeiter. Dieses Thema der Folgewirkungen greift Lazarsfeld 1967 in einem Vorwort zur dritten Auflage auf. Das inhaltlich wichtigste ist dabei das der „Meinungsführer".

Die Wahlstudie von 1940 galt besonders den Medien; dennoch wurde in ihr viel von der Interaktion zwischen den Wählern sichtbar. Bei der Deutung der Befunde wurde die Idee der *„opinion leaders"* aufgebracht: der interessierte, sehr artikulierte Wähler, der politischen Rat gibt oder sogar versucht, andere Bürger zu überzeugen. Diese *„opinion leaders"* wurden in allen Berufsgruppen gefunden, nicht etwa nur unter den Prominenten oder den Reichen. Obwohl es nicht möglich war, die Natur des *„personal influence"* im Rahmen der Untersuchung exakt zu bestimmen, kam Lazarsfeld zu der Idee des *„two step flow of communication"*, nach der die Massenmedien ihre Zielgruppen in zwei Phasen erreichen. Die *„opinion leaders"* hören Radio oder lesen Zeitung, dann geben sie das an Information und Ideen aufgenommene an die weniger aktiven Sektoren der Bevölkerung in gefilterter Form weiter.

Diesen Fragestellungen galt dann eine Studie von Lazarsfeld und Elihu Katz in Decatur, Illinois,[6] die belegt, wie sehr die Themen der Marktforschung ein integraler Bestandteil seines Werks waren. Scheinbar ging es um ganz andere Themen als Politik: Entscheidungen zum Filmbesuch, Kauf einer neuen Nahrungsmittelmarke, Wechsel zu einer neuen Mode, erhoben bei einer Stichprobe von Frauen. Die Themen mögen anders scheinen; die Grundfragestellung *„opinion leadership"* ist gleich, wie der Titel *Personal Influence. The Part Played by People in the Flow of Mass Communications* des 1955 erschienenen Buchs bereits zeigt. Lazarsfeld lehnt eine scharfe Trennung zwischen „akademischen" und „kommerziellen" Fragestellungen ab und befürwortet die wechselseitige Befruchtung von akademischer Sozialforschung und kommerzieller Marktforschung, womit er ein akademisches Publikum nicht selten erschreckte (in späteren Jahren durchaus mit Absicht). In dieser Perspektive sind eine Wahlkampagne und eine Marketingkampagne durchaus vergleichbar.

Es folgte eine zweite Wahlstudie, die sich mit der Präsidentschaftswahl von 1948 befaßte, wiederum als Panelstudie durchgeführt, diesmal in Elmira, New York. Der ambitionierte Titel *Voting* des hieraus resultierenden Buchs, das 1954 erschien (mit Bernard Berelson und William McPhee), macht deutlich, daß hier am Beispiel des Wahlkampfs zwischen dem durch den Tod seines Vorgängers ins Amt gelangten Präsidenten Truman und seinem als Favoriten geltenden Herausforderer Dewey mit einem 4-Wellen-Panel die allgemeine Sozialpsychologie der Wahlentscheidung formuliert werden sollte. Während die Wahl 1948 mit der unerwarteten Wiederwahl Trumans zum Debakel der amerikanischen Umfrageforschung wird, läßt Lazarsfelds regional begrenzte Studie, die eben keine Wahlprognose geben will, die Prozesse in der Wählerschaft erkennen, die zu diesem Ergebnis geführt haben. Damit macht sie auch die Unterschiede zwischen den *„Pollstern"*, die mit den Mitteln der Meinungsforschung nur den Sieger voraussagen wollen und der wissenschaftlichen Wahlforschung deutlich.

Datensätze und Sekundäranalyse

Bücher wie die genannten sind die bleibenden Bestandteile des Werks von Lazarsfeld. Die von ihm durchgeführten Studien finden darin aber nicht ihren endgültigen Abschluß. Ein gleichwertiges Endprodukt ist der Datensatz, der archiviert verfügbar ist und zum Zweck der Sekundäranalyse verbreitet wird.

Lazarsfelds Bedeutung liegt wesentlich darin, wie er Methoden und Resultate als Bausteine einer empirischen Sozialforschung einsetzte. Er arbeitet rastlos an der Begründung dieser neuen Disziplin, sei es in Form seiner – heute klassischen – Werke, sei es in Form seines kunstvollen Bemühens um die Finanzierung von Studien und um die Gründung und Aufrechterhaltung eines Forschungsinstituts, das zugleich Ausbildungsstätte ist. Zu nennen ist in diesem Zusammenhang auch sein Bestreben nach Kodifizierung wie in dem zusammen mit Morris Rosenberg herausgegebenen Lesebuch *The Language of Social Research – A Reader in the Methodology of Social Research* (1955).[7] Beachtlich ist aber vor allem, wie weit Lazarsfeld in manchem der amerikanischen Wissenschaftsentwicklung voraus war. Die Wahlforschung ist hierfür ein gutes Beispiel. Seine erste große Präsidentschaftswahlstudie fand über zwei Jahrzehnte vor der *„Behavioral Revolution"* der amerikanischen *Political Science* statt, welche Wahlstudien zur Routine werden ließ.

Als die Sozialforschung in den USA nach dem Zweiten Weltkrieg in den USA etabliert wird, mit den dementsprechenden Forschungsmitteln, institutionalisierten Forschungsstätten auf fester Grundlage und routinisiertem Betrieb, fällt die Würdigung der Arbeiten ihres Vorreiters schwer, denn Lazarsfeld mußte ohne all diese Dinge auskommen, Organisation *ad hoc* schaffen, fast jedes Projekt mit dem anschließenden Projekt finanzieren und zugleich fast vorspiegeln, auf gesicherter institutioneller Grundlage zu stehen.

Es gibt von Lazarsfeld autobiographische Notizen,[8] die sich auf die Zeit konzentrieren, in der er bemüht war, als Einwanderer Fuß zu fassen und eine Forschungsstelle auf Dauer aufzubauen. Mit zahlreichen Details und mit charakteristischer Selbstironie beschreibt er die Geschichte seiner Einwanderjahre. Er kommt zwar wie der sprichwörtliche Einwanderer, der mit seinem letzten Bargeld die billigste Schiffsfahrkarte in die USA gekauft hat, aber er hat etwas andere Voraussetzungen: ein zuvor innegehabtes Stipendium der *Rockefeller Foundation*, das ihn verschiedene Forschungseinrichtungen der USA kennenlernen ließ. So ist er dort weder völlig kenntnislos noch unbekannt.

Lazarsfeld verhält sich in den ersten Jahren, als glaube er an das amerikanische Credo der Gleichheit und hat – trotz eklatanter Fehleinschätzungen, deren wichtigste das Ignorieren der Realität sozialer Schichtung in den USA war – sogar bemerkenswerte Erfolge. Alsbald gelingt es ihm, eine eigene Forschungsstelle zu gründen und zu betreiben – freilich an der ziemlich obskuren *Newark University*. Und sein ganzes Sinnen und Trachten scheint sich darauf zu richten, durch Forschungsleistungen deren Ansehen zu mehren, ohne Einsicht in die Realität des minderen Rangs dieser nicht besonders angesehenen Institution, der eine Förderung durch etablierte Stiftungen eigentlich ausschloß. Dennoch gelingt es ihm, mittels recht gewagter institutioneller Konstruktionen den empirischen Teil des „Radio Projekts" der *Rockefeller Foundation* nach Newark zu holen (offiziell ist das Projekt an der *Princeton University* beheimatet).

Der Bericht eines zeitweiligen Mitarbeiters über diese Forschungsstelle ist instruktiv. Theodor W. Adorno, der 1938 an der Musik-Studie des *Radio Research Project* mitarbeitete, berichtete darüber: „Das Princeton Radio Research Project hatte damals als Hauptquartier weder Princeton noch New York, sondern in Newark, New Jersey, und in wirklich etwas Pioniergeist, in einer leerstehenden Brauerei. Wenn ich durch den Tunnel unter dem Hudson hindurchfuhr, fühlte ich mich ein wenig, als ob ich in Kafkas Natur-Theater von Oklahoma wäre. Ich war sehr beeindruckt von dem Fehlen jeglicher Peinlichkeit bei der Wahl einer Örtlichkeit, die in den Augen der europäischen akademischen Gemeinschaft schwer vorstellbar gewesen wäre."[9]

Diese Episode in Lazarsfelds Sozialforscherbiographie kommt zu einem Ende, als seine Berufung an die *Columbia University* ihm erlaubt, eine höchst angesehene Ausbildungs- und Forschungsstätte zu schaffen, die durch personelle Verflechtung mit dem *Department of Sociology* und eine losere Anbindung an die Universität Generationen graduierter Studenten mit den Methoden der Sozialforschung vertraut machte.

Als Lazarsfeld in die USA übersiedelte, gab es dort zwar noch keine akademische empirische Sozialforschung, aber es existierten bereits Umfrageinstitute mit Stäben von Interviewern, und es gab die Lochkartentechnologie. Es ist diese Technologie, die Lazarsfeld in ihren Möglichkeiten voll ausschöpft durch die kreative, sinnreiche Kombination binärer Kodierungen und deren statistische Analyse. (Von der Dauer dieser Operationen mittels einer Fachzählsortiermaschine hat der heutige, computergewöhnte Leser kaum eine realistische Vorstellung). Damit kann die Umfrageforschung zu einem wissenschaftlichen Verfahren werden. Lazarsfeld kombiniert als überaus einfallsreicher Organisator diese Gegebenheiten mit Finanzierungsgelegenheiten, die er mit beträchtlicher Kühnheit zu handhaben weiß, und akademischen Ausbildungsmöglichkeiten.

So entsteht die charakteristische „Handschrift" des Sozialforschers Lazarsfeld. Sie verbindet den „Wiener Ansatz" mit den amerikanischen Vorgehensweisen des *survey*. Ihr Charakteristikum ist, Individualdaten zu erheben und bei ihrer Analyse in sozialen Strukturen zu denken. Deutlich wird dies bereits bei der Untersuchungsanlage: regional begrenzt, ob nun Eric County, Elmira oder Decatur, wird der Kontext von vornherein Bestandteil der Untersuchung. Die statistische Analyse der Daten führt dabei die Anfang des Jahrhunderts entstandene, in den Wiener Vorlesungen und in einem Lehrbuch von Lazarsfeld dargestellte Idee der „Scheinkorrelation" weiter. Seine Beispiele für Scheinkorrelationen werden von Generationen von Methoden-Lehrbuchautoren an immer neue Generationen amerikanischer Studenten weitergegeben.

Statistik und Denken über Daten

Lazarsfeld wies nachdrücklich darauf hin, daß die Interpretation statistischer Beziehungen eine Forschungsoperation ist. Stets ist hier an die mögliche Wirkung einer Drittvariablen zu denken. Sie mag die Beziehung erzeugen („Scheinkorrelation"), sie mag eine vorhandene Beziehung „unterdrücken", und sie mag darin bestehen, daß die Beziehung zweier Variablen in Teilgruppen, welche durch die Drittvariable definiert werden, sehr unterschiedlich sein kann. Die Formulierung dieser Typologie einer Drittvariablenkontrolle hat die Datenanalyse zu einem eigenständigen Lehrgegenstand gemacht.

Damit fordert Lazarsfeld ein Denken über Daten, für das eine allenfalls mechanisch durchführbare statistische Analyse nur Rohmaterial als Ausgangsbasis zu liefern vermag. Dies gilt in ähnlicher Weise für seine Schlüsselvariablen, die oft Indizes sind. Die Konstruktion dieser Indizes scheint nicht von besonderer Raffinesse: Es werden für verschiedene Antworten Punkte vergeben, die einfach zusammengezählt werden. Ihre Leistungsfähigkeit und Bewährung erweisen solche Indizes, die oft typische Beispiele für Messung durch Setzung sind, in der Analyse.

Heute geläufige Techniken wie Korrelationskoeffizienten kommen in Lazarsfelds Arbeiten dagegen kaum vor. Bei ihm sind Kontingenztabellen und liebevoll gestaltete Grafiken die Mittel der Datenanalyse. Die Frage, wieviel Varianz durch unabhängige Variablen erklärt wird, scheint sich nicht zu stellen. Dies ist nicht ohne Ironie, weil Lazarsfeld beharrlich an der Frage interessiert ist, wie weit menschliches Handeln determiniert ist.

Für ein zentrales Instrument aus dem statistischen Werkzeugkasten hat Lazarsfeld, der selbstverständlich Wahrscheinlichkeitsauswahlen einsetzt, keine Verwendung: für den Signifikanztest. Die Verwendung solcher Tests war im Bureau verpönt, ohne daß Lazarsfeld diese Grundentscheidung je in einer Veröffentlichung zur Diskussion gestellt hätte. Die Begründung überließ er seinen Schülern, die im Anhang zu *Union Democracy* einige Argumente gegen das verbreitete Vorgehen vortrugen.[10] Im Kern aber passen Signifikanztests schlecht zu den statistischen Konsequenzen der Theorie von Lazarsfeld, die meist implizit bleibt.

Seit *The People's Choice* beschreibt Lazarsfeld die USA als eine Welt, in der menschliche Entscheidungen weitgehend festgelegt sind. Die Bestimmung der Prädispositionen und ihre Messung durch Indizes wird zu einer Aufgabe der Forschung. Von besonderem Interesse sind jedoch gerade die Umstände, unter denen Entscheidungen offen sind, weil es „cross-pressure" gibt – z.B. bei einer Präsidentschaftswahl im Fall eines katholischen Geschäftsmanns. Wegen seiner Konfession müßte er demokratisch wählen, wegen seines sozialen Status republikanisch. Wie entscheiden sich Wähler, die sich wegen multipler, widersprechender Bindungen frei entscheiden können?

Unglücklicherweise, wenn auch mit logischer Notwendigkeit, sind die Fallzahlen in diesen Kombinationen von Kategorien klein, bei manchen Untersuchungen sehr klein. Dies dürfte der wirkliche Grund für die Ablehnung der Nutzung von Signifikanztests durch Lazarsfeld sein: gerade die in theoretischer Hinsicht besonders interessanten Effekte scheitern an Signifikanztests. Die interessantesten Effekte wären von zufälligen Abweichungen von Unabhängigkeitsmodellen kaum zu unterscheiden. Signifikanztests sind genau definierte, ausgezeichnet lehrbare statistische Verfahren; daß sie sich als Vorgehen anstelle der Intuition durchsetzten, ist sowenig erstaunlich wie daß ihre Ablehnung wenig Anhänger fand.

Ein immenses Maß an Erfahrung mit Daten und Analysen erlaubte es Lazarsfeld, bei Formulierung und Vorgabe von Strategien für die Gestaltung von Studien auf nicht kodifizierbare Erkenntnisse wie die Austauschbarkeit von Indizes zu setzen; solche Erfahrung, die den Weg zum Ergebnis abkürzen kann, läßt sich schwerlich weitergeben.

Mythenzerstörung als amerikanische Erfolgsgeschichte

Lazarsfeld hat es an ironischen Selbstcharakterisierungen nicht fehlen lassen. Er beschrieb sich gern als *„marxist on leave"*, und im Grunde sei er immer Pfadfinderführer geblieben. Bei aller gewollten Scherzhaftigkeit treffen diese Erklärungen den Kern eines Sachverhalts, der Lazarsfelds Einzigartigkeit ausmachte und seinem Schaffen ein Gepräge gab, das nur unzureichend beschrieben wäre, wenn man in Lazarsfeld einen Unternehmer im Schumpeterschen Sinne sehen würde. Für Lazarsfeld erwiesen sich die USA als ein Land kaum begrenzter Möglichkeiten, in dem ein mittelloser Einwanderer in wenigen Jahren zum ordentlichen Professor an einer der angesehensten Universitäten wird, aber ironischerweise mit Arbeiten, welche das damals verbreitete Selbstverständnis der amerikanischen Gesellschaft als Ideologie entlarven, indem sie die Realität der sozialen Schichtung und der politischen Bindungen mit den Mitteln des Sozialforschers zweifelsfrei dokumentieren.

Ein erfolgreicher Mythenzerstörer – und dies war Lazarsfeld als Teil der aufblühenden amerikanischen Soziologie – erwirbt indes keinen bleibenden Ruhm für sich selbst: Indem die Ungleichheit in den USA und die Vorbestimmtheit vermeintlich freier Willensentscheidungen als Selbstverständlichkeiten ins allgemeine Bewußtsein rücken, verschwindet mit dem Mythos, der ehedem selbstverständlich war, auch der, der ihn zerstörte, aus dem Bewußtsein.

Ein Werk ohne Fortsetzung

Die Voraussetzungen der Lazarsfeldschen Sozialforschung sind heute längst Geschichte. Seit drei Jahrzehnten haben Computer die Begrenzungen der Lochkartentechnologie obsolet gemacht. Es gibt keinen Grund mehr für heroische Zusammenfassungen von Variablen zu wenigen Kategorien; die Beiträge von Variablen zu Indizes lassen sich fast mühelos faktoriell gewichten. Die Messung latenter Variablen nach Regeln und Kriterien ist heute ohne besondere Schwierigkeit möglich. Die analytischen Möglichkeiten sind enorm gewachsen, und der dafür benötigte Zeitaufwand ist drastisch gesunken.

Die Entwicklung der Sozialforschung und der Datenanalyse ist nicht der von Lazarsfeld vorgegebenen Richtung gefolgt. Lineare, additive Modelle überwiegen heute in der Datenanalyse. Die Verwendung statistischer Signifikanztests ist zur Routine geworden. Die Elaboration statistischer Beziehungen, von der Technologie her eigentlich erleichtert, hat kaum zugenommen. Indes haben die von Leo Goodman vorangetriebenen Entwicklungen *log-linearer* Modelle der Tabellenanalyse das Denken über die Interpretation statistischer Beziehungen als Forschungsoperation eine im Sinne der Statistik definierte Form finden lassen. Lazarsfelds eigenes Bemühen um die Mathematisierung der Sozialwissenschaften und der Versuch, ein neues Analyseverfahren, die *„Latent Structure Analysis"* zu definieren, haben wenig Zuspruch gefunden.

Lazarsfeld war aber nicht in erster Linie ein Methodologe, der neue Analyseverfahren ersinnt, die andere anwenden sollen, oder allgemein anderen einen Weg weist, den er selbst nicht geht. Er hat Sozialforschung und ihre Methodologie nicht einfach gefordert, sondern hat beispielhaft ihre Möglichkeiten und ihren Ertrag gezeigt. Durch die Demonstration ihrer Leistungsfähigkeit hat er entscheidend zu ihrer Durchsetzung beigetragen. Sein Denken und sein wacher Sinn für die Organisation sind in Wien geformt und entwickelt worden. Doch die charakteristischen Merkmale seiner Forschungsarbeit, Organisationsleistung und Lehre konnten erst in den USA in der Kombination zur Geltung kommen, die seine historische Bedeutung für die Entstehung der modernen Sozialforschung ausmacht.

Literatur

Berelson, B./Lazarsfeld, P. F./McPhee, W.N., 1954, Voting. A Study of Opinion Formation in a Presidential Campaign. Chicago.

Jahoda, M./Lazarsfeld, P. F./Zeisel, H., 1932, Die Arbeitslosen von Marienthal. Leipzig.

Katz, E./Lazarsfeld, P. F., 1955, Personal Influence. The Part Played by People in the Flow of Mass Communications. New York.

Lautmann, J./Lécuyer, B.-P. Hrsg. 1998: Paul Lazarsfeld (1901–1967). La sociologie de Vieune à New York. Paris.

Lazarsfeld, P. F., 1929, Statistisches Praktikum für Lehrer und Psychologen. Jena.

Lazarsfeld, P. F., 1931, Jugend und Beruf. Jena.

Lazarsfeld, P. F./Berelson, B./Gaudet, Hazel, 1944, The People's Choice. How the Voter makes up his mind in a presidential campaign. New York.

Lazarsfeld, P. F./Thielens, W., 1958, The Academic Mind. Social scientists in a time of Crisis. Glencoe.

Lazarsfeld, P. F./Rosenberg, M., 1964, The Language of Social Research. A Reader in the Methodology of Social Research. Glencoe.

Lazarsfeld, P. F./Henry, N.W. Hrsg., 1966, Readings in Mathematical Social Science. Chicago.

Lazarsfeld, P. F., 1969, An Episode in the History of Social Research: A Memoir. In: Fleming, D./Bailyn, B., The Intellectual Migration. Europe and America 1930–1960. Cambridge (Dt. in: Soziologie – autobiographisch. Drei kritische Berichte zur Entwicklung einer Wissenschaft. Stuttgart 1975).

Anmerkungen

1 Lazarsfeld, P. F., Statistisches Praktikum für Lehrer und Psychologen, Jena 1929

2 Lazarsfeld, P. F., Jugend und Beruf, Jena 1931.

3 Jahoda, M./Lazarsfeld, P. F./Zeisel, H., Die Arbeitslosen von Marienthal, Leipzig 1932. – Die Marienthal-Studie war offenbar ein Modell der späteren Großforschung. Marie Jahoda erinnert sich: „Ja, ich habe den Text geschrieben und einige Analysen gemacht. [...] Alle Mitarbeiter der Forschungsstelle sind wöchentlich für zwei bis drei Stunden zusammengekommen und haben über alles berichtet, was sie beobachtet und gearbei-

tet haben. Paul hat diese Versammlungen geleitet und Diskussionen angeregt, darin war er außerordentlich gut. [...] Damals war uns allen klar, daß Schreiben immer nur einer kann. Der Hans Zeisel hat den Anhang geschrieben, das war sein Hauptbeitrag, er war nur sehr gelegentlich in Marienthal." (Jahoda, M., „Ich habe die Welt nicht verändert". Lebenserinnerungen einer Pionierin der Sozialforschung, Hrsg. von St. Engler/B. Hasenjürgen, Frankfurt a. M./New York 1997, S. 112 f.

4 Stouffer, Samuel A., Communism, Conformity and Civil Liberties, New York 1955.
5 Lazarsfeld, P. F./Berelson, B./Gaudet, Hazel, The People's Choice. How the Voter makes up his mind in a presidential campaign, New York 1944.
6 Katz, E./Lazarsfeld, P. F., Personal Influence. The Part Played by People in the Flow of Mass Communications, New York 1955.
7 Lazarsfeld, P. F./Rosenberg, M., The Language of Social Research. A Reader in the Methodology of Social Research, Glencoe 1964.
8 Lazarsfeld, P. F., An Episode in the History of Social Research: A Memoir. In: Fleming, D./Bailyn, B., The Intellectual Migration. Europe and America 1930–1960, Cambridge 1969. (Dt. in: Soziologie – autobiographisch. Drei kritische Berichte zur Entwicklung einer Wissenschaft, Stuttgart 1975).
9 Adorno, T. W., Scientific Experiences of a European Scholar in America. In: Fleming, D./Bailyn, B., The Intellectual Migration, Europa and America, 1930–1960, Cambridge 1969, S. 342–343. – Der obige Text ist eine deutsche Rückübersetzung aus dem Amerikanischen. Der letzte Satz lautet in einer veröffentlichten deutschen Fassung: „Freilich zog gerade die nach europäischen akademischen Sitten schwer vorstellbare Unbefangenheit in der Wahl der Lokalität mich sehr an." In: Adorno, T. W., Stichworte, Frankfurt am Main 1969, S. 117.
10 Lipset, S. M./Trow, M./Coleman, J., Union Democracy. What Makes Democracy Work in Labor Unions and Other Organizations, Garden City 1962 (Original 1956), S. 480–485.

Richard Münch

Talcott Parsons
(1902–1979)

1. Einleitung: Ein Mittler zwischen europäischer und amerikanischer Soziologie

Talcott Parsons wurde am 13. Dezember 1902 in Colorado Springs, Colorado, USA, geboren. Sein Vater war protestantischer Priester, Professor und später Präsident eines kleinen Colleges. Parsons besuchte das angesehene *Amherst College* in Massachusetts. Nach Abschluß des Studiums im Jahre 1924 absolvierte er ein Auslandsstudium an der *London School of Economics* und an der Universität Heidelberg, die ihm 1927 für eine Dissertation über Max Weber und Werner Sombart den Doktortitel verlieh. Nach Rückkehr aus Europa erhielt Parsons 1927 die Position eines *Instructors* für Soziologie an der Harvard Universität in Cambridge, Massachusetts. Erst 1939 wurde er dort auf eine Professorenstelle auf Lebenszeit übernommen. 1944 wurde Parsons *Chairman* des *Department of Sociology*, das er zwei Jahre später zu einem interdisziplinären *Department of Social Relations* erweiterte.

Parsons' Werk *The Structure of Social Action*, das 1937 erschienen ist, wurde zu einer zentralen Vermittlungsstelle zwischen der europäischen und der amerikanischen Soziologie, weil es die Hauptströmungen der klassischen europäischen Soziologie in einer bis dahin einzigartigen Weise zusammenführte und zur Grundlage von Parsons' Einfluß auf die Entwicklung der amerikanischen Soziologie wurde.[1] Gegen Ende des Zweiten Weltkrieges hat Parsons eine wichtige Rolle bei der Beratung der US-Regierung in bezug auf den Wiederaufbau Deutschlands als einer freiheitlichen Demokratie gespielt. Wie die Übernahme der Präsidentschaft der *American Sociological Association* im Jahre 1949 beweist, ist Parsons im Verlaufe der vierziger Jahre zu einem der einflußreichsten Soziologen geworden. Die beiden 1951 publizierten Werke, das von ihm als Einzelautor verfaßte *The Social System* und das zusammen mit Edward Shils und anderen Kollegen erarbeitete *Toward a General Theory of Action,* haben eine Dekade der Vorherrschaft seines Ansatzes eingeläutet, der als „strukturell-funktionale Theorie" in die Geschichte der Soziologie einging und eine breitere Strömung anführte, zu der u.a. Kaspar D. Naegele, Kingsley Davis, Wilbert Moore, Marion Levy und Robert K. Merton gewichtige, aber auch zum Teil von Parsons abweichende Beiträge geleistet haben.[2] In den fünfziger Jahren war diese Strömung so dominant, daß sie sogar gelegentlich für die einzig mögliche Form der Soziologie gehalten wurde.

Schon Ende der fünfziger und dann im Verlauf der sechziger Jahre begannen aber Gegenbewegungen gegen die Hegemonie der strukturell-funktionalen Theorie zu rebellieren. Auf diese Weise haben sich eine Reihe von Wiederbelebungen alter Traditionen und neue Ansätze ausdrücklich in Abgrenzung gegen den Strukturfunktionalismus entwickelt: die von Lewis A. Coser, Ralf Dahrendorf und C. Wright Mills erarbeiteten drei Varianten der Konflikttheorie, George C. Homans' Austauschtheorie, Herbert Blumers Symbolischer Interaktionismus, Peter Bergers und Thomas Luckmanns, auf Alfred Schütz rekurrierende Phänomenologie und Harold Garfinkels Ethnomethodologie. In den siebziger Jahren kam die von Alvin Gouldner angeführte Opposition des Marxismus hinzu, in den achtziger Jahren der u.a. von James Coleman vorangetriebene *Rational Choice*-Ansatz. Zumindest zu einem Teil lassen sich die neueren Konzepte der Soziologie als Reaktionen auf die Dominanz der strukturell-funktionalen Theorie verstehen. Ihr gemeinsamer Kern besteht in dem Versuch, die vor allem in der Konzentration auf die Ordnung von Handeln und Gesellschaft zum Ausdruck kommende Einseitigkeit des Strukturfunktionalismus durch die Verlagerung des Gewichts auf die Untersuchung von Konflikt, Wandel und spontaner Ordnungsbildung zu überwinden.

In den achtziger Jahren hat sich gegen die neuen Strömungen eine Wiederbelebung des Parsonsschen Erbes unter dem gemeinsamen Banner des „Neofunktionalismus" entwickelt, dem es darum geht, die Einseitigkeiten der Oppositionsbewegungen gegen Parsons dadurch zu überwinden, daß das Synthesepotential des Parsonsschen Werkes neu ausgeschöpft wird, ohne seine Einseitigkeit fortzusetzen.[3] Dieser direkt an Parsons anschließenden neuen Strömung haben sich Versuche hinzugesellt, einerseits den Parsonsschen Ansatz von allem handlungstheoretischen Ballast zu befreien, um eine konsequente Systemtheorie zu entwickeln,[4] andererseits die Systemtheorie wieder enger an die handlungstheoretischen Grundlagen anzubinden.[5] Talcott Parsons ist zeit seines Lebens ein großer Mittler zwischen der europäischen und der amerikanischen Soziologie gewesen. So wollte es auch das Schicksal, daß er am 8. Mai 1979, nur wenige Tage nach einer Festveranstaltung anläßlich des 50. Jahrestages seiner Promotion in Heidelberg, nach einem Vortrag in München gestorben ist.

2. Die voluntaristische Handlungstheorie

In seinem ersten großen Werk, *The Structure of Social Action*, macht Parsons das sogenannte Hobbessche Problem der Ordnung zum grundlegenden Thema seiner Soziologie.[6] Thomas Hobbes hat das Problem der Ordnung in seiner Vertragstheorie in besonderer Schärfe formuliert. Die im 17. und 18. Jahrhundert entwikkelten Theorien des Gesellschaftsvertrags von Thomas Hobbes über John Locke zu Jean-Jacques Rousseau und Immanuel Kant sind als Versuche zu verstehen, an die Stelle der erschütterten traditionalen Ordnung der Ständegesellschaft eine neue gesellschaftliche Ordnung zu setzen, die nicht auf der Herrschaft der Tradition und der Einbindung des einzelnen in die ständische Hierarchie aufbaut, sondern auf der Entscheidungsfreiheit des einzelnen Individuums. Es geht um die Frage, wie eine Gesellschaft von Individuen überhaupt möglich ist. Die Antwort, die von allen Vertragstheoretikern gegeben wurde, besteht darin, daß die Gesellschaft einem Kampf aller gegen alle (Hobbes), der unsicheren Geltung der natürlichen Rechte des Menschen (Locke), dem egoistischen Erfolgsstreben und dem Recht des Stärkeren (Rousseau), kurz dem unvermeidlichen Kampf um knappe Mittel auf begrenztem Raum (Kant) entgegengeht, wenn die unbeschränkte Verfolgung der individuellen Interessen zur alleinigen Leitlinie des menschlichen Handelns wird. Das ist die Situation des Naturzustandes (Hobbes, Locke, Kant) oder auch des entfalteten Zivilisationszustandes einer von allen traditionellen Fesseln befreiten, aber noch nicht neu geordneten Gesellschaft (Rousseau).[7]

In den Augen von Parsons hat Hobbes am schärfsten die Konsequenzen eines rein utilitaristischen Systems beschrieben, in dem es keine verbindlichen Normen gibt und jeder einzelne von nichts anderem geleitet ist als von der rationalen Verfolgung individueller Zwecke durch den Einsatz der effizientesten und effektivsten Mittel.[8] Das gilt unabhängig davon, ob die Utilitaristen tatsächlich gemeint haben, allein aus der freien Entfaltung der individuellen Interessen würde sich eine Ordnung herausbilden, und ob sie der Ansicht waren, daß es in der modernen Gesellschaft keine anderen Bindungskräfte gibt als die Konvergenz oder Komplementarität von Interessen.[9]

Das utilitaristische Dilemma ist bei Hobbes besonders klar zu erkennen, weil er die Instabilität einer Gesellschaft aufzeigt, die alles der individuellen Interessenverfolgung überläßt und von dort in das andere Extrem eines starken Staates umschwenkt. Die Brücke, die er dabei schlägt, erscheint Parsons als zu brüchig, um die Lösung tragen zu können. Der Vertragsschluß aus dem Motiv der Selbsterhaltung setzt voraus, daß die Individuen aus der Situation heraustreten und das Ganze von außen betrachten können, um festzustellen, daß es in ihrem langfristigen Interesse wäre, auf kurzfristige Gewinne zu verzichten und ihr Gewaltpotential an eine zentrale Herrschaftsinstanz abzutreten. Das können sie in der Situation selbst jedoch nicht, weil sie stets damit rechnen müssen, daß sich die anderen zwecks Vorteilsnahme nicht an Abmachungen halten.

Was Parsons an Hobbes' brüchiger Brücke zwischen Naturzustand und gesellschaftlichem Vertragszustand erkennt, ist das später von Mancur Olson prägnant formulierte Kollektivgutproblem.[10] Soziale Ordnung ist ein Kollektivgut, von dessen Nutzung niemand ausgeschlossen werden kann. Da der Beitrag des einzelnen zur Bereitstellung des Kollektivguts gegen null tendiert, je größer die Zahl der involvierten Akteure wird, kommt dieses Kollektivgut in großen sozialen Verkehrskreisen allein auf der Basis individueller Nutzenkalkulation nicht zustande. Es ist vielmehr die Leistung sogenannter „moralischer Unternehmer", die Initiative zu ergreifen, für andere zu handeln und deren Beitrittskosten durch den Aufbau eines funktionierenden Sanktionsapparates zu senken, um dennoch das Kollektivgut zu produzieren. Hier wird es dem Zufall überlassen, daß es Idealisten gibt, die wiederum für die potentiellen Abweichler die äußeren Bedingungen so strukturieren, daß es für sie günstiger ist, zu kooperieren.

In der von Parsons eingebrachten Perspektive handelt es sich dabei jedoch immer noch um einen Vorschlag, der im Rahmen des utilitaristischen Dilemmas zwischen Zufall und äußerem Zwang oszilliert.

Wie Parsons dargelegt hat, kann uns nur eine „normative" Lösung des Ordnungsproblems aus dem utilitaristischen Dilemma herausführen.[11] Was ist damit gemeint? Bei der Beantwortung dieser Frage kann es uns weiterhelfen, wenn wir die Strukturähnlichkeit von Parsons' Problemlösung zu Kants Transzendentalphilosophie herausarbeiten.[12] Wie Kant in seinen Vernunftkritiken davon ausgeht, daß wir über die Fähigkeiten zu wahrer Erkenntnis und moralisch richtigem Handeln verfügen, und nach den Bedingungen ihrer Möglichkeit fragt, so setzt auch Parsons voraus, daß wir zur Erkenntnis sozialer Realität und zu sozialer Ordnung befähigt sind, und sucht nach den Bedingungen ihrer Möglichkeit. Und wie Kant darlegt, daß aus der Mannigfaltigkeit von Sinneswahrnehmungen keine gültige Erkenntnis und aus der Vielfalt sowie Wechselhaftigkeit des individuellen Begehrens keine moralische Ordnung hervorgehen kann, sondern gültige Erkenntnis einen ordnenden Bezugsrahmen von Raum und Zeit sowie von Verstandeskategorien benötigt und moralische Ordnung der Rahmung durch den kategorischen Imperativ bedarf, so gilt auch für Parsons, daß die Erkenntnis der sozialen Realität auf einen kategorialen Bezugsrahmen angewiesen ist und soziale Ordnung nur auf der Basis eines Wert- und Normenkonsenses möglich ist.[13]

Parsons' Auffassung, daß Tatsachen nur innerhalb eines kategorialen Bezugsrahmens einen Sinn erhalten, demnach wissenschaftliche Erkenntnis nicht aus der Sammlung isolierter empirischer Tatsachen entstehen kann, ist stark von Alfred North Whitehead, aber auch von Lawrence J. Henderson geprägt worden. Es ist darin die Grundlage des von Parsons vertretenen analytischen Realismus zu sehen. In seinem Spätwerk hat Parsons die Herkunft dieser methodologischen Position von Kant bestätigt. Allerdings versucht der Organizismus Whiteheads eigentlich Kants Dualismus von Begriff und Anschauung, Theorie und Empirie in der organischen Einheit von Theorie und Realität zu überwinden.[14] Kategoriale Bezugsrahmen müssen dem Kriterium genügen, unintegrierte Residualkategorien zu vermeiden, um eine vollständige und kohärente Erklärung der sozialen Realität zu ermöglichen. So führt Parsons in *The Structure of Social Action* den Nachweis, daß die positivistischen Erklärungsansätze alles Handeln allein mit den Kategorien von Ziel, Mittel und äußeren Bedingungen zu erfassen versuchen. Der utilitaristische Ansatz ist eine Variante davon. Der Begriff der Norm muß so auf die rationale Wahl adäquater Mittel zur Erreichung von Zielen zurückgeführt werden und mündet von daher in das utilitaristische Dilemma. Die Internalisierung des Normbegriffs in das utilitaristische Schema geht an dessen spezifischer Qualität des gemeinsamen Geteiltseins durch ein Kollektiv, an der intersubjektiven Geltung vorbei und kann deshalb die Stabilität sozialer Ordnung jenseits von Zufall und äußerem Zwang nicht adäquat erklären.[15]

Für Parsons muß der Begriff der Norm als eigenständiger, nicht auf Ziele, Mittel und Bedingungen reduzierbarer Bestandteil in den kategorialen Bezugsrahmen der Handlungstheorie eingefügt werden. Wenn er soziale Ordnung durch gemeinsam geteilte Normen erklärt, dann drückt er deren intersubjektive Geltung aus und öffnet all jenen Ansätzen der Soziologie das Tor, die in der idealistischen Tradition stehen, sei es in einer eher auf Abstraktion oder eher auf historische Konkretion zielenden Variante. D.h., er will nachweisen, daß soziale Ordnung ohne Rückgriff auf diese Theorietradition nicht erklärt werden kann, alle positivistischen Ansätze unvollständig sind, wenn sie nicht durch die idealistische Sichtweise ergänzt werden. Dadurch wird das Augenmerk der Erklärung von sozialer Ordnung auf einen besonderen Aspekt gelegt, der aus positivistischer Perspektive überhaupt nicht sichtbar wird: auf die Frage, welche Qualität sozialer Ordnung durch geteilte Werte und Normen erklärt wird, und auf die Frage, worin die intersubjektive Geltung von Normen verwurzelt ist. Die Verankerung der sozialen Ordnung in gemeinsam geteilten Werten und Normen macht ihr Fortbestehen unabhängig von situativen Veränderungen von Vorteilschancen. Nur soweit Normen gemeinsam geteilt werden, kann jeder auf die Unterstützung jedes anderen bauen, wenn er Opfer einer Normverletzung geworden ist. Nur unter dieser Bedingung kann überhaupt mit der Geltung einer Ordnung sicher gerechnet werden.

Obwohl Parsons seine Lösung des Ordnungsproblems hauptsächlich in kritischer Auseinandersetzung mit der utilitaristischen Variante des Positivismus erarbeitet und der bloß faktischen Ordnung eines utilitaristischen Systems die normative Ordnung auf der Basis eines Wert- und Normenkonsenses entgegenstellt, wäre es falsch, ihn einfach auf die Seite des Idealismus und der normativ-hermeneutischen Ansätze zu schlagen. Vielmehr geht es Parsons um eine Synthese aus beiden Strömungen, die er als „Voluntarismus" bezeichnet. Die einseitige idealistische Lösung des Ordnungsproblems kritisiert er als „Emanationismus", nach dem sich allgemeine Werte und Normen quasi von selbst verwirklichen bzw. als „partikularistischen Historismus", für den Ordnung aus dem Zufall historischer Gegebenheiten hervorgeht. Auch der Idealismus verfängt sich in einem Dilemma; es wird durch die beiden Extrempositionen von universeller Vernunft und partikularistischer Tradition bestimmt.[16] Während die reine Vernunftordnung ausschließlich formal, abstrakt und inhaltsleer bleibt und deshalb keine ordnende Kraft hat, ist die traditionale Ordnung aus historischen Zufällen entstanden und unfähig, Ordnung über die Grenzen partikularer Gruppen und Traditionen hinaus zu stiften.[17] Es kommt daher auf die Verknüpfung der „idealen" Welt kultureller Werte und Normen mit der „realen" Welt kultureller Traditionen, Interessens- und Machtkonstellationen an. Im Handeln des individuellen Akteurs äußert sich diese Verknüpfung in seiner Bereitschaft, „Anstrengung" aufzuwenden, um mit den geltenden Normen konform zu gehen.[18] D.h., zum verpflichtenden Charakter der Werte und Normen muß die Motivation des Individuums hinzutreten, die Werte und Normen in seinem Handeln zu verwirklichen. Die zentrale Vermittlungsstelle zwischen beiden Seiten ist die Identifikation des Individuums mit den Repräsentanten der Werte und Normen, z.B. die Identifikation des Kindes mit der Mutter und darüber hinaus in stetiger Erweiterung seines Horizontes mit Vater, Geschwistern, Lehrern, Kameraden, schließlich mit dem gesellschaftlichen Kollektiv (Nation, supranationale Gemeinschaft, Weltgemeinschaft).

Eine zentrale Rolle zur Förderung der Identifikation spielt die Inklusion von Individuen und Gruppen in eine immer umfassender werdende solidarische Gemeinschaft. Die gegenseitige Unterstützung erleichtert die Identifikation mit der Gemeinschaft und fördert dadurch die Motivation zu wert- und normgerechtem Handeln. In dieser Perspektive stellt sich die Vereinbarung partikularer Gruppensolidaritäten mit den Erfordernissen der Solidarität des ganzen Kreises der durch ihr Handeln unmittelbar oder mittelbar aufeinander einwirkenden Individuen als zentrales Problem dar. Die Herausbildung der Bürgergemeinschaft in den modernen Nationalstaaten, in denen sich die Bürger unabhängig von ihrer Zugehörigkeit zu partikularen Gruppen als Träger individueller ziviler, politischer, sozialer und kultureller Rechte gegenseitig respektieren, ist bislang die am weitesten entwickelte Form der identifikationsstiftenden sozialen Inklusion, bei der sich die Kreise realer Interdependenzen und normativer Ordnung so weit wie möglich decken.[19]

The Structure of Social Action hat die Grundlagen dieser voluntaristischen Theorie des Handelns und der sozialen Ordnung gelegt. Wenn wir die darin enthaltene Syntheseleistung erhalten wollen, dann muß die Entwicklung von Parsons' Soziologie in seinen weiteren Werken so rekonstruiert werden, daß diese Leistung fortgeschrieben und nicht verschüttet wird. Die entwicklungsfähigen Wege müssen weitergegangen, die Sackgassen beiseite gelassen werden. Diese Arbeit beginnt schon bei Parsons' Interpretation von Alfred Marshall, Vilfredo Pareto, Emile Durkheim und Max Weber als Klassiker des sozialwissenschaftlichen Denkens. Seine Hauptthese, daß diese Klassiker in der Synthese der positivistischen und idealistischen Denkströmungen konvergieren, gilt es als innovative Rekonstruktion der Theorietradition durch Parsons selbst zu würdigen. Es kommt deshalb weniger darauf an, ob Parsons eine „werkgetreue" Interpretation der Klassiker gelungen ist oder nicht, sondern vielmehr darauf, was er aus ihnen für seine Zwecke der Theorieentwicklung herausgeholt hat.

Was also hat Parsons im weiteren Verlauf seiner Theorieentwicklung aus seinem 1937 geschaffenen Voluntarismus gemacht? Die Interpreten haben darauf verschiedene Antworten gegeben. Die einen betonen die Kontinuität der normativen Lösung des Ordnungsproblems und zwar in zustimmender und ablehnender Perspektive, die anderen sehen den Voluntarismus der Handlungstheorie von 1937 durch den Determinismus des Strukturfunktionalismus und der Systemtheorie ab 1951 verdrängt. Alle Interpretationen bringen etwas Richtiges zum Ausdruck. Damit ist allerdings noch nicht die Frage beantwortet, welche davon im Hinblick auf Theoriefortschritte am weitesten trägt. Allein darauf und nicht auf eine ohnehin unentscheidbare und fiktive „Werktreue" kommt es aber an. Meine These ist deshalb, daß nur solche Interpretationen von Parsons' Werkentwicklung Theoriefortschritte erbringen, die nicht hinter den Erkenntnisstand der Synthese von 1937 zurückfallen. Das bedeutet vor allem, daß sich der Voluntarismus der Handlungstheorie nicht im Determinismus des Strukturfunktionalismus und der Systemtheorie auflösen darf. Dabei muß der Erkenntnisstand von 1937 teilweise auch gegen spätere Positionen von Parsons verteidigt werden.

Das letzte von Parsons 1978 publizierte Werk ist *Action Theory and the Human Condition*. Wie *The Structure of Social Action* hat es einen handlungstheoretischen Bezugsrahmen, und es wird in diesem Werk die Rolle von Kants Vernunftkritiken für die Entwicklung seines voluntaristischen Ansatzes ausdrücklich hervorgehoben.[20] Es ist deshalb naheliegend, das Seil der Interpretation zwischen diese beiden, Anfangs- und Endpunkt markierenden Pfeiler zu spannen und die dazwischenliegende Theorieentwicklung an diesem Seil aufzuhängen, um nicht auf Irrwege zu geraten und in Sackgassen zu landen. Theorieentwicklung ist dabei laut Parsons' Selbstbeschreibung nach dem Modell eines *Common Law*-Richters zu verstehen, der den vorhandenen Bestand des Rechts (der Theorie) bei der Bearbeitung empirischer Fälle erneuert und fortbildet.[21] Diese in meinen Augen im Hinblick auf die Fortbildung des Werkes *tragfähigste* Selbstbeschreibung legt ein hermeneutisch-interpretatorisches Theorieverständnis nahe, das am ehesten mit qualitativer Sozialforschung harmoniert.

Als Parsons „A Paradigm of the Human Condition" entwickelte, versuchte er insbesondere mit Hilfe von Kant die Ordnung der *Conditio Humana* in genau jener Form zu erfassen, in die sich schon seine Lösung des Ordnungsproblems in *The Structure of Social Action* gießen läßt.[22] Aus der Mannigfaltigkeit individueller Lebensentwürfe ergibt sich keine Ordnung des Lebens. Diese Ordnung ist nur möglich unter transzendentalen Bedingungen, die den Rahmen möglicher Sinnkonstruktionen, ethischer Prinzipien, wissenschaftlicher Erkenntnisse und ästhetischer Urteile abstecken.[23]

Der Voluntarismus ist auf der Ebene der *Conditio Humana* so zu verstehen, daß eine reale Ordnung nur aus der gegenseitigen Durchdringung der transzendentalen Bedingungen menschlicher Existenz und der Vielfalt der individuellen Lebensentwürfe hervorgehen kann. Dazu ist wieder die Vermittlungsleistung tragfähiger Interpretationen der menschlichen Existenz erforderlich, mit denen sich jeder einzelne in seinem je spezifischen Lebensentwurf identifizieren kann.

3. Strukturfunktionalismus und Systemtheorie

Wie lassen sich aber die anderen Theorieentwicklungen in Parsons' Werk an dem zwischen *The Structure of Social Action* und *Action Theory and the Human Condition* gespannten Seil aufhängen? Da ist zunächst die Einführung von Strukturfunktionalismus und Systemtheorie in *The Social System* und *Toward a General Theory of Action*.[24] Das Problem der Ordnung wird hier in der Relation zwischen drei „Subsystemen" des menschlichen Handelns gesehen, in der Relation zwischen dem sozialen System, dem Persönlichkeitssystem und dem kulturellen System. Soziale Systeme bestehen aus sozialen Interaktionen, die in wechselseitig aufeinander bezogenen sozialen Rollen geordnet sind, Persönlichkeitssysteme aus Bedürfnisdispositionen, kulturelle Systeme aus kulturellen Symbolen.[25]

Man kann sich z.B. eine Schulklasse als ein soziales System vorstellen, das durch die Rollen von Lehrer und Schüler bestimmt wird und in einem spezifischen Austauschverhältnis mit den Persönlichkeitssystemen der Teilnehmer und dem kulturellen System der Bildungsideen, Lehrmethoden und Wissensvorräte steht. Das soziale System hat zunächst das interne Problem der Ordnung zu lösen. Es stellt sich in Gestalt der sogenannten doppelten Kontingenz: Der Erfolg meines Handelns ist nicht nur abhängig von meiner Mittelwahl und den äußeren Bedingungen, sondern auch von der Mittelwahl und den äußeren Bedingungen anderer Akteure. Der Schulerfolg eines Schülers wird nicht nur durch seine eigene Mittelwahl bestimmt, sondern auch durch das Handeln des Lehrers und seiner Mitschüler. Wie schon in *The Structure of Social Action* ist die Lösung des Problems im Wert- und Normenkonsens zu suchen. Die sichere Berechnung der Erfolgschancen des eigenen Handelns ist nur möglich, wenn sich Schüler und Lehrer über den Lehrstoff und die Beurteilungskriterien für Lernerfolg einig sind.

Das Ordnungsproblem kann mit dem Instrumentarium von 1951 weiter als 1937 aufgefächert werden. Es stellt sich jetzt nicht nur als internes Problem der Solidarität dar, sondern auch als externes motivationales Problem im Verhältnis des sozialen Systems zu den Persönlichkeitssystemen und als externes legitimatorisches Problem im Verhältnis des sozialen zum kulturellen System und weiterhin als Identitätsproblem im Verhältnis des Persönlichkeitssystems zum kulturellen System.[26] Das motivationale Problem bedeutet, daß die Motivation der Personen zur Bindung an die gemeinsamen Werte und Normen des sozialen Systems im Prozeß der Sozialisation gewonnen werden muß. Die Identifikation mit den Repräsentanten des sozialen Systems ist die Bedingung dafür. Die sozialen Rollen des Schülers und des Lehrers werden erst durch die Motivation der Personen zur Kooperation im sozialen System mit Leben erfüllt und gestaltet.

Obwohl Parsons von der Kritik ein relativ passives Modell der Unterwerfung der Personen unter die vorgegebenen Rollenanforderungen zugeschrieben worden ist, besagt die Logik seines Ansatzes, daß es sich dabei nicht um ein einseitiges Verhältnis, sondern um ein Verhältnis der *gegenseitigen* Durchdringung handelt und deshalb ganz nach der Perspektive des Symbolischen Interaktionismus dem *role-taking* ein *role-making* gegenübersteht. Dasselbe gilt auch für die Beziehung zwischen dem kulturellen und dem sozialen System. Hier geht es um die Institutionalisierung kultureller Werte und Normen im sozialen System. Die Ordnung sozialer Systeme bedarf der Legitimation durch kulturelle Werte und Normen, deren Geltung über einzelne soziale Systeme hinausreicht, die in jedem sozialen System jedoch konkretisiert werden. Der Universalisierungstendenz der kulturellen Werte und Normen tritt die Partikularisierungstendenz konkreter Sozialordnungen gegenüber. Die Legitimation dieser Ordnungen impliziert einerseits die Annäherung der partikularen Ordnungen an die allgemeineren Werte und Normen, andererseits die Konkretisierung dieser Werte und Normen zu partikularen Ordnungen, die wiederum den Bedeutungsgehalt der allgemeinen Werte und Normen einschränken.

Schließlich ist neben den internen und den externen Problemen der sozialen Ordnung im Gesamtsystem des Handelns das Problem der Identitätssicherung im Verhältnis zwischen dem kulturellen System und dem Persönlichkeitssystem zu lösen. Hier findet die Internalisierung kultureller Werte und Normen im Persönlichkeitssystem statt. Auch diese Beziehung darf nach der Logik des Systemaufbaus nicht als einseitig interpretiert werden, vielmehr ist gelingende Identitätsbildung auf die gegenseitige Durchdringung beider Systeme angewiesen. Die theoretische Lösung dieses Problems erarbeitet Parsons mit Hilfe von Sigmund Freud, der in Parsons' Werkentwicklung nach *The Structure of Social Action* als weitere einflußreiche intellektuelle Figur zu den dort behandelten Klassikern hinzutritt.

Im Anschluß an Freud entwickelt Parsons eine Phasentheorie der Identitätsentwicklung von der oralen über die anale und die ödipale Phase bis zur Phase der Latenz und darüber hinaus im Anschluß an Erikson bis zur Phase der Adoleszenz.[27] Die persönliche Identität wächst mit dem Kreis der sozialen Interaktion. Dabei werden nach Parsons' Auffassung selbst die elementarsten Bedürfnisse durch die Interaktion mit anderen geformt. Wie er in Auseinandersetzung mit Freuds Persönlichkeitsmodell von Es, Ich und Über-Ich betont, wird schon das Es sozial mitkonstituiert. Soweit das Es also sozial mitwächst, müssen sich Es und Über-Ich nicht in unauflöslicher Feindschaft gegenüberstehen, vielmehr schafft ihre gegenseitige Durchdringung eine stabile, zur Bewältigung innerer Konflikte fähige Persönlichkeit.[28] Das Ich muß dann nicht als Mittler zwischen zwei Kriegsparteien agieren, sondern vermag beide Seiten zu einer produktiven Zusammenarbeit zu bringen, wenn z.B. die soziale Rollenübernahme der Entfaltung der persönlichen Bedürfnisse dient. Mit der Erweiterung der sozialen Kreise wird das partikulare, von konkreten anderen geprägte Über-Ich in einem abstrakteren Ich-Ideal aufgehoben.

4. AGIL-Schema, Medientheorie und Austauschparadigma (Paradigm of Interchange)

The Social System und *Toward a General Theory of Action* haben den Übergang zu einer im weiteren Verlauf ausgebauten systemtheoretischen Ergänzung der Handlungstheorie geschaffen. Einen Meilenstein dieser Entwicklung bildet das sogenannte AGIL-Schema.[29] Mit diesem Schema tritt zu den drei Systemen von *The*

Social System und *Toward a General Theory of Action* ein viertes System hinzu, das zunächst als Verhaltensorganismus und später aufgrund einer von Jean Piagets kognitiver Psychologie ausgehenden Korrektur durch Victor und Charles Lidz als Verhaltenssystem bezeichnet wird.[30] Den vier Subsystemen des Handelns werden vier Funktionen zugeordnet: dem Verhaltenssystem die Anpassung an wechselnde Situationen der Umwelt (*Adaptation*: A), dem Persönlichkeitssystem die Zielsetzung und -verwirklichung (*Goal-attainment*: G), dem sozialen System die Integration (*Integration*: I) und dem kulturellen System die Bewahrung latenter Strukturen (*Latent pattern maintenance*: L).

Die Ordnung des Handelns wird jetzt im Leistungsaustausch spezifischer Subsysteme analysiert. Es handelt sich dabei nicht um einen *Exchange* im Sinne eines ökonomischen Austauschs, sondern um einen *Interchange* im Sinne einer Leistungsverflechtung unterschiedlicher Subsysteme des Handelns. Jedes Subsystem erfüllt eine spezifische Funktion für das System des Handelns und erbringt spezifische Leistungen für die anderen Subsysteme. Der Leistungsaustausch wird durch spezifische Austauschmedien getragen: Intelligenz ist das Medium des Verhaltenssystems, Handlungskapazität (*performance capacity*) das Medium des Persönlichkeitssystems, Affekt das Medium des sozialen Systems, Definition der Situation das Medium des kulturellen Systems. Zu den drei Beziehungen der Institutionalisierung, Internalisierung und Sozialisation zwischen dem sozialen, personalen und kulturellen System treten jetzt drei weitere Austauschbeziehungen zwischen dem Verhaltenssystem und den drei anderen Systemen hinzu. Im Austausch zwischen dem Verhaltenssystem und dem Persönlichkeitssystem geht es einerseits um die Mobilisierung von Lernfähigkeit aus dem Verhaltenssystem für die Ziele des Persönlichkeitssystems und andererseits um die Zielsetzung des Lernens im Verhaltenssystem durch das Persönlichkeitssystem. Der Austausch zwischen dem Verhaltenssystem und dem sozialen System mobilisiert einerseits die Verhaltensressourcen des Verhaltenssystems für die Aufgaben sozialer Rollen, andererseits wird das Lernen des Verhaltenssystems durch das soziale System verbindlichen Regeln unterworfen. Zwischen dem Verhaltenssystem und dem kulturellen System impliziert der Austausch die Nutzung der vom Verhaltenssystem bereitgestellten Lernfähigkeit für die Produktion von Wissen im kulturellen System sowie die Verwendung des kulturellen Wissens für die Entwicklung der Verhaltensfähigkeiten. Das vollentwickelte Paradigma des Handlungssystems modelliert die Austauschbeziehungen zwischen den Subsystemen als einen Austausch von Faktoren und Produkten, wobei jeweils ein Faktor durch das Medium des Sendersystems in das Empfängersystem übertragen wird und ein Produkt aus dem Sendersystem in das Empfängersystem durch dessen Medium transportiert wird.

Die Entwicklung der Theorie des Handlungssystems wird von der Verwendung zweier weiterer theoretischer Instrumentarien begleitet: der gegenläufigen kybernetischen Hierarchie von Information und Energie sowie den *Pattern Variables*. Die gegenläufige kybernetische Hierarchie von Information und Energie bedeutet, daß die in einem Subsystem entfaltete und auf die anderen Subsysteme sich übertragende Energie von L über I und G nach A zunimmt, die Information dagegen in der Gegenrichtung von A über G und I nach L.[31] Die *Pattern Variables* stecken den Raum von Handlungsorientierungen auf der Ebene von kulturellen Werten, sozialen Normen und Rollen, persönlichen Dispositionen und Verhaltensmustern ab. Es sind zunächst fünf Gegensatzpaare, die den Raum der Handlungsorientierungen definieren: Universalismus versus Partikularismus, Leistungsorientierung versus Zuschreibung, Spezifität versus Diffusität, affektive Neutralität versus Affektivität und Selbstorientierung versus Kollektivorientierung. Von diesen fünf Gegensatzpaaren wurde das letzte ausgesondert, als sie mit dem AGIL-Schema verbunden wurden. Parsons wollte mit den Gegensatzpaaren Ferdinand Tönnies' Unterscheidung von Gemeinschaft und Gesellschaft differenzierter erfassen. In der oben genannten Reihenfolge ist jeweils der erstgenannte Pol ein Merkmal der modernen Gesellschaft, der zweite Pol ein Merkmal der traditionalen Gemeinschaft. Parsons wies jeder spezifischen Funktion des AGIL-Schemas eine bestimmte Kombination der vier Gegensatzpaare zu. In der weiteren Theorieentwicklung wurde davon jedoch kein systematischer Gebrauch gemacht. In unsystematischer Form haben die *Pattern Variables* jedoch breite Verwendung in der Soziologie gefunden, um die Unterscheidung von Tradition und Moderne zu spezifizieren.[32]

Diagramm: Die Subsysteme und Medien der Conditio humana
und die Dimensionen der Modernisierung

G Goal Attainment	Adaptation **A**
Zielverwirklichung	Anpassung
Strukturelle Differenzierung	Steigerung adaptiver Kapazitäten

Organisches System *Gesundheit*	Physiko-chemisches System *Empirische Ordnungsbildung*

Persönlichkeits- system *Handlungskapazität*	Verhaltens- system *Intelligenz*

Handlungssystem
Sinn

Politisches System *Politische Macht*	Ökono- misches System *Geld*

Soziales
System
Affektive
Bindungen

Kulturelles System *Definition der Situation*	Telisches System Transzendentale Ordnungsbildung

Gemein- schafts- system *Einfluß*	Treu- hand- system *Wertbin- dungen*

Inklusion	Wertgeneralisierung
Integration	Bewahrung latenter Strukturen
I Integration	Latent pattern maintenance **L**

Für Parsons' weitere Theorieentwicklung ist das AGIL-Schema bestimmend geblieben. Es wurde aus den von Robert F. Bales durchgeführten Kleingruppenuntersuchungen gewonnen, wo der Gruppenprozeß bei der Bewältigung bestimmter Aufgaben in vier Phasen (A-G-I-L) eingeteilt wurde.[33] Später hat Parsons dem AGIL-Schema mit der Kreuztabellierung von interner versus externer sowie instrumenteller versus konsumatorischer Handlungsorientierung einen systematischen Rahmen gegeben. Die A-Funktion verbindet die externe mit der instrumentellen Handlungsorientierung, die G-Funktion die externe mit der konsumatorischen, die I-Funktion die interne mit der konsumatorischen, die L-Funktion die interne mit der instrumentellen.[34] Beim AGIL-Schema handelt es sich nicht um die Beschreibung empirischer Systemdifferenzierungen, sondern um die analytische Konstruktion und Modellierung des Handelns als einem durch vier ineinander verschachtelte Subsysteme mit spezifischen Funktionen bestimmten Komplex. Es ist ein kategorialer Apparat, der den Bezugsrahmen der Analyse absteckt und eine ähnliche erkenntnisordnende Funktion erfüllen soll wie die Kantischen Verstandeskategorien für die Naturwissenschaften. Die ineinander verschachtelten Systemdifferenzierungen sind beliebig wiederholbar, so daß durch die mehrfache Differenzierung eine immer feinere Bestimmung eines Aspektes der Realität möglich wird.

Parsons hat selbst die Untergliederung des sozialen Systems als Subsystem des Handlungssystems und die Einbettung des Handlungssystems als Subsystem der *Conditio Humana* genauer untersucht. Die *Conditio Humana* teilt sich in folgende Subsysteme und Medien auf: in das physiko-chemische System und empirische Ordnungsbildung (A), das organische System und Gesundheit (G), das Handlungssystem und symbolischen Sinn (I) sowie das telische System und transzendentale Ordnungsbildung (L).[35] Das soziale System untergliedert sich in die folgenden Subsysteme: in das ökonomische System und Geld (A), das politische System und politische Macht (G), das Gemeinschaftssystem und Einfluß (I) sowie das Treuhandsystem und Wertbindungen (L).[36]

5. Modernisierungstheorie

Das Modell der Leistungsverflechtung der sozialen Subsysteme ist als ein Gegenentwurf zur neoklassischen Ökonomie zu lesen, nach der sich Märkte selbst tragen. Es läßt sich aber auch als ein Gegenmodell zu Niklas Luhmanns Modell der modernen Gesellschaft als eines Kompositums von funktional differenzierten und autopoietisch operierenden Teilsystemen ohne Steuerungszentrum nutzbar machen.[37] Das Modell der Leistungsverflechtung repräsentiert gegenüber Neoklassik und moderner Systemtheorie auf einem komplexeren Analyseniveau die Lösung des Ordnungsproblems, die schon der Voluntarismus von *The Structure of Social Action* vorgegeben hat.

In einem Aufsatz über evolutionäre Universalien nennt Parsons Religion, sprachliche Kommunikation, soziale Organisation durch Verwandtschaft und Technologie als erste Bedingungen der Bildung menschlicher Gesellschaften. Einen Durchbruch zu höher entwickelten Gesellschaftsformen schafft die Entwicklung von sozialer Schichtung nach Prestige auf der Basis von erbrachten Leistungen statt bloßer Statuszuschreibung durch Herkunft. Es wird dadurch die Rigidität der sozialen Organisation durch Verwandtschaft durchbrochen. Ein weiterer Durchbruch gelingt durch die Ersetzung von Tradition als Geltungsgrund der sozialen Ordnung durch die kulturelle Legitimation mittels allgemeiner Werte. Die Entwicklungsstufe der modernen Gesellschaften wird durch die Herausbildung von bürokratischer Organisation, Märkten und Geld, universalistischen Normen und demokratischer Assoziation erreicht.[38] In zwei Bänden untersucht er die Entwicklung des „Systems moderner Gesellschaften" in evolutionärer und vergleichender Perspektive. Evolutionäre „Sprünge" verlangen Durchbrüche in vier Dimensionen: in der Steigerung adaptiver Kapazitäten (A), in der strukturellen Differenzierung (G), in der Inklusion sozialer Gruppen (I) und in der Generalisierung von Werten (L). Im einzelnen arbeitet Parsons heraus, welche Durchbrüche primitive Gesellschaften, archaische Gesellschaften (Ägypten und Mesopotamien), intermediäre historische Imperien (China, Indien, Römisches Reich, Islamisches Imperium), Saatbeetgesellschaften (Israel und Griechenland) und schließlich das

System der modernen Gesellschaften in den genannten vier Dimensionen erzielt haben.[39]

In den modernen Gesellschaften liegt der Kern der Ordnung in der „gesellschaftlichen" Gemeinschaft, das heißt im Komplex der Solidaritätsbeziehungen zwischen den Gesellschaftsmitgliedern jenseits der partikularen Solidaritäten einzelner Gruppen, Klassen und Schichten. Parsons' evolutionär und komparativ angelegte Modernisierungstheorie bietet dafür den entscheidenden Ansatzpunkt. Sie untersucht, welche strukturellen Veränderungen gerade die Modernisierung des Gemeinschaftslebens kennzeichnen. Jene bestehen darin, daß der Gruppenpartikularismus durch die Herausbildung einer Bürgergemeinschaft überwunden wird, die ihre Solidarität dem einzelnen Individuum auf der Basis der gegenseitigen Respektierung individueller Rechte, unabhängig von der Herkunft und Zugehörigkeit zu partikularen Gruppen, gewährt.

Eine solche Bürgergemeinschaft ist in höchstem Maße *inklusiv*, weil sie niemanden aufgrund irgendwelcher partikularer Merkmale ausschließt. Sie ist *strukturell differenziert*, weil sie sich aus einer Vielzahl von spezialisierten Gruppen, Vereinigungen und Organisationen zusammensetzt, somit der einzelne an vielen von ihnen in spezialisierter Weise teilnimmt und demnach Gruppensolidaritäten vielfach gebrochen werden, so daß der Loyalität zur Bürgergemeinschaft keine starken Gruppenloyalitäten entgegentreten. Die Bürgergemeinschaft ist weiterhin durch *generelle Werte* verbunden, durch die gegenseitige Verständigung jenseits partikularer Lebenswelten ermöglicht wird. Schließlich ist ihre *Anpassungsfähigkeit* hoch entwickelt, weil sie auf akkumuliertes Kapital, Technologien und Wissen zur Bewältigung von Problemen zurückgreifen kann.

Die gesellschaftliche Gemeinschaft ist Träger des „institutionalisierten Individualismus" moderner Gesellschaften.[40] Ihre Errungenschaft besteht in der Zusammenfügung eines größtmöglichen Pluralismus unterschiedlicher ethnischer, religiöser und anderer partikularer Gruppen in einer umfassenden solidarischen Gemeinschaft, ohne die Herkunftsidentitäten und damit den Pluralismus zerstören zu müssen. Als Mitglied der Bürgergemeinschaft kann der einzelne seine ethnische oder religiöse Identität behalten; allerdings muß sie hinter den Geboten der gegenseitigen Respektierung innerhalb der Bürgergemeinschaft zurückstehen. In dem Maße, in dem die einzelnen Bürger einer größeren Zahl von Gruppen und Vereinigungen angehören, überkreuzen sich ihre partikularen Loyalitäten, so daß sie selbst als Individuen zwischen ihnen vermitteln müssen. Das erhöht die Bereitschaft zur Toleranz und zur gegenseitigen Respektierung innerhalb der umfassenden Bürgergemeinschaft, die ja als einzige alle Bürger in sich vereinigt und schon dadurch einen Vorrang vor allen anderen Gruppen genießt. Eine solche Bürgergemeinschaft wird um so besser gedeihen, je mehr die Bürger an einem vielschichtigen Vereinigungsleben durch mehrfache Mitgliedschaften teilhaben. In den freien Vereinigungen der Bürgergemeinschaft realisiert sich das Programm der in *The Structure of Social Action* als Voluntarismus bezeichneten Lösung des Problems sozialer Ordnung. Mit seiner Theorie der „gesellschaftlichen Gemeinschaft" und des „institutionalisierten Individualismus" bietet Parsons einen Zugang zum Ordnungsproblem moderner Gesellschaften, der jenseits von Liberalismus und Kommunitarismus liegt und einen konstruktiven Beitrag zur Überwindung ihrer Aporien liefert. Ein Schritt zurück zu Parsons kann uns insofern über die Grenzen der aktuellen Debatte zwischen diesen beiden Kontrahenten hinausführen.

Die moderne Bürgergemeinschaft überwindet den Traditionalismus und die begrenzte Integrationskraft der Ständegesellschaft in ähnlicher Weise, wie der moderne Kapitalismus die Fesseln des traditionalen Wirtschaftens innerhalb der Zunftordnung sprengt, um ein höheres Maß der Anpassungsfähigkeit und der Bewältigung von Knappheit zu erreichen. Dazu gehört auch die Überwindung der feudalen und später der absolutistischen Herrschaftsordnung durch Demokratie und Rechtsstaat, wodurch die Fähigkeit zur bindenden politischen Gestaltung gesteigert wurde. Die Demokratie erweitert die Basis der politischen Unterstützung, der Rechtsstaat etabliert die Herrschaft des Rechts und die Herausbildung eines rationalen, berechenbaren Rechts. Beide werden ergänzt durch die rationale Bürokratie als absolut berechenbare politische Verwaltung der Gesellschaft. Schließlich kommt die Entwicklung eines universalistischen Wertesystems durch die Aufklärung hinzu, ausgedrückt in den Bürger- und Menschenrechten. Es erweitert die Legitimationsgrundlagen der sozialen Ordnung im Vergleich zur traditionalen Kultur.

Auf der Basis von universalistischen Elementen in der antiken

Philosophie, im Monotheismus des Judentums, im Christentum, im römischen Recht und in der Wissenschaft der Renaissance bildeten die Reformation im 16. Jahrhundert, die industrielle und die demokratische Revolution im 18. Jahrhundert und die Bildungsrevolution im 20. Jahrhundert entscheidende Durchbrüche bei der Herausbildung der modernen Gesellschaft, die zunächst in den Nationalstaaten im Nordwesten Europas und in den USA ihre Verkörperung fand.[41] Parsons spricht vom interdependenten System moderner Gesellschaften, in dem die Nationalstaaten noch als relativ selbständige Einheiten das verkörpern, was als integrierte Gesellschaft mit relativer Selbstgenügsamkeit bezeichnet werden kann. Sie verfügen über eine territoriale, politische und eine solidarische Abgrenzung, sind aber in wirtschaftlichem Austausch und kultureller Kommunikation miteinander verflochten.

Heute stellt sich die Frage, ob es gelingt, die politische Gestaltungs- und soziale Inklusionsleistung der Nationalstaaten angesichts der verstärkten globalen Wirtschafts- und Kommunikationsströme auf supranationaler oder sogar globaler Ebene neu zu schaffen, die Frage, ob über das System moderner nationaler Gesellschaften hinaus auch eine europäische Gesellschaft und eine Weltgesellschaft entstehen wird. Es ist auch möglich, daß die wirtschaftliche und kommunikative Verflechtung der politischen Demokratisierung und der sozialen Gemeinschaftsbildung auf globaler Ebene weit vorauseilen, so daß die schon zu beobachtenden fundamentalistischen und nationalistischen Gegenbewegungen noch weiter verstärkt werden. Die Dynamik der Modernisierung erzeugt dann ihre eigenen Rückschläge und Gegenbewegungen, ganz wie es Parsons in seinen während des Zweiten Weltkrieges erstellten Analysen des Nationalsozialismus aufgezeigt und bis zu Studien in den siebziger Jahren mehrfach ausgearbeitet hat.[42] Diese Studien bieten eine komplexe Analyse der Modernisierungsdialektik und der Vielschichtigkeit sowie Gegenläufigkeit des entsprechenden sozialen Wandels, die man lange Zeit seinem Theorieansatz abgesprochen hat, weil man sich dabei zu sehr auf die morphologische Analyse von *The Social System* konzentriert und dabei die vorausgegangen und nachfolgenden Untersuchungen zu Modernisierung und sozialem Wandel, wie auch das in der Medientheorie steckende Potential zur Analyse dynamischer Prozesse ignoriert hat.

In dem 1942 erschienenen Aufsatz über „Demokratie und Sozialstruktur in Deutschland vor der Zeit des Nationalsozialismus" geht Parsons der Frage nach, warum in Deutschland die liberale Demokratie – wie sie nach der Revolution von 1918 in der Weimarer Republik errichtet worden war – nicht Fuß fassen konnte und mit dem Nationalsozialismus einem Regime Platz machen mußte, das als eine den Errungenschaften der Moderne zuwiderlaufende Fehlentwicklung und als ein Rückschlag der Modernisierung zu deuten ist. Er stellt zunächst fest, daß in Deutschland wie in den anderen westlichen Ländern ein modernes Industriesystem, ein formal-rationales Rechtssystem, eine bürokratische Verwaltung und eine hochentwickelte Wissenschaft und Technik vorhanden war, im Unterschied zu den anderen Ländern jedoch die liberale Demokratie erst sehr spät und dann auch nicht auf Dauer etabliert worden ist.

Die Weimarer Republik hat zwar die Herrschaft der Junker gebrochen, konnte aber nicht schnell genug die mit dem Junkertum verbundenen autoritären Verhaltensmuster durch liberal-demokratische Werte ersetzen. Zudem hatte der preußische Staat in besonderer Weise den Autoritarismus und Militarismus mit einem ausgeprägten, von den Beamten und der juristischen Profession getragenen Rechtsformalismus verbunden. Im Rahmen dieser Verknüpfung von Autoritarismus und Rechtsformalismus konnten zwar frühzeitig die Grundlagen eines vom Großkapital geprägten Industriesystems und eines Wohlfahrtsstaates geschaffen werden, aber nicht die Grundlagen einer liberalen Demokratie. Die Grundlagen einer liberalen Demokratie konnten sich nur dort entwickeln, wo die Gesellschaft in größerem Maße durch den „ökonomischen Individualismus" des Bürgertums geprägt worden ist. Die Weimarer Republik ist aber nicht nur an den fortbestehenden autoritären Elementen und den fehlenden individualistischen Elementen der Sozialstruktur und auch nicht nur an den ökonomischen Krisen und an den politischen Restriktionen des Versailler Vertrages gescheitert, sondern auch an der in Deutschland besonders scharf zutage tretenden Spannung zwischen der von den Modernisierern sehr rasch vollzogenen Modernisierung und dem Festhalten breiter Schichten an den alten Traditionen. Dadurch sind anomische Erscheinungen der Verdrängung traditionaler Normen ohne gleichzeitige Verwurzelung moderner Normen und die Entfremdung von der neuen Gesellschaft hier besonders gravierend aufgetreten.

Die Rationalisierung von Wissenschaft, Technik, Industrie, Recht und Verwaltung hat eine Moderne geschaffen, die Max Weber als ein „stahlhartes Gehäuse der Hörigkeit" beschrieben hat. Gleichzeitig hat sie aber auch radikale Gegenbewegungen erzeugt, die auf die Überwindung von Anomie und Entfremdung entweder in der klassenlosen kommunistischen Gesellschaft oder in der Volksgemeinschaft abzielten. Der Marxismus und der Nationalsozialismus erscheinen in dieser Perspektive als zwei extreme Varianten des deutschen Romantizismus, der die Spannungen der modernen Welt nicht aushalten kann, sondern in einer in sich versöhnten neuen Einheit aufheben will, ganz im Sinne der Hegelschen Dialektik und ihrer geschichtsphilosophischen Konkretisierung zum Dreischritt von der ursprünglichen Einheit der traditionalen Gesellschaft zur Entzweiung der bürgerlichen Gesellschaft und zur neuen Einheit im Staat bzw. bei Marx in der kommunistischen Gesellschaft. Die liberale Demokratie ist im Kampf zwischen der kalten Modernisierung und den romantizistischen Gegenbewegungen auf der Strecke geblieben. Den Kampf zwischen dem rechten und linken Romantizismus konnte der rechte Romantizismus für sich entscheiden, weil er über die breiteren Grundlagen in der vom preußischen Autoritarismus und Rechtsformalismus geformten Gesellschaft verfügte.

6. Schlußbemerkungen: Eine Theorie des Handelns

Es sollte soweit deutlich geworden sein, daß Parsons selbst dort, wo er von Systemen und Subsystemen des Handelns spricht, die in *The Structure of Social Action* erarbeiteten handlungstheoretischen Grundlagen nicht über Bord geworfen, sondern vielmehr auf ein komplexeres Analyseniveau mit größerem Differenzierungs- und Auflösungsvermögen gehoben hat. Daran gilt es anzuknüpfen, um die handlungstheoretischen Grundlagen der späteren Werkentwicklung sichtbar und tragfähig zu machen.

Die Subsysteme der *Conditio Humana*, des Handlungssystems und des sozialen Systems widerspiegeln keine empirisch ausdifferenzierten Systeme mit der Fähigkeit der Selbstregulierung. Es handelt sich vielmehr um analytisch konstruierte Einheiten mit je eigenen Funktionen, Leistungen und Gesetzmäßigkeiten. Die Theorie bietet Modellierungen von Leistungsverflechtungen, die uns einen Einblick in die Komplexität des Handelns erlauben.

Von den analytisch rein konstruierten Systemen sind die empirisch ausdifferenzierten *institutionellen Komplexe* der Wirtschaft, der Politik, des Rechts oder der Wissenschaft mit ihren je eigenen Leitideen der ökonomischen, politischen, rechtlichen und wissenschaftlichen Rationalität zu unterscheiden, die normativ konstituiert sind und nicht allein einer ausdifferenzierten Funktionslogik gehorchen. Vielmehr bringen sie eine solche Funktionslogik, z.B. diejenige des politischen Systems in den Institutionen demokratischer und rechtsstaatlicher Politik im realen gesellschaftlichen Handeln und Geschehen erst zum Tragen, und zwar mehr oder weniger rein oder vermittelt mit den Leistungen anderer Funktionssysteme, z.B. durch die Einbeziehung der Bürger mittels politischer Unterstützung (Einfluß), durch Steuereinnahmen (Geld) oder durch rationale Begründung von Entscheidungen (Wertbindungen).

Systeme und Subsysteme sind in Parsons' Theorieaufbau keine ontologischen Entitäten, sondern analytisch konstruierte Gesetzmäßigkeiten, die nur durch Handeln in reales Geschehen umgesetzt werden. In diesem Sinne ist auch Parsons' Systemtheorie eine Theorie des Handelns. Und sie ist eine Theorie des Handelns, die durch ihre in *The Structure of Social Action* angelegte und in der weiteren Theorieentwicklung ausgebaute und differenzierte Syntheseleistung ihre Konkurrenten an Analyse- und Erklärungspotential deutlich überragt. All das heißt jedoch keineswegs, daß die an Parsons anknüpfende Theoriearbeit nichts von diesen Konkurrenten lernen kann. Im Gegenteil, gerade Parsons' Syntheseleistung stellt besonders hohe Anforderungen der ständigen Erneuerung durch die Auseinandersetzung mit den Konkurrenten, um die von ihnen aufgezeigten blinden Flecke der Theorie mit Augenlicht versehen zu können.[43]

Literatur

1. Soziologische Hauptwerke

Parsons, T., 1937/1968, The Structure of Social Action. New York.
Parsons, T., 1951, The Social System. Glencoe, Ill.

Parsons, T., 1967a, Sociological Theory and Modern Society. New York.
Parsons, T., 1978a, Action Theory and the Human Condition. New York (enthält eine Biographie).

2. Monographien und Aufsätze

Parsons, T., 1942, Democracy and the Social Structure in Pre-Nazi-Germany. In: Journal of Legal and Political Sociology 1, S. 96–114 (Abgedruckt in: T. Parsons, Essays on Sociological Theory. 2. Aufl. New York 1954).
Parsons, T., 1959, An Approach to Psychological Theory in Terms of the Theory of Action. In: S. Koch (Hrsg.), Psychology: A Study of a Science. Bd. 3. New York, S. 612–711.
Parsons, T., 1964, Social Structure and Personality. New York.
Parsons, T., 1966, Societies. Evolutionary and Comparative Perspectives. Prentice Hall.
Parsons, T., 1967b, Evolutionary Universals in Society. In: Sociological Theory and Modern Society. New York, S. 490–520.
Parsons, T., 1969, Politics and Social Structure. New York.
Parsons, T., 1971, The System of Modern Societies. Prentice Hall.
Parsons, T., 1977, Social Systems and the Evolution of Action Theory. New York (enthält eine Autobiographie).
Parsons, T., 1978b, A Paradigm of the Human Condition. In: Action Theory and the Human Condition. New York, S. 352–433.
Parsons, T., 1979, Religious and Economic Symbolism in the Western World. In: Sociological Inquiry 49, S. 1–48.
Parsons, T., Shils, E. A., 1951, Values, Motives and Systems of Action. In: dies. (Hrsg.), Toward a General Theory of Action. Cambridge, Mass., S. 45–275.
Parsons, T., Bales, R. F., Shils, E. A. 1953, Working Papers in The Theory of Action. Glencoe, Ill.
Parsons, T., Bales, R. F., 1956, Family, Socialization and Interaction Process. London.
Parsons, T., Smelser, N. J., 1956, Economy and Society. New York.
Parsons, T., Platt, G. M., 1973, The American University. Cambridge.
Parsons, T., White, W., 1964, The Link between Character and Society. In: T. Parsons, Social Structure and Personality. New York, S. 183–235.

3. Sekundärliteratur

Alexander, J. C., 1982/83, Theoretical Logic in Sociology. 4 Bde. Berkeley.
Bershady, H. J., 1973, Ideology and Social Knowledge. Oxford.
Bourricaud, F., 1977, L'individualisme institutionel. Essai sur la sociologie de Talcott Parsons. Paris.
Gerhardt, U. (Hrsg.), 1993, Talcott Parsons on National Socialism. New York.
Joas, H., 1992, Die Kreativität des Handelns. Frankfurt a. M.
Lidz, C. W., Lidz, V. M., 1976, Piaget's Psychology of Intelligence and the Theory of Action. In: J. J. Loubser u. a. (Hrsg.), Explorations in General Theory in Social Science. New York.
Münch, R., 1982/1988, Theorie des Handelns. Zur Rekonstruktion der Beiträge von Talcott Parsons, Emile Durkheim und Max Weber. Frankfurt a. M.

Münch, R., 1994, Sociological Theory. 3 Bde. Chicago, Ill.
Wenzel, H., 1990, Die Ordnung des Handelns. Talcott Parsons' Theorie des allgemeinen Handlungssystems. Frankfurt a. M.

Anmerkungen

1 Parsons, T. 1937/1968, The Structure of Social Action. New York.
2 Parsons, T. 1951, The Social System. Glencoe, Ill.; Parsons, T., Shils, E. A., 1951, Values, Motives and Systems of Action. In: dies. (Hrsg.), Toward a General Theory of Action. Cambridge, Mass., S. 45–275.
3 Alexander, J. C. 1982/1983, Theoretical Logic in Sociology, 4 Bde. Berkeley; Münch, R. 1982/1988, Theorie des Handelns. Zur Rekonstruktion der Beiträge von Talcott Parsons, Emile Durkheim und Max Weber. Frankfurt a. M.
4 Luhmann, N. 1984, Soziale Systeme. Grundriß einer allgemeinen Theorie. Frankfurt a. M.
5 Habermas, J. 1981, Theorie des kommunikativen Handelns, 2 Bde., Frankfurt a. M.; Joas, H. 1992, Die Kreativität des Handelns, Frankfurt a. M.
6 Parsons, T. 1937/1968, The Structure of Social Action, a. a. O., S. 89–94; Hobbes, Th. 1651/1966, Leviathan. In: ders., Collected English Works of Thomas Hobbes, hrsg. von W. Molesworth, Bd. 3. Aalen.
7 Hobbes, Th. 1651/1966, Leviathan, a. a. O.; Locke, J. 1690/1963, Two Treatises on Government. In: ders., The Works. 10 Bde., Bd. 5. Aalen; Rousseau, J. J. 1762/1964, Du contrat social ou principes du droit politique. In: ders., Œuvres complètes, hrsg. von B. Gagnebin und M. Raymond. Paris.; Kant, I. 1793/1964, Über den Gemeinspruch: Das mag in der Theorie richtig sein, taugt aber nicht für die Praxis. In: ders., Werke in sechs Bänden. Bd. VI, hrsg. von Wilhelm Weischedel. Frankfurt a. M., S. 125–72.
8 Hobbes, Th. 1651/1966, Leviathan, a. a. O., Kap. 17, 18.
9 Camic, C. 1979, The Utilitarians Revisited. In: American Journal of Sociology 85, S. 516–50.
10 Olson, M. Jr. 1965, The Logic of Collective Action. Cambridge, Mass.
11 Parsons, T. 1937/1968, The Structure of Social Action, a. a. O., S. 91, 346–347, 424–425, 712.
12 Parsons, T. 1978 b, A Paradigm of the Human Condition. In: ders., Action Theory and the Human Condition. New York, S. 352–433; Münch, R. 1982/1988, Theorie des Handelns, a. a. O., S. 26–44; Wenzel, H. 1990, Die Ordnung des Handelns. Talcott Parsons' Theorie des allgemeinen Handlungssystems. Frankfurt a. M., S. 116.
13 Kant, I. 1781/1956, Kritik der reinen Vernunft. Hamburg; ders., 1788/1967, Kritik der praktischen Vernunft. Hamburg.
14 Parsons, T. 1937/1968, The Structure of Social Action, a. a. O., S. 6–42, 87–125, 697–775; Wenzel, H. 1990, Die Ordnung des Handelns, a. a. O.
15 Parsons, T. 1937/1968, The Structure of Social Action, a. a. O., S. 77–82, 731–748.

16 Parsons, T. 1937/1968, The Structure of Social Action, a. a. O., S. 82, 473–487, 714–719.

17 Hegel, G. W. F. 1821/1964, Grundlinien der Philosophie des Rechts. In: ders., Sämtliche Werke, Bd. 7, hrsg. von Hermann Glockner. Stuttgart, S. 195.

18 Parsons, T. 1937/1968, The Structure of Social Action, a. a. O., S. 49, 76–77, 719.

19 Parsons, T. 1971, The System of Modern Societies. Englewood Cliffs, N. J., Kap. 6.

20 Parsons, T. 1978a, Action Theory and the Human Condition, a. a. O., S 338–346, 355–356, 370–371.

21 Parsons, T. 1977, Social Systems and the Evolution of Action Theory. New York, S. 68.

22 Parsons, T. 1978b, A Paradigm of the Human Condition, a. a. O., S. 352–433.

23 Parsons, T. 1978a, Action Theory and the Human Condition, a. a. O., S. 343–346.

24 Parsons, T. 1951, The Social System, a. a. O.; Parsons, T., Shils, E. A. 1951, Values, Motives and Systems of Action, a. a. O., S. 45–275.

25 Parsons, T. und E. A. Shils 1951, Values, Motives and Systems of Action, a. a. O., S 110–230.

26 Parsons, T. 1951, The Social System, a. a. O., S. 24–45.

27 Parsons, T., Bales, R. F. 1956, Family, Socialization and Interaction Process. London; Parsons, T. 1964, Social Structure and Personality. New York; ders., Platt, G. M. 1973, The American University. Cambridge, Mass.

28 Parsons, T. 1964, Social Structure and Personality, a. a. O., S. 17–33.

29 Parsons, T., Bales, R. F., Shils, E. A. 1953, Working Papers in The Theory of Action. Glencoe, Ill.; Parsons, T. 1959, An Approach to Psychological Theory in Terms of the Theory of Action. In: S. Koch (Hrsg.), Psychology: A Study of a Science, Bd. 3. New York, S. 612–711; Parsons, T., Platt, G. M. 1973, The American University, a. a. O.

30 Lidz, C. W., Lidz, V. M. 1976, Piaget's Psychology of Intelligence and the Theory of Action. In: J. J. Loubser u. a., (Hrsg.), Explorations in General Theory in Social Science. New York.

31 Parsons, T. 1959, An Approach to Psychological Theory in Terms of the Theory of Action. In: S. Koch (Hrsg.), Psychology: A Study of a Science, a. a. O. S. 681–688.

32 Parsons, T. 1951, The Social System, a. a. O., Kap. III–V; ders., 1967a, Sociological Theory and Modern Society, a. a. O., S. 192–219; ders., Shils, E. A. 1951, Values, Motives and Systems of Action, a. a. O., S. 76–91.

33 Parsons, T., Bales, R. F., Shils, E. A. 1953, Working Papers in The Theory of Action, a. a. O., S. 172–190.

34 Parsons, T. 1967a, Sociological Theory and Modern Society, a. a. O., S. 192–219.

35 Parsons, T. 1978b, A Paradigm of the Human Condition, a. a. O., S. 352–433.

36 Parsons, T., Smelser, N. J. 1956, Economy and Society. New York; ders., 1967a, Sociological Theory and Modern Society, a. a. O., S. 3–34; ders.,

1969, Politics and Social Structure. New York, S. 405–38; ders., 1977, Social Systems and the Evolution of Action Theory, New York.

37 Luhmann, N. 1997, Die Gesellschaft der Gesellschaft. Frankfurt a. M.

38 Parsons, T. 1967 b, Evolutionary Universals in Society. In: Sociological Theory and Modern Society, a. a. O. S. 490–520.

39 Parsons, T. 1967 c, Full Citizenship for the Negro American? In: ders., Sociological Theory and Modern Society, a. a. O., S. 422–465; ders., 1966, Societies. Evolutionary and Comparative Perspectives. Englewood Cliffs, N. J.; ders., 1971, The System of Modern Societies, a. a. O.; ders., 1977, Social Systems and the Evolution of Action Theory, a. a. O., S. 273–404.

40 Parsons, T., White, W. 1964, The Link between Character and Society. In: ders., Social Structure and Personality, New York, S. 183–235; Bourricaud, F., 1977, L'individualisme institutionel. Essai sur la sociologie de Talcott Parsons, Paris.

41 Parsons, T. 1966, Societies. Evolutionary and Comparative Perspectives, a. a. O., Kap. VI; ders. 1971, The System of Modern Societies, a. a. O., Kap. 4.

42 Parsons, T. 1942 a, Democracy and the Social Structure in Pre-Nazi-Germany. In: Journal of Legal and Political Sociology 1, S. 96–114 (abgedruckt in: T. Parsons, Essays on Sociological Theory. 2. Aufl. New York 1954); ders., 1942 b, Some Sociological Aspects of the Fascit Movements. In: Social Forces 21, S. 138–147 (Abgedruckt in: ders., Essays on Sociological Theory. 2. Aufl. New York 1954); Gerhardt, U. (Hrsg.) 1993, Talcott Parsons on National Socialism. New York.

43 Münch, R. 1994, Sociological Theory, 3 Bde. Chicago, Ill.

Stefan Müller-Doohm

Theodor W. Adorno
(1903–1969)

> „Gegenwärtig wäre nicht das
> zeitlose Jetzt sondern eines,
> das gesättigt ist mit der Kraft
> des Gestern und es darum nicht
> zu vergötzen braucht."
>
> (Adorno 1981, 70)

1. Einleitung

Für jeweils Erwählte mag es durchaus ehrenvoll sein, in die Ahnenreihe von Klassikern eingereiht zu werden. Theodor W. Adorno, der sich seiner „unvergleichlich glanzvollen Genialität" (Jürgen Habermas) bewußt war, hätte sich dennoch gegen diesen Ehrentitel *Klassiker der Soziologie* gewehrt. Warum? Zunächst einmal aus dem einfachen Grund, weil er sich nicht ausschließlich als Soziologe verstanden hat. Die Soziologie – genauer gesagt: soziologisches Denken – ist vielmehr ein integraler und als solcher allerdings zentraler Bestandteil seiner geistigen Produktivität, deren Spannbreite sowohl die Kunst, insbesondere die Musik, aber auch die Literatur sowie die Philosophie umfaßt. Adorno hat, so könnte man sagen, viele Leben als Intellektueller geführt. Das eine, ihm liebste Leben ist vermutlich das des Künstlers. Dieses Künstlertum dokumentiert sich in der Tatsache, daß er ein musikalisches Œuvre schuf, das über 30 Kompositionen der unterschiedlichsten Gattungen enthält (Metzger/Riehn 1979, 1983).

Hält man sich, um einen ersten Einblick in den Umfang seines Lebenswerks zu gewinnen, an die in 20 Bände unterteilten *Gesammelten Schriften (1970–1986)*, so ergibt sich deutlich ein Bild zugunsten der Musik. Insgesamt acht Bände enthalten Texte zur Musiktheorie und Musikanalyse. Dagegen füllen die im engeren Sinne soziologischen Arbeiten lediglich drei Bände, die allerdings durch zwei Halbbände mit dem Titel *Kulturkritik und Gesellschaft* ergänzt werden. Die literaturkritischen Essays sind in einem Band zusammengefaßt. Die der Philosophie im engeren Sinne zurechenbaren Veröffentlichungen nehmen sieben Bände in Anspruch.[1] Abgesehen von dieser die Grenze einer Einzelwissenschaft überschreitenden Vielfalt der Arbeitsfelder Adornos resultieren Vorbehalte gegen das Etikett des soziologischen Klassikers aus folgender Überlegung: Theoretische Erkenntnisse, zumal Theorien über die Gesellschaft, sollen Reflexionsprozesse über die Beschaffenheit der Welt auslösen. Fehlen ihnen jedoch die innovativ vorwärtstreibenden, die spekulativ-provokativen Elemente, dann büßen sie ihre Aussagegehalte ein. Kann also eine Gesellschaftstheorie, die als klassisch gilt, überhaupt den Nerv der geschichtlich sich wandelnden Zeit treffen? Adornos Antwort auf diese grundsätzliche Frage fällt eindeutig aus. Er warnt unmißverständlich davor, Theorie „als Unveränderliches der geschichtlichen Bewegung entgegenzusetzen". Aller Wahrheit, auch und gerade derjenigen, die der Soziologe in Anspruch nimmt, wohnt ein „Zeitkern" inne (Horkheimer/Adorno 1987, S. 13).

Welchen Sinn macht es angesichts dieser Relativierung des zum Klassischen erhöhten Traditionellen, sich aus der Perspektive der Soziologie mit einem Werk zu beschäftigen, das aus einem zeitgeschichtlichen Erfahrungszusammenhang hervorgegangen ist, der über ein halbes Jahrhundert zurückliegt? Mit anderen Worten: *Worin besteht die Aktualität von Adornos Soziologie?*

Zum einen sind die soziologischen Begriffe, Erklärungsmodelle und Analysen Resultat einer Verarbeitung von seismographisch wahrgenommenen historischen Erfahrungen, die sich auf drei epochale Ereignisse beziehen: den Untergang des Wilhelminischen Reiches und die Gründung der Weimarer Republik, ihre ökonomische Krise und ihren politischen Zerfall; die Barbarei des Faschismus, die systematisch betriebene, bürokratisch organisierte Vernichtung der Juden sowie die Situation des Exils; die Jahre der Gründung und mühsamen Konsolidierung einer zweiten deutschen Republik. Weil sich die gesellschaftstheoretischen Reflexionen Adornos aus der bewußt erlebten Zeitgenossenschaft speisen, weil sich in ihnen das an wechselnden Katastrophen nicht gerade arme Jahrhundert spiegelt, lassen sich am Beispiel dieses Werks generelle Einsichten in die Wechselbeziehung von Zeitgeschichte und soziologischer Theoriebildung in exemplarischer Weise gewinnen.

Zum anderen ist für Adornos Soziologie nicht nur der substantielle Gehalt seiner konkreten Thesen über die Strukturgesetze der Gesellschaft und ihrer Funktionsweise von Bedeutung, also seine Einsichten in das, was „insgeheim das Getriebe zusammenhält" (1972, S. 196). Vielmehr bleibt diese Soziologie durch die *Art und Weise einer soziologischen Denkweise* jung, die an den analysierten Gegenständen expliziert wird: sie will sich durch die Plausibilität der gewonnenen Einsichten bewähren. Das setzt voraus, daß die Soziologie nicht dabei stehen bleibt, bloß zu beobachten und festzustellen, wie die Verhältnisse in der Gesellschaft faktisch sind. Vielmehr gilt es herauszufinden, *was* angesichts des historischen Entwicklungsniveaus *sein könnte*. In der Frage nach dem, was sein könnte, liegt ein utopisches Moment in Adornos Soziologie.

2. Biographische Skizze

Adorno wächst im ersten Jahrzehnt nach der Jahrhundertwende in der prosperierenden Metropole Frankfurt am Main auf – innerhalb einer ganz und gar intakten Familie, die in geradezu idealtypischer Weise die bürgerlichen Merkmale von Wirtschaft und Geist miteinander vereint. Sein Vater, Oskar Alexander Wiesengrund, war jüdischer Abstammung und dem Protestantismus beigetreten. Er repräsentiert als Eigentümer einer seit 1822 bestehenden und wirtschaftlich gutgehenden Weingroßhandlung sowie eines Weingutes den für die Kaufmanns- und Handelsstadt charakteristischen *Besitzindividualismus*. Das daraus resultierende ökonomisch fundierte Selbstbewußtsein, gepaart mit Weltläufigkeit und britisch inspirierter Toleranz, scheint sich dem Sohn als eine selbstverständliche Haltung vermittelt zu haben.

Als Schüler läßt Adorno früh eine außerordentliche Begabung erkennen. So kann er im Kaiser-Wilhelm-Gymnasium die Unterprima überspringen und erhält schon mit 17 Jahren als *„primus omnium"* das Abiturzeugnis. Die Begabung des privilegiert aufwachsenden Einzelkindes geht nicht zuletzt auf den künstlerischen Einfluß seiner „beiden Mütter" zurück. Die eine, die leibliche Mutter, Maria, geb. Calvelli-Adorno della Piana, war bis zu ihrer Ehe als Sängerin tätig. Ihre Schwester Agathe, eine ausgebildete Konzertpianistin, lebte gleichfalls in Adornos Elternhaus und trug als „zweite Mutter" wesentlich dazu bei, daß der Heranwachsende schon in frühen Jahren Kontakt zur Musik erhält. Parallel zu seinen musikalisch-künstlerischen Ambitionen entsteht ein ausgeprägtes Interesse für Philosophie sowie für die intellektuellen Strömungen jener Avantgarde, die im ersten Drittel dieses Jahrhunderts das kulturelle Klima prägte.

Im Jahr seiner Reifeprüfung immatrikuliert sich der junge Wiesengrund-Adorno 1921 an der Frankfurter Universität. Er belegt die Fächer Philosophie, Psychologie und Soziologie. Die damals noch junge Universität, die im Ruf stand, unkonventionell und liberal zu sein, dürfte einen zentralen Grund für die Anziehungskraft darstellen, die die städtische Kultur Frankfurts zeitlebens auf Adorno ausgeübt hat. Deshalb muß es für ihn ganz selbstverständlich gewesen sein, seine akademischen Ambitionen an diesem Ort zu verwirklichen. Dies gelingt dem ehrgeizigen Studenten nach einem schnell absolvierten Studium von nur 8 Semestern, das er 1924 als 20jähriger mit einer *„summa cum laude"* bewerteten Dissertation über die Philosophie Edmund Husserls abschließt. Obwohl Adorno in dieser Zeit über 100 Musikkritiken für verschiedene Zeitschriften und Zeitungen schrieb, zerschlagen sich seine Pläne, nach der Promotion hauptberuflich als Musikkritiker in Wien oder Berlin tätig zu werden. Hingegen gelingt es ihm 1931, sich in Frankfurt bei Paul Tillich, dem Inhaber des Lehrstuhls für Philosophie und Soziologie, mit einer Schrift über *Die Konstruktion des Ästhetischen bei Kierkegaard* zu habilitieren.[2]

Als die Nationalsozialisten in Deutschland die Macht ergriffen, war sich Adorno – in deutlichem Gegensatz etwa zu Max Horkheimer – über die Konsequenzen dieser politischen Wende, die zur Zerstörung der Demokratie der Weimarer Republik und zum totalitären Staat führte, keineswegs im klaren. Die Führerreden, Massenaufmärsche, Bücherverbrennungen, Verfolgungen politischer Gegner durch die Nationalsozialisten haben Adorno seinen eigenen Erinnerungen nach „stumm gemacht". Schon im Wintersemester 1933 verliert er, als einer der ersten Gelehrten, seine *Venia legendi*. Nachdem sein Versuch gescheitert war, an der Universität Wien als Privatdozent unterzukommen, immatrikuliert Adorno sich 1934 als *Advanced Student* am Oxforder *Merton*

College mit der Absicht, möglichst schnell dort einen anerkannten akademischen Titel zu erwerben. Aber in dem damaligen intellektuellen Klima von Oxford konnte dieses Vorhaben nicht recht gedeihen, weil Adorno der angelsächsischen Philosophie fremd gegenüberstand.

1937 nimmt Adorno die Einladung Max Horkheimers an, Mitarbeiter des *Institute of Social Research* zu werden, das der *Columbia University* assoziiert war. Adornos erstes Forschungsgebiet in der amerikanischen Emigration ist die Wirkungsanalyse des Rundfunks. Die Gesamtleitung dieses *Radio Research Project* lag in den Händen des aus Österreich emigrierten Soziologen Paul Lazarsfeld. Adornos Aufgabe bestand in erster Linie darin, die in seinen musiksoziologischen Analysen entwickelten Deutungen zur leichten und ernsten Musik zu operationalisieren und sie als ein System von Hypothesen einer Überprüfung im empirischen Forschungsprozeß zugänglich zu machen. Die neuen Erfahrungen, die Adorno mit den Methoden empirischer Sozialforschung und ihrer praktischen Anwendung macht, sind für ihn ein wichtiger Lernprozeß (Adorno 1977, S. 702 ff.).

Die so erworbene soziologische Kompetenz kommt insbesondere der breit angelegten Antisemitismus- und Autoritarismusforschung des *Institute of Social Research* zugute. Das Gesamtvorhaben dieser Studie, das neun selbständige Teilprojekte umfaßt, ist der theoretisch und personell umfassendste Forschungsverbund, der damals zu diesem Problembereich realisiert wurde.

Im Zentrum dieses Forschungsverbundes, dessen Ergebnisse 1950 unter dem Obertitel *Studies in Prejudice* (Horkheimer/Flowerman 1949/50) erschienen sind, steht das sogenannte *Berkeley-Project* über die *Authoritarian Personality* (Adorno/Frenkel-Brunswik/Levinson/Sandford 1950). Diese Studie, bei der es um die Messung eines latenten Antisemitismus ging, hat Adorno zusammen mit einer Gruppe von psychoanalytisch orientierten Sozialpsychologen, der „*Public Opinion Study Group*" durchgeführt. Im Hinblick auf den allgemeinen gesellschaftstheoretischen Bezugsrahmen dieses Projekts rekurriert er auf einen gemeinsam mit Horkheimer verfaßten Entwurf mit dem Titel „Elemente des Antisemitismus", der dann als fünftes Kapitel in das von beiden zwischen 1941 bis 1944 verfaßte und 1947 publizierte Werk *Dialektik der Aufklärung* integriert wird. In diese Zeitphase fällt seine intensivste Zusammenarbeit mit Horkheimer. Beide hatten sich 1941 an der Westküste der USA niedergelassen, um sich in gemeinsamer philosophischer Arbeit mit den Ursachen des geschichtlichen Scheiterns der Vernunft zu beschäftigen.

Neben diesem wegweisenden Gemeinschaftswerk der *Dialektik der Aufklärung*, das freilich erst mit einer Verspätung von fast 20 Jahren ungewöhnlich breite Resonanz gefunden hat, entsteht während der Emigrationsjahre eine Reihe wichtiger Schriften wie beispielsweise *Philosophie der neuen Musik* (1941/49), *Komposition für den Film* (zusammen mit Hanns Eisler, 1944), *Minima Moralia* (1945/1951), ferner zahlreiche Essays etwa über Kierkegaard, Spengler, Veblen sowie eine Reihe von Studien über die Wirkungsmechanismen der nationalsozialistischen Propaganda und über Populärkultur.

Vier Jahre nach Kriegsende, nunmehr 46 Jahre alt, kehrt Adorno nach Frankfurt am Main zurück, trotz mancher Ängste vor dem Fortbestehen eines rechtsradikalen Nationalismus und Formen des Antisemitismus. Seine Verbundenheit mit der deutschen Sprache ist ein Motiv zur Remigration; hinzu kommt die Erwartung, gerade durch soziologische Aufklärung der „Wiederholung des Unheils" entgegenarbeiten zu können. Aus diesem Grund beteiligt sich Adorno an dem ersten empirischen Forschungsprojekt über demokratisches Bewußtsein und politische Einstellungen von Gruppen der westdeutschen Bevölkerung, das von dem im Herbst 1951 wiedereröffneten Institut für Sozialforschung durchgeführt wird. Seine Erfahrungen als Sozialforscher kommen auch der Auswertung der *Darmstädter Gemeindestudie* zugute, an der er in dieser Zeit gleichfalls mitwirkt, ferner den zahlreichen empirischen Projekten, die vom Institut für Sozialforschung kontinuierlich durchgeführt werden, während er, neben der Wahrnehmung seiner Professur für Philosophie und Soziologie[3], die aufreibende Position des Geschäftsführenden Direktors (1953 bis 1969) innehatte (vgl. Institut für Sozialforschung 1990; Adorno 1986, S. 601 ff.).

1961 wird auf einer internen Arbeitstagung der *Deutschen Gesellschaft für Soziologie* über die „Logik der Sozialwissenschaften" durch die beiden zentralen Referate von Karl R. Popper und Adorno eine Kontroverse in Gang gebracht, die später unter dem Titel „Positivismusstreit" bekannt geworden ist (vgl. Adorno u. a.

1969; Dahms 1994). Die Frontenbildung einer verkürzten Alternative zwischen Gesellschaftstheorie und empirischer Sozialforschung hat sich nicht auflösen lassen und bestand noch, als Adorno 1963 zum Vorsitzenden der *Deutschen Gesellschaft für Soziologie* gewählt wurde.

In dieser Funktion hält er 1968 auf dem Deutschen Soziologentag in Frankfurt a.M. das Eröffnungsreferat zum Thema „Spätkapitalismus oder Industriegesellschaft?". Adorno, dessen wissenschaftliche Produktivität in den sechziger Jahren ihren Höhepunkt erreicht hatte, starb überraschend am 6. August 1969 während seines Urlaubs in der Schweiz.

3. Soziologisch in Modellen denken

Von Adornos soziologischen Analysen läßt sich auch heute noch lernen, wie man als Soziologe die Phänomene der Zeit beobachtet, erklärt und schließlich versteht. Das Spezifische seiner Soziologie besteht darin, im Prozeß der gedanklichen Durchdringung konkreter Manifestationen des gesellschaftlichen Lebens begreiflich zu machen, *wie soziologische Analyse am Gegenstand durchgeführt werden kann.*[4] Dieses ‚Wie‘ der soziologischen Erkenntnis erweist sich dadurch als richtig, „daß einem soziologisch etwas aufgeht" (Adorno 1977, S. 373). Mit diesem Plausibilitätskriterium ist ein wichtiges, wenn nicht das wichtigste Merkmal seines Typus von Soziologie benannt: der Anspruch auf „Verbindlichkeit ohne System". Für diese soziologische Denkpraxis ist der ängstliche Rückhalt im anerkannten Kanon sozialempirischer Methoden und Begrifflichkeiten sekundär; die Soziologie hat vielmehr primär die Aufgabe, einen sozialen Sachverhalt in seinen unterschiedlichen Erscheinungsweisen zu beschreiben. Mit Hilfe dieser Beschreibungen werden die Schattierungen eines Phänomens in seiner ganzen Vielschichtigkeit und Tiefe sichtbar gemacht. Dieses Sichtbarmachen ist sodann die Grundlage für gegensätzliche gedankenexperimentelle Deutungen, die zu Modellen einer gültigen, d.h. sachhaltigen Erklärung verdichtet werden müssen. Aus der synthetisierenden Theoriebildung läßt sich der besondere Sachverhalt in seiner Eigentümlichkeit als spezifischer Ausdruck von gesellschaftlichen Verhältnissen verstehen. Ziel dieses Verstehens, das Adorno zufolge gedanklich stets neu vollzogen und theoretisch verarbeitet werden muß, ist die Aufklärung darüber, wie beispielsweise Herrschaft von Menschen über Menschen entsteht und was Phänomene sozialer Ungleichheit in der Gesellschaft bewirken. Eine dialektisch verfahrende Soziologie klärt – in genereller Perspektive – darüber auf, wie sich das individuell unterschiedliche Eingebundensein in Gesellschaft auf einzelne sowie kollektive Denkweisen und Handlungen auswirkt und wie sich Denk- und Handlungsweisen zu gesellschaftlichen Situationen und Konstellationen verfestigen.[5]

Die „Forderung nach Verbindlichkeit ohne System", die keineswegs auf ein selbstgenügsam bescheidenes Programm beliebigen Assoziierens und Spekulierens hinausläuft, erklärt, daß es von Adorno (trotz der Konsistenz im Denken) keine in sich konsistente soziologische Theorie des sozialen Handelns oder des sozialen Systems oder der sozialen Strukturen gibt. Ihm kam es darauf an, durch die Bewegung des Gedankens praktisch vorzuführen, wie man das Soziale als Wirklichkeit eigener Art verstehen kann, wenn man ohne Systemzwang genau hinschaut: hinter die Fassade blickt, um herauszufinden, „wieso es dahin gekommen ist und wohin es will" (Adorno 1993, S. 46).

Solche Modelle soziologischen Denkens führt exemplarisch ein Buch vor, das man gewöhnlich kaum der fachsoziologischen Literatur zuordnet. Es handelt sich um den *„dialogue interieur"* der *Minima Moralia*, einer Sammlung von über 150 Aphorismen: *Reflexionen aus dem beschädigten Leben* (1980). Gemeinsam ist diesen Reflexionen, daß sie von einer Rückbesinnung auf ein prägendes Erlebnis oder von zeitgeschichtlich bedeutsamen Erfahrungen ausgelöst werden: beispielsweise durch auffällige Sentenzen aus Volksmärchen (S. 96 f.), die Beobachtung, wie auf der Straße gerannt wird (S. 182 f.), die Ausweitung der Luftangriffe im Zweiten Weltkrieg, das Grauen der planvollen Vernichtung der Juden in Deutschland (S. 57 ff.). Diese unterschiedlichen Realitätserfahrungen werden als empirische Materialien einem Denkprozeß unterworfen, um durch ein konsequentes Betrachten von Vorder- und Rückseite, von Oberfläche und Tiefe der Phänomene ihren Stellenwert in Geschichte und Gesellschaft zu bestimmen. Aus der Beschreibung einer Erfahrung wird durch begrifflich angeleitete Reflexion die theoretisch verdichtete Bestimmung ihres sozialen

Stellenwerts gewonnen. Daraus resultiert eine prägnante, zumeist bewußt überpointierte Diagnose des Zustandes der Menschen und ihrer Welt,[6] die prinzipiell von der kompromißlos gesellschaftskritischen Absicht getragen ist, durch bestimmte Negation die Möglichkeit eines Besseren festzuhalten (1980, S. 26 f.).

Die unreglementierte *Erfahrung* ist für Adorno die erste Bedingung der Möglichkeit von soziologischer Erkenntnis: „Nur eine Erfahrung, der es, ohne daß sie sich vorschnell durch vorhandene Theoreme absicherte […], noch gelingt an der Physiognomie der Gesellschaft Veränderungen wahrzunehmen, kann zum Ansatz ihrer fälligen Theorie helfen" (1972, S. 194). Der Erfahrungsprozeß mündet in die *Deutung*, die über die Ebene der Beschreibung und Klassifikation von Erscheinungen hinausgelangt, indem sie sich des methodischen Mittels der *begrifflichen Reflexion* bedient. Sie zielt durch ihre den Gegenstand einkreisende Denkbewegung auf die Erkenntnis des Wesens der Dinge, das sich hinter der Erscheinung verbirgt; sie ist „der Versuch, Erfahrung oder dies Es-sagen-wollen […] verbindlich zu machen, zu objektivieren" (1973 a, S. 83). Verbindlich machen heißt *Theoriebildung*, die in der Einheit von Begriff und Sache mündet.

Mit Adornos Konzept der emphatischen Erfahrung hängt seine ambivalente Stellung zur empirischen Sozialforschung und ihren Methoden zusammen. Er kritisiert das Vertrauen der Sozialforscher als naiv, die Gesamtheit des sozialen Lebenszusammenhangs durch die Verknüpfung der empirischen Befunde von Einzelanalysen sozialer Sektoren zu erfassen. Diesem Bild von Gesellschaft als gegliedertem und funktional differenziertem Organismus hält er den *Begriff der Gesellschaft als System* entgegen: System ist die Gesellschaft als vergesellschaftete bzw. als integrale Gesellschaft, „die, indem sie alles Einzelne durchdringt, eine Art negativer Identität von Allgemeinem und Besonderem erzwingt" (1972, S. 186). Gesellschaft als eine solche negative Identität ist eine Erscheinung der fortgeschrittenen kapitalistischen Moderne. In dieser Epoche, in der alle sozialen Beziehungen durch das abstrakte Prinzip ökonomischer Tauschbeziehungen bestimmt sind, wird das Soziale zur *Totalität*. Deshalb geht eine „dialektische Theorie der Gesellschaft (zurück) […] auf Strukturgesetze, welche die Fakten bedingen, in ihnen sich manifestieren und von ihnen modifiziert werden. Unter Strukturgesetzen versteht sie Tendenzen, die mehr oder weniger stringent aus historischen Konstituentien des Gesamtsystems folgen" (1972, S. 356). Trotz dieser Abgrenzung gegenüber „Datenerhebung" zugunsten von „Theorie" kann gar nicht stark genug betont werden, daß Adorno sich selbst aktiv und innovativ an der Praxis der empirischen Sozialforschung beteiligt hat: Soziologie als Einzelwissenschaft ist ihm zufolge eine durchaus inhomogene Einheit: zum einen Sozialforschung, zum anderen Theorie der Gesellschaft.

Wenn von Adorno als Sozialforscher die Rede ist, dann ist in erster Linie an seine mehrjährige Mitarbeit an der großangelegten Studie *The Authoritarian Personality* zu denken. Ausgangspunkt dieses Forschungsprojekts, das inzwischen zu den „Klassikern" der Sozialforschung zählt, ist eine psychoanalytisch inspirierte Hypothese, die mit dem Wechselverhältnis zwischen manifesten und latenten Persönlichkeitsdimensionen operiert: Nicht nur die Einstellungen und Verhaltensweisen einer relativen Minderheit erklärter Faschisten sind für die demokratische Lebensform gefährlich, sondern auch das Syndrom eines potentiellen Faschismus als verdecktes Element der autoritätsgebundenen Persönlichkeitsstruktur einer Vielzahl von Individuen. Sozialforschung auf Basis dieser Annahme macht die Verknüpfung komplexer Forschungstechniken erforderlich. Sie müssen in der Lage sein, so Adornos methodologischer Anspruch, jene Oberflächenmeinungen zu durchdringen, die die quantitativen Daten der *Research*-Methoden widerspiegeln. Diese voneinander unabhängigen Techniken bestehen, neben standardisierten Instrumenten wie der umfangreichen Fragebogenerhebung, insbesondere aus drei Skalen zur indirekten Messung von Antisemitismus, Ethnozentrismus und Konservatismus, ferner aus projektiven Verfahren und qualitativen Interviews. Die drei Skalen, die überwiegend projektive Frageformulierungen enthalten, bilden die Grundlage für die im Forschungsprozeß entwickelte „Faschismus-Skala": Sie setzt sich aus spezifischen *Items* zusammen, die als gültige und zuverlässige Indikatoren einer umfassenden latenten Charakterdisposition gelten können. Mit Hilfe der 45 Skalensätze der F-Skala ist es gelungen, die grundlegenden Charaktervariablen zu messen, die die dominanten Züge der autoritätsgebundenen Persönlichkeit repräsentieren. Diese potentiell faschistische Charakterdisposition beschreibt Adorno als strukturelle Einheit: „Züge wie Konventionalismus, autoritäre Unterwürfigkeit und Aggressivität, Neigung zur Projektion, zur Manipulation und dergleichen finden sich in der Regel beisammen" (1973, S. 312).

Die *Authoritarian Personality* stellt ein exemplarisches Beispiel für den Empirie-Typus der interpretativen Sozialforschung dar, den Adorno wegen der Gültigkeit seiner Befunde selbst bevorzugt und im Rahmen jener Forschungsprojekte des Instituts für Sozialforschung praktiziert hat, die während seines Direktorats durchgeführt wurden. An erster Stelle ist hier sein Beitrag zur Studie *Gruppenexperiment* (1955) zu nennen. In seinem monographischen Teilprojekt mit dem Titel „Schuld und Abwehr" (Adorno 1975a, S. 121ff.) versucht er, auf der Grundlage qualitativer Textinterpretationen von 25 Diskussionsprotokollen der für das Bewußtsein der Nachkriegsjahre charakteristischen Form der Vergangenheitsverleugnung auf die Spur zu kommen. Dabei deckt er einen ganz spezifischen Verdrängungsmechanismus auf: In dem Maße, wie bei Personen ein moralisches Bewußtsein des begangenen Unrechts während der Naziherrschaft ausgebildet ist, setzen Abwehrmechanismen ein, die intrapsychisch die Funktion haben, eine Art Gleichgewicht herzustellen zwischen dem schlechten Gewissen und dem Bedürfnis, sich als Deutscher zu Deutschland als einem Kollektiv trotz der Nazivergangenheit bekennen zu können. „Man darf daraus folgern, daß die in Abwehr Befindlichen, auch wo sie Rudimente der Naziideologie vertreten, nicht etwa mit einer Wiederholung dessen sympathisieren, was geschah. Die Abwehr selbst ist ein Zeichen des Schocks, den sie erfuhren [...]" (Gruppenexperiment 1955, S. 155).

4. Zivilisierte Barbarei: Aspekte der Zeitdiagnose

„Der Gesellschaft die Rechnung [...] präsentieren„
(Adorno, 1977, S. 28)

„Phänomene zu *deuten*, nicht Fakten zu ermitteln, diese zu ordnen, zu klassifizieren, gar als Information zur Verfügung zu stellen" (1977, S. 703) – diese Maxime einer sozialwissenschaftlichen Hermeneutik kann als Leitfaden für Adornos Gesellschaftsanalyse genommen werden. Soziologie gilt ihm als gegenstandsbezogene Reflexionsweise: als Denkpraxis und Deutungsarbeit, die sich in das Besondere der Gegenstände versenkt, um es als Ausdruck des Allgemeinen zu dechiffrieren. Das Allgemeine selbst – die Gegenwartsgesellschaft – ist seiner Zeitdiagnose zufolge durch *drei* hauptsächliche Merkmale bestimmt: den anonymen Regelmechanismus des Tauschgesetzes, die Dynamik der Entautonomisierung der Individuen, die sozialintegrativen Wirkungsweisen der zum System der Kulturindustrie zusammengefaßten Institutionen der Massenkommunikation.

Der gesellschaftliche Funktionszusammenhang ist, so lautet Adornos gegenwartsanalytischer Ausgangspunkt, von seiner ökonomischen Grundstruktur her kapitalistisch organisiert. Der Zweck dieser Ökonomie ist nur sekundär die Bedürfnisbefriedigung. Als ihr primäres Ziel gilt die Akkumulation von Kapital durch die Maximierung des Profits. Ausnahmslos alle sozialen Beziehungen sind durch das Regulativ des Tauschprinzips vermittelt: „alles Sein (ist) bloß eines Für anderes" (1977, S. 13).

Aus der ökonomisch bedingten Notwendigkeit, daß jeder einzelne seine Interessen direkt gegen die Interessen aller anderen verfolgen muß, resultiert die „Kälte der gesellschaftlichen Monade, des isolierten Konkurrenten" (1977, S. 687). In dieser Konkurrenzgesellschaft – dies ist der zweite Kerngehalt von Adornos Zeitdiagnose – wird es der Mehrheit der vereinzelten Individuen unmöglich gemacht, sich als selbstbestimmt handelnde Subjekte zu realisieren: Individualisierung bringt vielmehr Pseudo-Persönlichkeiten hervor. Ihr Kennzeichen ist Ich-Schwäche: Selbstbezogenheit in der Folge narzißtischer Regression. Dies ist die subjektiv-psychodynamische Lösung eines Individuums, das dem herrschenden Anpassungsdruck unterworfen ist.

An die Stelle von Individualität treten stereotype Persönlichkeitsmuster. Ihre Varianten werden von der Kulturindustrie als vorgefertigte Schemata vermittelt. Kulturindustrie, die die Welt der Erscheinung als Imitation erzeugt – dies ist der dritte Kernpunkt von Adornos Gegenwartsanalyse –, hat die gesellschaftliche Funktion, durch die Spannbreite ihrer Inszenierungsangebote zur Selbstinszenierung der Individuen als Persönlichkeiten beizutragen. „Kulturindustrie grinst: werde, was du bist, und ihre Lüge besteht gerade in der wiederholten Bestätigung und Verfestigung des bloßen Soseins, dessen, wozu der Weltlauf die Menschen gemacht hat" (1977, S. 514). Trotz der enormen Vielfalt der Inhalte und ästhetischen Muster der kulturindustriellen Produkte besteht ihr gemeinsamer Effekt in der Vermittlung von affirmativem Bewußtsein. Dazu wendet beispielsweise das Leitmedium Fernsehen, dessen Wirkungsweise Adorno eingehend analysiert hat, spezifische Präsentationspraktiken an, wie die der Personalisierung und Emotionalisierung. „Je entmenschlichter" der Betrieb der Kulturindustrie ist, „um so emsiger und erfolgreicher propagiert sie angeblich große Persönlichkeiten und operiert mit Herztönen" (1977, S. 340).

Diese radikale Kritik an der sozial lizensierten Form des Individuums und seiner widerstandslosen Integration in das System der Kulturindustrie steht im Zeichen der Hoffnung, daß sich das selbstbestimmt handelnde Subjekt gegen die repressiven Tendenzen jener Gesellschaft retten läßt, die „die Menschen individuiert, einzig, um sie in ihrer Vereinzelung vollkommen brechen zu können" (1980, S. 169). Deshalb verteidigt Adorno an vielen Stellen seiner Schriften die noch existierenden Spielräume für Abweichungen und Formen des Andersseins. Denn „die Spur des Menschlichen" haftet einzig am Individuum, das freilich geschichtlich unterzugehen droht (1980, S. 169).

Als *Resümee* der Zeitdiagnose bleibt festzuhalten: Eine Gesellschaft, deren Ökonomie von der Eigenlogik kapitalistischer Verwertungsinteressen bestimmt ist, in der die sozialen Konformitätszwänge zu Lasten der schwindenden Subjektautonomie gehen und in der die omnipräsenten Massenmedien die Funktion erfahrungsbestimmender Wirklichkeitskonstrukteure haben, eine solche Gesellschaft ist trotz aller Fortschritte funktionaler Rationalität keineswegs ein Lebenszusammenhang, der human und in diesem Sinne insgesamt vernünftig gestaltet ist. Weil die Beziehungen der Menschen, wider den Selbstanspruch dieser Gesellschaft, nicht in Freiheit begründet sind, ist es unter den gegebenen Bedingungen nicht einmal möglich, ohne Furcht ein selbständiges Leben zu führen (vgl. 1975, S. 95 f.). Solange die Gesellschaft Angst und damit objektiv Leiden erzeugt, das auf dem Subjekt lastet, „ist das Bedürfnis, Leiden beredt werden zu lassen, [...] Bedingung aller Wahrheit" (1975, S. 29). Dementsprechend ist Soziologie Kritik der „Pathologien des Sozialen"[7], Kritik an den beschädigenden Lebensbedingungen, die in der Faktizität der gesellschaftlichen Verhältnisse verborgen sind, ihrem inneren Widerspruch zwischen möglicher Vernunft und realer Unvernunft. Der Impuls dieser Kritik speist sich aus der „konkreten Denunziation des Unmenschlichen" (1996, 216)[8], aus der Konfrontation des gegebenen Leides mit der Möglichkeit seiner Beseitigung im Prozeß der Geschichte, eine Möglichkeit, die konkret sichtbar gemacht werden muß. Als Maßstab dieser Kritik, für die Adorno auf den Hegelschen Begriff der bestimmten Negation zurückgreift, gilt das historisch konstituierte Freiheits*potential:* ein normativ gehaltvolles Sollen, das durch den Nachweis eines realen Könnens begründet wird. Dieses ist sowohl aus dem Entwicklungsniveau der Naturbeherrschung als auch aus den davon inspirierten Zukunftsentwürfen einer gerechten Ordnung des Sozialen ablesbar: der „Idee einer die divergenten Einzelinteressen übersteigenden Solidarität" (1975, S. 278).

5. Ausblick

Betrachtet man die Rezeptionsgeschichte von Adornos soziologischem Werk rückblickend, so haben gerade die Versuche des kritischen Weiterdenkens produktive Konsequenzen für seine Soziologie gehabt (vgl. Jay 1983, S. 351 ff.). Sie sind ein Grund dafür, daß die Auseinandersetzung mit Adorno an einem neuen Anfang steht. Ein wichtiger Anstoß zum Weiterlesen seiner Texte ging dabei von Jürgen Habermas (1981, S. 523 ff.) aus, der zu zeigen versucht hat, daß Adornos utopische Idee der Versöhnung sich reformulieren läßt „in Begriffen einer unversehrten Intersubjektivität, die sich alleine herstellt und erhält in der Reziprozität der auf freie Anerkennung beruhenden Verständigung". Ausgangspunkt dieser und anderer Reformulierungsversuche war die Kritik an der totalisierten Negativität der Zeitdiagnose. Dieser wurde vorgeworfen,[9] sie habe zwar den Versuch unternommen, das Grauen des zeitgenössischen Geschehens, für das Auschwitz als Signatur der Epoche unauslöschlich ist, aus der Perspektive schockhafter Betroffenheit zu verarbeiten. Aber wegen der Distanzlosigkeit der Zeitzeugenschaft liege der kritischen Theorie Adornos ein extremer Pessimismus zugrunde, der in einem machttheoretisch vorgeprägten, apokalyptischen Bild von Gesellschaft zum Ausdruck komme. Gegen diese Lesart spricht, daß

Adorno und Horkheimer selbst gewarnt haben vor der Verwechslung einer nihilistischen Lust am Untergang mit entwicklungsgeschichtlichen Theorien, die die Gefahr der Vernichtung der Menschheit durch die Ausbreitung totalitärer Tendenzen evident zu machen versuchen: „Das Hinstarren aufs Unheil hat etwas von Faszination. Damit aber etwas vom geheimen Einverständnis" (Adorno/Horkheimer 1987, S. 262). Adornos Analysen sind von der Absicht getragen, sich über den Zustand der Epoche, über ihre Destruktivität Rechenschaft zu geben. Er notiert in den *Minima Moralia* (1980, S. 115), daß „das Bewußtsein, das dem Unsagbaren standhalten möchte, immer wieder auf den Versuch zu begreifen sich zurückgeworfen (sieht), wenn es nicht subjektiv dem Wahnsinn verfallen will". Sein Diktum, nach Auschwitz ein Gedicht zu schreiben, sei barbarisch (1977, S. 20, vgl. auch 1975, S. 355 ff.), besteht mit provokativer Nachdrücklichkeit auf dem für die Wissenschaft von der Gesellschaft so unabdingbaren Prozeß des Nachdenkens – um sich Rechenschaft über das zu geben, was sich aus welchen Gründen, wie ereignet hat. Als Aufklärungswissenschaft hat die Soziologie hier ihre Bewährungsprobe zu bestehen und durch Erkenntnis dazu beizutragen, daß sich die Geschichte nicht weiter als Katastrophengeschichte fortsetzt. Daß – ganz optimistisch gedacht – die soziologische Kritik am Zustand der Welt diese durchaus zum Besseren zu verändern vermag, „gründet in der Objektivität des Geistes selber" (1977, S. 22), der mit den Mitteln bestimmter Negation in der Lage ist, in evidenter Weise das Falsche als falsch zu qualifizieren. Für Adorno besteht kein Zweifel, daß das Falsche, die Barbarei der Epoche, in Auschwitz ihren Höhepunkt erreicht hat, den kein Denken über Geschichte und Gesellschaft ignorieren kann. „Daß Auschwitz nicht sich wiederhole, nichts Ähnliches geschehe", dieses Postulat bestimmt er als „neuen kategorischen Imperativ" (1975, S. 358).

Diese Maxime hat apriorische Gültigkeit, bedarf folglich keiner weiteren Begründung (vgl. Garciá Düttmann 1991, S. 93 ff.). Es ist dies jedoch die allgemeine Ebene einer ethischen Voraussetzung für die Wissenschaft von der Gesellschaft. Eine ganz andere Ebene ist die sich immer wieder aufs neue stellende Aufgabe einer soziologischen Verarbeitung des historischen Wandels und das soziologische Erfassen aktueller gesellschaftlicher Strukturzusammenhänge. Und hier „ist es die Probe auf die Kraft gesellschaftlicher Erkenntnis, wie tief sie in die Phänomene der eigenen Zeit zu dringen vermag" (1956, S. 96).

Ein weiterer Ansatz der Auseinandersetzung operiert mit folgender Behauptung: Die überradikalisierte Vernunftkritik, wie sie insbesondere in der *Dialektik der Aufklärung* expliziert werde, säge jenen Ast ab, auf dem sie selbst sitzt, wenn sie alle Denkformen als Herrschaftsformen und das gesellschaftliche Ganze seines Unwesens zu überführen versucht (Habermas 1985, S. 130 ff.). Weil sich kein Standpunkt der Kritik außerhalb der kritisierten Totalität des Verblendungszusammenhangs definieren lasse, suche die Kritik ihre theoretische Begründungsbasis in der Ästhetik und ihren Ort im Erfahrungsgehalt der Kunst (Honneth 1985, S. 78 ff. sowie 82 ff.). Richtig daran ist, daß Adorno die den Vernunftformen inhärenten Ansprüche im Hinblick auf ihre Realisierung im Fortschrittsprozeß transparent zu machen versucht. Dabei rekonstruiert er im gattungsgeschichtlichen Rückblick die Vereinseitigung der abendländischen Vernunft als zweckrationales Mittel der Selbsterhaltung durch die Beherrschung äußerer und innerer Natur. Aber das von ihm konstatierte Verhängnis ist keineswegs Resultat eines Zuviel, *sondern eines Zuwenig von Vernunft.* Das jenseits der Zwecke rücksichtsloser Selbsterhaltung noch mögliche Kunstwerk, das sich seinen immanenten Formgesetzen ästhetischer Verarbeitung verdankt, gerät in der Moderne in die Position, ein über Naturbeherrschung hinausgehendes Weltverhältnis – aber als Vernunftform – zu demonstrieren. Bei dieser Bestimmung der Kunst wußte Adorno sehr wohl zwischen den diskursiven Regeln konsistenter Theoriebildung und den Maßstäben expressiver Kunstdarstellung, zwischen Anschaulichkeit und Begrifflichkeit, zwischen deutender Vernunft und der (mimetischen, nicht zu richtenden) Qualität der einfühlenden Kunsterfahrung zu differenzieren (vgl. 1972 a, S. 150 ff., 193 ff.).

Nichts anderes als das Moment des Unvernünftigen der Vernunft ist folglich Gegenstand bestimmter Negation, die keineswegs die Vernunft insgesamt in Bausch und Bogen verabschiedet, sondern ihr gleichsam den Spiegel vorhält. Den Defiziten einer naturbeherrschenden Zweckrationalität vermag diese Selbstreflexion der Vernunft nur auf den Grund zu kommen, wenn sie sich zum Gegenstand einer Selbstaufklärung macht. Diesem theoretisch erweiterten Vernunftbegriff[10] entspricht das Programm einer über sich aufgeklärten Aufklärung (Habermas 1985, S. 131ff.), die sowohl die kulturellen Errungenschaften der Moderne, die Idee einer Aufhebung der „selbstverschuldeten Unmündigkeit" des Menschen, zu verteidigen versucht als auch sich Rechenschaft über ihr Scheitern in der Geschichte gibt, in der eine auf Zweck-Mittel-Rationalität reduzierte, eindimensionale Vernunft den Anspruch erhebt, mit Vernunft schlechthin identisch zu sein. Warum das so ist, ist *thema probandum* von Adornos Philosophie als negativer Dialektik: ein Denken, das dadurch wahr wird, daß es bereit ist, „auch gegen sich selbst (zu) denken" (1975, S. 358). Diese dialektische Erkenntnis bleibt durchaus den intersubjektiv nachvollziehbaren Begründungsregeln verpflichtet (vgl. Ritsert 1995, S. 23ff., ders. 1996, S. 22ff. sowie 112ff.). Als dialektisch zeichnet sie sich freilich dadurch aus, „daß das Argument die Drastik der These gewinnen [...] und die These die Fülle ihres Grundes in sich enthalten (soll)" (1980, S. 78). Dialektische Reflexionspraxis in diesem Sinne ist somit keineswegs ein „Exerzitium" (Habermas 1985, S. 219), sondern Reflexion im „Medium eines diskursiven Erkenntnisprozesses" (Thyen 1989, S. 267).

Literatur

1. Werke von Theodor W. Adorno

Die Edition von Theodor W. Adornos *Gesammelten Schriften* (GS) ist 1986 unter der Hauptherausgeberschaft von Rolf Tiedemann (Adorno Archiv Frankfurt a.M.) zum Abschluß gebracht worden. Sie repräsentiert den aktuellen Editionsstand der Aufsätze, Essays und Vorträge sowie der Buchpublikationen Adornos, der auf die Textfassung auf der Grundlage der letzten Überarbeitung größten Wert gelegt hat.

Adorno, Theodor W., 1958, Philosophie der neuen Musik. Frankfurt a.M. (Orig. 1949)
– 1956, Soziologische Exkurse. Frankfurt a.M.
– 1972, Soziologische Schriften I, GS, Bd. 8. Frankfurt a.M.
– 1972a, Ästhetische Theorie, GS, Bd. 7. Frankfurt a.M.
– 1973, Studien zum autoritären Charakter. Frankfurt a.M. (engl. Orig. 1950)
– 1973a, Philosophische Terminologie, Bd. 1. Frankfurt a.M.
– 1974, Philosophische Terminologie, Bd. 2. Frankfurt a.M.
– 1975, Negative Dialektik, GS. Bd. 6. Frankfurt a.M. (Orig. 1966)
– 1975a, Soziologische Schriften II, GS, Bd. 9. 1 u. 2. Frankfurt a.M.
– 1977, Kulturkritik und Gesellschaft, 2 Bde., GS, Bd. 10. 1 u. 2. Frankfurt a.M.

- 1980, Minima Moralia, GS, Bd. 4. Frankfurt a. M. (Orig. 1951)
- 1981, Noten zur Literatur, GS, Bd. 11. Frankfurt a. M. (Orig. 1958)
- 1982, Musikalische Schriften IV, GS, Bd. 17. Frankfurt a. M.
- 1986, Vermischte Schriften I, II, GS, Bd. 20, 1 u. 2. Frankfurt a. M.
- 1990, Die musikalischen Monographien, GS, Bd. 13. Frankfurt a. M.
- 1993, Einleitung in die Soziologie. Hrsg. von Christoph Gödde. Frankfurt a. M.
- 1996, Philosophische Frühschriften, GS, Bd. 1. Frankfurt a. M., 2. Aufl.
- 1996, Probleme der Moralphilosophie. Hrsg. von Thomas Schröder. Frankfurt a. M.
- 1996a, Dissonanzen. Einleitung in die Musiksoziologie, GS, Bd. 14. Frankfurt a. M.
Adorno, Theodor W. u. a., 1969, Der Positivismusstreit in der deutschen Soziologie. Neuwied/Berlin.
Adorno, Theodor W./Benjamin, Walter, 1994, Briefwechsel 1928-1940. Hrsg. von Henri Lonitz. Frankfurt a. M.
Adorno, Theodor W./Horkheimer, Max , 1981, Dialektik der Aufklärung, GS, Bd. 3. Frankfurt a. M. (Orig. 1947).
Adorno, Theodor W./Frenkel-Brunswik, Else/Lewinson, Daniel J./Sanford, R. Newitt , 1950, The Authoritarian Personality. New York.

2. Einführende Werke/Monographien

Brunkhorst, Hauke, 1990, Theodor W. Adorno. Dialektik der Moderne. München.
Auer, Dirk/Bonacker, Thorsten/Müller-Doohm, Stefan (Hrsg.), 1998, Die Gesellschaftstheorie Adornos. Themen und Grundbegriffe, Darmstadt.
Jay, Martin, 1994, Adorno. Cambridge, Mass.
Müller-Doohm, Stefan, 1996, Die Soziologie Theodor W. Adornos. Frankfurt a. M./New York.
Scheible, Hartmut, 1989, Theodor W. Adorno. Reinbek b. Hamburg.
Schweppenhäuser, Gerhard, 1996, Theodor W. Adorno zur Einführung. Hamburg.
Wiggershaus, Rolf, 1987, Theodor W. Adorno. München.

3. Weitere Literatur

Bonß, Wolfgang, 1982, Die Einübung des Tatsachenblicks. Frankfurt a. M.
Bonß, Wolfgang/Honneth, Axel Hrsg., 1982, Sozialforschung als Kritik. Zum sozialwissenschaftlichen Potential der Kritischen Theorie. Frankfurt a. M.
Dahms, Hans-Joachim, 1994, Positivismusstreit. Frankfurt a. M.
Dubiel, Helmut, 1997, Kritische Theorie der Gesellschaft. Weinheim/München.
Friedeburg, Ludwig von/Habermas, Jürgen Hrsg., 1983, Adorno-Konferenz 1983. Frankfurt a. M.
Früchtl, Josef/Calloni, Maria Hrsg., 1991, Geist gegen den Zeitgeist. Erinnern an Adorno. Frankfurt a. M.
Garciá Düttmann, Alexander, 1991, Das Gedächtnis des Denkens. Versuch über Heidegger und Adorno. Frankfurt a. M.

Gruppenexperiment, 1955, Ein Studienbericht. Bearbeitet von Friedrich Pollock. Frankfurt a.M.

Habermas, Jürgen, 1981, Theorie des kommunikativen Handelns, 2 Bde. Frankfurt a.M.

Habermas, Jürgen, 1985, Der philosophische Diskurs der Moderne. Frankfurt a.M.

Hohendahl, Peter Uwe, 1995, Prismatic Thought – Theodor W. Adorno. Lincoln/London

Honneth, Axel, 1989, Kritische Theorie. Vom Zentrum zur Peripherie einer Denktradition. In: Leviathan, Heft 1/1989, S. 1–32.

Honneth, Axel, 1994, Pathologien des Sozialen, Tradition und Aktualität der Sozialphilosophie. In: Ders. Hrsg., Pathologien des Sozialen. Frankfurt a.M. S. 9–69.

Honneth, Axel, 1996, Die soziale Dynamik von Mißachtung. Zur Ortsbestimmung einer kritischen Gesellschaftstheorie. In: Institut für Sozialforschung (1996): Mitteilungen. Heft. 7. Frankfurt a.M. S. 13–32.

Horkheimer, Max, 1967, Zur Kritik der instrumentellen Vernunft. Frankfurt a.M.

Horkheimer, Max/Flowerman, Samuel H. Hrsg., 1949/50, Studies in Prejudice. New York.

Institut für Sozialforschung, 1990, Forschungsarbeiten. Frankfurt a.M.

Jay, Martin, 1976, Dialektische Phantasie. Frankfurt a.M.

Jay, Martin, 1983, Adorno in Amerika. In: Ludwig v. Friedeburg/Jürgen Habermas: Adorno-Konferenz 1983. Frankfurt a.M. S. 354–387.

Kunnemann, Harry/de Vries, Hent Hrsg., 1989, Die Aktualität der ,Dialektik der Aufklärung'. Frankfurt a.M./New York.

Metzger, Heinz-Klaus/Riehn, Rainer Hrsg., 1979, Theodor W. Adornos Kompositionen. Bd. I. Munchen.

Metzger, Heinz-Klaus/Rhien, Rainer Hrsg., 1983, Theodor W. Adornos Kompositionen. Bd. II. München.

Ritsert, Jürgen, 1995, Die Rationalität Adornos. Frankfurt a.M.

Ritsert, Jurgen, 1996, Ästhetische Theorie als Gesellschaftskritik. Umrisse der Dialektik in Adornos Spätwerk. Frankfurt a.M.

Rosen, Zvi, 1995, Max Horkheimer. München.

Schmid Noerr, Gunzelin, 1996, Eine Geschichte der „Frankfurter Schule" in Briefen. In: Horkheimer, Max, Gesammelte Schriften. Bd. 18. Frankfurt a.M. S. 821–878.

Söllner, Alfons, 1979, Geschichte und Herrschaft. Frankfurt a.M.

Thyen, Anke, 1989, Negative Dialektik und Erfahrung. Rationalität des Nichtidentischen bei Adorno. Frankfurt a.M.

Wiggershaus, Rolf, 1987, Die Frankfurter Schule. Geschichte, Theoretische Entwicklung, Politische Bedeutung. München.

Wilcock, Evelyn, 1996, Adorno in Oxford 1: Oxford University Musical Club. In: Oxford Magazine. Fourth Week. Hilary Term. S. 11–13.

Anmerkungen

1 Während man im Hinblick auf die Philosophie von Adorno, der an der Frankfurter Universität einen Lehrstuhl für Philosophie und Soziologie innehatte, von einem Hauptwerk spricht, nämlich der 1966 erschienenen „Negativen Dialektik", ist dies für seine Soziologie kaum möglich, die er als ‚reine' Soziologie ebensowenig gelten ließ, wie er eine ‚reine' Philosophie akzeptierte. Zwar ist sein Einfluß auf die deutsche Nachkriegssoziologie gar nicht hoch genug einzuschätzen, aber seine Bedeutung für die Soziologie gründet auf einer Vielzahl sehr unterschiedlicher Aktivitäten, Arbeiten und Veröffentlichungen (vgl. Müller-Doohm 1996).

2 Es ist ein zweiter Habilitationsversuch, weil er die erste Schrift von 1927, eine Auseinandersetzung mit dem psychoanalytischen Begriff des Unbewußten, auf Anraten von Hans Cornelius, dem damaligen Ordinarius für Philosophie, zurückziehen mußte.

3 Adorno war erstmals wieder im Wintersemester 1949 an der Universität Frankfurt am Main lehrend tätig, und zwar in Vertretung von Max Horkheimer. Seine akademische Position war damals die eines außerplanmäßigen Professors. Sie wird – nach dem einjährigen Aufenthalt in den USA, wo er als Leiter der Hacker-Foundation in Beverly Hills, Kalifornien, empirisch orientierte Studien beispielsweise über Horoskope, Soap Operas des Fernsehens etc. durchführte – in eine planmäßige außerordentliche Professur umgewandelt. Erst drei Jahre später erreicht er formell die Position des Lehrstuhlinhabers. Als einer der einflußreichsten Soziologen der Nachkriegszeit hat er während der 20 Jahre seines Wirkens niemals einen ‚Ruf' auf einen Lehrstuhl einer anderen Universität erhalten und seine Reputation auch keineswegs dazu genutzt, im Berufungsgerangel berücksichtigt zu werden. Auch darin kommt seine tiefsitzende Aversion gegenüber dem akademischen Betrieb zum Ausdruck.

4 Mit aller Deutlichkeit formuliert Adorno in seiner Soziologie-Vorlesung von 1968, die im Rahmen der „Nachgelassenen Schriften" posthum erschienen ist: „Was Soziologie selber eigentlich ist oder zu sein hat, das kann nur dadurch geschehen, daß man's halt macht" (1993, 31).

5 In der Vorlesung „Einleitung in die Soziologie" macht Adorno für sein Konzept von Soziologie geltend, daß die Wissenschaft von der Gesellschaft „Einsicht in das, was ist" liefern muß, „aber in einem solchen Sinn, daß diese Einsicht kritisch ist, indem sie das, was gesellschaftlich ‚der Fall ist' (...), an dem mißt, was es selbst zu sein beansprucht, in einem diesem Widerspruch (zwischen Sein und Sollen, d. V.) zugleich die Potentiale, die Möglichkeiten einer Veränderung der gesellschaftlichen Gesamtverfassung aufzuspüren" (1993, 31).

6 „Alles Denken ist Übertreibung, insofern als jeder Gedanke, der überhaupt einer ist, über seine Einlösung durch gegebene Tatsachen hinausschießt" (1977, 577).

7 Vgl. Honneth 1994. Er stellt die Soziologie Adornos in den Traditionszusammenhang der Sozialphilosophie, die über die „Pathologien des Sozialen" aufklären will. Im Vordergrund ihrer aufklärenden Gegenwartsdia-

gnosen stehen zunächst „jene Beeinträchtigungen der menschlichen Selbst-verwirklichung, die mit dem Prozeß der kapitalistischen Modernisierung zusammenhängen sollen: ob Verdinglichung oder Gemeinschaftsverlust, ob kulturelle Verarmung oder Agressionszunahme, den sozialen Bezugspunkt der Analyse bildet stets der einseitige Rationalisierungsdruck der kapita-listischen Wirtschaftsweise" (ebd., 41 f.). Nach der „historischen Ermög-lichung des Totalitarismus" setzt die Gesellschaftskritik indes tiefer an: Die Pathologien werden etwa in der „Dialektik der Aufklärung" als „Folge einer Fehlentwicklung des gesamten Zivilisationsprozesses verstanden" (ebd., 42).

8 „Wir mögen nicht wissen, was (…) das Menschliche und die Humanität sei, aber was das Unmenschliche ist, das wissen wir sehr genau" (1996, 261). Ferner heißt es in der „Dialektik der Aufklärung" unter dem Titel „Für Voltaire": „Nicht das Gute sondern das Schlechte ist der Gegenstand der Theorie (…). Ihr Element ist die Freiheit, ihr Thema die Unterdrückung" (…). Es gibt nur einen Ausdruck für die Wahrheit: den Gedanken, der das Unrecht verneint" (Horkheimer/Adorno 1987, 249 f.).

9 Ich nenne exemplarisch: Söllner 1979, 190 ff., Honneth 1985, 70 ff., Dubiel 1992, 14 ff. Bei letzterem heißt es, Adornos Gesellschaftstheorie sei die Kristallisation einer einzigen historischen Erfahrung, „die Erfahrung der faschistischen Epoche in der Emigration. Die kritische Theorie der Gesell-schaft ist der Versuch, für diesen lebensgeschichtlichen Schock Worte zu finden".

10 Adornos erweiterter Begriff der Vernunft wird dadurch deutlich, daß er zwischen Ratio und Vernunft unterscheidet: „Der Rationalismus einer Ge-sinnung, die sich verbietet, über Praxis als Zweck-Mittel-Relation hinaus zu blicken und sie mit ihrem Zweck zu konfrontieren, ist irrationalistisch." (1972 a, S. 473).

Karl-Siegbert Rehberg

Hans Freyer (1887–1960),
Arnold Gehlen (1904–1976),
Helmut Schelsky (1912–1984)[1]

1. Die Leipziger Soziologie

Soziologie ist die „Wissenschaft von der Klassengesellschaft des Hochkapitalismus", seiner Struktur, seiner Herkunft, seiner Bewegungsgesetze und Entwicklungstendenzen. Diese Definition des Faches hätte von einem Marxisten stammen können, wurde 1930 aber von dem Leipziger Soziologen Hans Freyer (1964, S. 8), einem der „konservativen Revolution" nahestehenden, jugendbewegten Rechts-Intellektuellen in seinem vielbeachteten Buch *Soziologie als Wirklichkeitswissenschaft* gegeben. Freyer war seit 1925 der Inhaber des ersten Lehrstuhls in Deutschland, der allein der Soziologie gewidmet war. 1921 hatte die Universität Leipzig einen entsprechenden Gründungsversuch gemacht und damit an Forderungen angeknüpft, wie sie programmatisch der preußische Kultusminister Carl Heinrich Becker zu Beginn der Weimarer Republik erhoben hatte, als er dieses Fach als Synthesewissenschaft und „Erziehungsmittel" an allen deutschen Hochschulen etabliert sehen wollte.[2] Die sächsische Regierung wollte mit der Soziologieprofessur – vergleichbar dem Konzept der Stadt Köln bei der Neuerrichtung ihrer Universität im Jahr 1919 – auch einen politisch-weltanschaulichen Pluralismus zur Geltung bringen und forderte für Leipzig die Nominierung des Austromarxisten Max Adler; die Philosophische Fakultät aber zog Freyer, den späteren „Revolutionär von rechts"[3] vor. Für zwanzig Jahre – bis zum Ende des Hitlerregimes – wurde er zu einem der einflußreichsten deutschen Soziologen und 1934 zum Präsidenten (Leopold von Wiese titulierte ihn sogar als „Führer"[4]) der Deutschen Gesellschaft für Soziologie (DGS) erkoren, die nach seiner Wahl allerdings „stillgestellt" wurde.[5] Nachträglich spricht man oft von einer unter seinem Einfluß entstandenen „Leipziger Schule".[6] Allerdings gab es weder eine geschlossene „Paradigmagruppe" noch eine zusammenfassende Lehr-„Doktrin", ebenso fehlten verbindliche Lehrbücher, eine Hauszeitschrift etc. (wie das etwa für die „Frankfurter Schule" galt). Eher handelt es sich um einen der in Leipzig existierenden wissenschaftlichen „Kreise" (im Sinne Georg Simmels[7]), die sich unterschiedlich berührten, überschnitten und beeinflußten.[8]

In dieses durch die einheitswissenschaftlichen Leipziger Lehr- und Forschungsstraditionen Wilhelm Wundts, Karl Lamprechts, Hans Drieschs u.a. geprägte Umfeld Hans Freyers gehören auch Arnold Gehlen und Helmut Schelsky. Alle drei Autoren haben 1. aus philosophischen Fragestellungen heraus ihre Soziologie entwickelt (wobei ein „Bild vom Menschen", von Gehlen explizit als Philosophische Anthropologie ausgearbeitet, im Zentrum stand), 2. eine nicht-weberianische, aktionistische und tat-philosophische Handlungstheorie entworfen, 3. sich selbst immer auch als „politische Autoren" verstanden, schließlich 4. eine soziologische Analyse der industriellen Gesellschaft begründet, die nach 1945 zu den prägnantesten intellektuellen Leistungen in der Phase des Aufbaus der Bundesrepublik Deutschland gehörte. Zwar dürfen die drei Autoren nicht umstandslos miteinander identisch gesetzt werden, zu verschieden sind ihre Herkunft und analytischen Leistungen. Aber ihre Biographien gehören in wissenschaftlicher und politischer Hinsicht doch zusammen. Alle drei (Freyer ohne je der NSDAP oder einer ihrer Gliederungen angehört zu haben) verbündeten sich mit dem Nationalsozialismus – aus jugendbewegt-völkischen Motiven, aus karrieristischen Gründen, aus einem anti-bürgerlichen (und deshalb vielleicht als „revolutionär" empfundenen) Konservatismus. Alle drei haben nach dem Zusammenbruch des NS-Regimes und nach mehr oder weniger kurzen Zeiten der Amts- und Einflußlosigkeit Nachkriegskarrieren in der Bundesrepublik gemacht: Freyer und Gehlen in akademischen Randpositionen, aber mit großer intellektueller Wirksamkeit, der jüngere Schelsky als einer der einflußreichsten westdeutschen Soziologen überhaupt.

2. Hans Freyer

2.1 Biographisches[9]

Hans Freyer wurde am 31. Juli 1887 in Leipzig als Sohn eines
Postdirektors geboren und starb am 18. Januar 1969 in Eberstein-
burg. Nach seinem Studium wurde er 1911 in Leipzig promoviert,
1920 dort habilitiert, war seit 1922 Philosophieprofessor in Kiel
und kam 1925 als Ordinarius für Soziologie zurück nach Leipzig,
wo er nach der von ihm begrüßten Etablierung des NS-Staates das
von Karl Lamprecht gegründete Institut für Kultur- und Universalgeschichte übernahm und seine Soziologie-Professur in eine für
„Politische Wissenschaft" umwidmen ließ. Dafür hatte er sich
durch die Propagierung eines obligatorischen „politischen Semesters" empfohlen, in dem am Anfang des Studiums der „Sinn für
die Normen politischer Größe", ein Blick für die „Dynamik des
politischen Geschehens" und politische „Tatsachengrundlagen"
vermittelt werden sollten (Freyer 1933). Von 1938 bis 1944 wirkte
er, ohne seine Leipziger Professur aufzugeben, als „kultureller
Botschafter des Reiches" (Muller 1987, S. 305–315), nämlich als
Gastprofessor in Budapest, seit 1941 auch als Direktor des dortigen Deutschen Wissenschaftlichen Instituts. 1945 konnte er als
Nicht-Parteimitglied nach Leipzig auf seinen Lehrstuhl zurück-
kehren, den er umgehend in „Professur für Soziologie" rückbe-
nennen ließ. Erst 1948 wurde der Druck auf ihn so stark, daß er
auf Anraten des damaligen Leipziger Rektors Hans-Georg Gadamer sein Entlassungsgesuch einreichte und nach Wiesbaden
ging, wo er als leitender Lexikon-Redakteur im Brockhaus-Verlag
arbeitete und seine „Weltgeschichte Europas" fertigstellte, die ihn
besonders bei Historikern zu einem hochgeschätzten Autor
machte. Nachdem der Versuch scheiterte, Freyer nach Göttingen
zu holen, weil der niedersächsische Kultusminister Adolf Grimme
sich weigerte, dem universitären Berufungsvorschlag zu folgen
(vgl. Muller 1987, S. 329 f.), wurde Freyer 1953 durch die Vermittlung seines früheren Assistenten Helmut Schelsky als emeritierter
Professor nach Münster berufen.[10] Unterbrochen von einigen Semestern als Gastprofessor in Ankara, lehrte er dort noch für zehn
Jahre.

2.2. Soziologie als Wissenschaft des „politischen Volkes"

Soziologie war für Freyer – wie das Eingangszitat belegt – eine Wissenschaft der kapitalistischen Klassenkampf-Gesellschaft mit ihrem Parlamentarismus und Liberalismus, dem Nationalstaat und dem „vorgestrigen" Schema von Bourgeoisie und Proletariat (Freyer 1931a, S. 5). Deren reine Ausprägung sah er im 19. Jahrhundert. All dies zu überwinden war sein Ziel, weshalb auch die Soziologie als Wissenschaft jenes Säkulums durch eine Volks- und Gemeinschaftslehre ersetzt werden sollte. Seinen gemeinschaftsbezogenen Zukunftsentwurf hatte Freyer jugendbewegt-visionär in expressionistisch-poetisierenden Schriften „besungen", wobei er antike Namen zu Buchtiteln machte: *Antäus* (1918), *Prometheus* (1923), dann – schon während der NS-Herrschaft – die Vorwegnahme des Willens zum Krieg in *Pallas Athene* (1935). Das war das gedankliche Zentrum auch seiner grandios geschriebenen Machiavelli-Studie, die vielleicht eine Distanzierung vom „Führer" Adolf Hitler sein sollte, jedoch in dem Satz kulminierte: „Im Zustand des Kampfes ist der Staat am meisten Staat. Der Krieg ist seine hochzeitliche Stunde."[11] Ein „Vitalismus" der Zukunftsoffenheit, eine „Ethik der Liebe als Anerkennung zur Selbstwerdung", aber auch eine Moral des „Willens zum Werk", zu Pflicht und Gehorsam standen am Anfang (Freyer 1918, S. 51 u. 34). Im *Prometheus* folgte eine Machttheorie, die substantialistisch in „Liebe" und „Hingabe" gegründet sein sollte. Es war dies eine Kampfschrift gegen das westliche Fortschrittsdenken, gegen eine Zivilisation, vor der „wir die Angst zuzeiten vergessen, aber nie endgültig bannen können". Vor allem gegen „das Kapital" sollte der revolutionäre Geistes- und Lebensaufschwung sich richten, denn es „massiert die Menschen, wie es die Güter massiert, ballt sie in die Kader seiner Organisationen, zerwirft sie in Klassenkämpfe auf Leben und Tod" (Freyer 1923, S. 53 u. 108). Freyers Hymnen endeten in einer nietzscheanisch eingestimmten Indienstnahme auch der Wissenschaften für die „vulkanische Eruption" der „Volkwerdung" (die auch Arnold Gehlen im Anschluß an Fichte gerne beschwor). Wenn Freyer 1935 (S. 58) auch noch ausdrücklich schrieb, die „neue" Politik beruhe nicht auf „Räuberkategorien", waren in der Emphase der Weckung „männlicher Energien" dann doch auch Vernichtungskrieg und Völkermord schon mitlegitimiert, denn der Dekalog einer politischen Ethik zielte auf den „Feind": „Daß er nicht zu gewinnen und nicht zu versöhnen ist, sagt der erste Blick. Also muß er vernichtet werden" (Freyer 1935, S. 39 u. 51). „Männlichkeit", Heroismus und eine Aufhebung alles „Gesellschaftlichen" und bloß Kontraktuellen blieben Normwerte, die ihn zu Hitler führten, der ihm vielleicht nicht als Träger politischer *virtù* im Sinne Machiavellis erschien, dem er aber noch 1935 (ohne ihn zu nennen, aber wer hätte dessen Namensnennung damals nötig gehabt?) Elogen widmete wie diese: „wenn der herrscherliche Wille übermächtig aus dem Auge blitzt, antwortet aus allen Winkeln des Landes die Liebe und ein neuer Mut. [...] Wenn Worte, die zum Glauben emporreißen, gläubig gesprochen werden, hören alle zu und alle verstehen. Das Volk spürt den Führer von fern und fliegt ihm zu" (ebenda, S. 57). Es gab auch „abgekühltere" Schriften, etwa *Preußentum und Aufklärung* und seine Utopie-Darstellungen, die ihm Ärger mit NS-Studenten eingebracht haben.[12] Aber die heroisierende Mobilisierungsrhetorik blieb bestimmend und wurde zur Grundlage gerade seiner Soziologie als Teil einer politisch-willensorientierten neuen Wissenschaft. Soziologie war „Krisenwissenschaft" (Freyer 1964, S. 166), insofern sie die grundlegende Abkehr von der „industriellen Gesellschaft" befördern sollte, welche auf nichts beruhe als „auf der Berechnung der Materien und Kräfte", reines „Ingenieurwerk" und „reines Risiko" war (Freyer 1931 a, S. 20 f.), womit er neueste soziologische Deutungsformeln vorwegnahm. Die „Entfremdung" der vergegenständlichten kapitalistischen Ordnung sollte beseitigt werden, wie Freyer das in seiner an Hegel, Wilhelm Dilthey und Georg Simmel anknüpfenden *Theorie des objektiven Geistes* (1923) ebenso ausführte wie in einer der besten Darstellungen soziologischer Denksysteme, in *Soziologie als Wirklichkeitswissenschaft* (1930/1964).

Auch Max Weber hatte von „Wirklichkeitswissenschaft" gesprochen.[13] Freyer setzte die Formel gegen die französische und anglo-amerikanische Gesetzeswissenschaft[14], aber auch gegen die „formale Soziologie" (besonders Leopold von Wieses) und jeden „wahllosen Empirismus" (etwa der Demoskopie). Da der „grandiose Irrtum" der Klassengesellschaft (Freyer 1964, S. 232) nicht Ziel, sondern Durchgangsstadium der historischen Entwicklung sei, sollte auch die Soziologie auf das Verständnis von gesellschaftlichen Umbrüchen hin angelegt sein. Sie sollte zu einer „neuen Ordnung" führen, in welcher man „Werturteilsfreiheit" nicht mehr brauche, sondern in der es „wahre Erkenntnis" auf der Grundlage „wahren Wollens" geben werde (ebenda, S. 305 ff.).

2.3. Sekundäre Systeme

1955 erschien Freyers Nachkriegs-Analyse des „gegenwärtigen Zeitalters". Nun – nach dem Desaster des Versuchs, „Volkwerdung" und „große Geschichte" nationalsozialistisch zu verwirklichen – wurde die Technik- und Wirtschaftsgesellschaft des 19. Jahrhunderts wieder in den Blick genommen. Aber sie zeigte sich in der Radikalisierung ihrer Konsequenzen. Die „sekundären Systeme", wie Freyer die Gesellschaftsverfassung jetzt nennt, seien durch vier Trends bestimmt, nämlich 1. die „Machbarkeit der Sachen", 2. die „Organisierbarkeit der Arbeit", 3. die „Zivilisierbarkeit des Menschen" und 4. die „Vollendbarkeit der Geschichte" (Freyer 1967, S. 79). Besonders die Unbeschränkbarkeit des Machbaren und das „Dominantwerden technischer Kategorien"[15] seien zum Zeitsignum geworden, Technik zu einer Denkform; sie ist nicht mehr Nutzen, sondern Macht: der „Mensch fragt nicht mehr das Mittel, ob es tauglich sei, sondern das Mittel fragt den Menschen, ob er es nicht einschalten wolle, da er es doch könne". Aus der Arbeitsteilung entstehe der „angewandte Mensch", der „Proletarier" als Normfigur, „der unter ein Sachsystem so entschieden subsumiert worden ist, daß Antriebe, die ihm selbst entspringen, nicht mehr zum Zuge kommen" (Freyer 1987, S. 166 f. u. 88 ff.). Der aktionsgebundenen „Einsamkeit der Großen" folgt die „Einsamkeit der Massen" (welche das „Volk" ersetzt hatten). Auch wird die Welterfahrung immer mittelbarer, Erfahrungsverluste werden unausweichlich.

Durch das Industriesystem werde die „Herrschaft über Menschen" durch die „Verwaltung der Sachen" abgelöst (Freyer 1967, S. 100 ff.). Freyer (vgl. z.B. 1987) teilt diesen Grundgedanken mit Gehlen und Schelsky: Technik und Bürokratie werden nicht kulturkritisch abgelehnt, vielmehr zur Daseinsbasis einer Ordnung *nach* der „Geschichte". Freyer (1967, S. 107 ff.) entwarf Bilder von der „Kreislaufstruktur" des wirtschaftlichen Lebens. Wie die Manager die Unternehmerkapitalisten abgelöst hätten, werde nun die Macht auf allen Ebenen „apparativ", es bleibe schließlich nur noch die „Macht des Weichenstellers [...], der Stromversorgungsstelle" etc. übrig. Dem Machtstaat (auf den man gesetzt hatte und dessen Scheitern offenbar war) folgte am Ende der „technische Staat", wie Schelsky das nannte[16], in dem es keine Politik mehr gäbe, sondern nur noch Sacherledigung, eben die Herrschaft der „Sachzwänge" (Gehlen).[17]

Mit dem Ende der „Herrschaft über Menschen" sah Freyer die Durchsetzung eines umgreifenden „Totalitarismus" verbunden, nicht nur der Großsysteme, sondern aller Gesellschaften, in denen Gleichheitstendenzen sich durchgesetzt haben. Durch sie werde die Freiheit nachhaltig zerstört – wofür Alexis de Tocqueville zum Kronzeugen wird[18] –, so daß Volkssouveränität und „administrativer Despotismus" überall an Boden gewännen (Freyer 1967, S. 161).

3. Arnold Gehlen

3.1. Biographisches[19]

Arnold Gehlen wurde am 29. Januar 1904 in Leipzig als Sohn eines Verlegers geboren und starb am 30. Januar 1976 in Hamburg. Nach dem Besuch des Leipziger Thomas-Gymnasiums studierte er (mit Ausnahme eines Semesters 1925/26 bei Max Scheler und Nicolai Hartmann in Köln) von 1923 bis 1927 in Leipzig Philosophie, Deutsch, Kunstgeschichte und war in Physik und Zoologie eingeschrieben. 1927 wurde er dort promoviert, 1930 für das Fach Philosophie habilitiert. Im Sommersemester 1933 „vertrat" er den Frankfurter Lehrstuhl des von den Nationalsozialisten kurz zuvor seines Amtes enthobenen und ins Exil getriebenen Paul Tillich. Wenig später wurde Gehlen dreißigjährig Nachfolger von Hans Driesch als Ordinarius für Philosophie an der Universität Leipzig. Sein Lehrer Driesch war von der neuen NS-Regierung zur vorzeitigen Emeritierung gezwungen worden. Gleichwohl war Gehlen – der am 1. Mai 1933 der NSDAP beigetreten war (ob er SA-Mitglied war, ist umstritten und bis heute nicht eindeutig belegt) – nicht als favorisierter NS-Kandidat, vielmehr gegen erheblichen Widerstand des Dresdner Ministeriums und erst auf beharrliches Betreiben der Leipziger Universität hin berufen worden. Allerdings brachte er 1935 in seiner Antrittsvorlesung „Der Staat und die Philosophie" seine Ergebenheit dem faschistischen Regime gegenüber deutlich genug zum Ausdruck.[20] Auch war er für zwei Semester als „Dozentenbundführer" in Leipzig tätig gewesen, später arbeitete er als Rezensent („Lektor") für das „Amt Rosenberg".[21] 1938 wurde Gehlen durch das Reichsministerium für Wissenschaft, Erziehung und Volksbildung auf den Kant-Lehrstuhl nach Königsberg berufen, 1940 wechselte er nach Wien, wo er bis zum Zusammenbruch des Naziregimes lehrte (mit zeitweiser Beurlaubung zur Personalprüfstelle des Heeres nach Prag und seit 1944 zum Wehrdienst eingezogen). Wie alle „reichsdeutschen" Professoren in Österreich wurde er 1945 amtsenthoben. Bereits 1947 wurde Gehlen, und zwar als einer der ersten westdeutschen Soziologen, wieder in ein Hochschulamt berufen[22] und ordentlicher Professor für Soziologie an der von der französischen Militärregierung neu gegründeten Hochschule für Verwaltungswissenschaften in Speyer.[23] 1962 folgte er einem Ruf auf den neu errichteten Lehrstuhl für Soziologie an der Rheinisch-Westfälischen Technischen Hochschule Aachen (in beiden Fällen hatte er die Wahl zwischen einer Professur für Philosophie oder für Soziologie).

3.2. Von der Existenzphilosophie über den Idealismus zur Philosophischen Anthropologie

Die Philosophische Anthropologie dient als Fundament für die theoretische Arbeit von Soziologen (z. B. für Handlungs- und Interaktionstheorien); nicht zufällig wechselten so auch die Gründungsautoren dieser philosophischen Konzeption, Max Scheler und Helmuth Plessner, schließlich zur Soziologie.[24] Unter dem Titel „Philosophische Anthropologie" wurden in Deutschland dieselben Fragen behandelt, die der amerikanische Pragmatismus mit seinen philosophischen Mitteln zu beantworten suchte.

In seiner Habilitationsschrift *Wirklicher und unwirklicher Geist* (1931), von deren „existentialistischem Pathos" er sich später distanzierte[25], sucht Gehlen den Ausgangspunkt seines Philosophierens im „problematischen Leben des Menschen". Die einzige Hoffnung gegen die selbstzerstörerische „Unwirklichkeit" des menschlichen „Triebhanges" liege in der Selbstfindung durch die

Verankerung der Person in „höheren Ordnungen": Zuerst will das Kind sich nachahmend mit anderen identifizieren, auf einer zweiten Stufe der pubertären oder adoleszenten Jugendlichkeit den Selbstbezug der Person ausbilden. Aus einer narzißtischen Selbstzentriertheit kann es einzig die verpflichtende Kommunikation mit Sachgegebenheiten und Personen erlösen. Schmerzhaft wird gelernt, daß Versachlichung der Schlüssel zu einer Welt ist, die bedrohlich und fremd, außerhalb der eigenen Verfügung existiert und doch der einzige „Raum" zum Wirklichwerden des Selbst ist.[26]

Zwar wandte sich Gehlen danach zuerst einem sowohl an Fichte als auch an Hegel orientierten philosophischen Idealismus zu und erst ab 1936 der Philosophischen Anthropologie, aber das Grundmotiv seines gesamten Lebenswerkes war mit der Habilitationsschrift schon ausgesprochen worden (vgl. dazu Rehberg 1994), die Frage nämlich, wie das existenzbedrohte und schwankende, „entartungsbereite" und antriebsüberlastete „Mängelwesen" Mensch phylo- und ontogenetisch überleben könne. Für dieses „Kulturwesen von Natur aus"[27], das die tierische Instinktsicherheit verloren hat, bedarf es eines kompensatorischen Instinktersatzes. In seinem anthropologischen Hauptwerk *Der Mensch* hat Gehlen an diese Stelle die „obersten Führungssysteme" gesetzt, d.h. verbindliche „Weltanschauungen"[28]. Das konnte 1940 – obwohl diese Anthropologie von manchem dogmatischen Nazi-Autor scharf kritisiert wurde[29] – durchaus als Option für faschistische „Zuchtbilder" (wie Gehlen opportunistisch Alfred Rosenberg zitierte [vgl. GA 3, S. 710f. u. ö.]) verstanden werden. Nach dem Zusammenbruch des NS-Regimes trat dann in der 4. Auflage dieses Buches (1950) eine kategorial differenzierte Institutionenlehre an die Stelle der ersten Ordnungstheorie. Gehlen hat das neue Konzept in seinem institutionentheoretischen Hauptwerk *Urmensch und Spätkultur* (1956) weiter ausgearbeitet.

Schlüsselbegriff der Gehlenschen Anthropologie ist die Handlung. Durch diesen Bezugspunkt soll jeglicher Leib-Seele- oder Körper-Geist-Dualismus vermieden werden. Auch kann von hier aus der ganze Reichtum menschlicher Empfindungen, Situationsdeutungen und Verhaltensweisen analytisch erschlossen werden. Fundiert ist dieser Basisbegriff in einem das gesamte Menschen- und Weltbild Gehlens bestimmenden Aktivismus (der Gehlen auch mit Autoren des „*Tat-Kreises*" und mit Hans Freyer verbindet). Wie bei Jean-Jacques Rousseau entsteht für Gehlen aus der „Eigentätigkeit" des Menschen seine Personwerdung.[30] Grundlegend ist – wie bei George Herbert Mead, den Gehlen als erster in Deutschland gründlich rezipiert hat – der Aufbau der Sprachverfügung: In den kleinkindlichen Lallmonologen werden Laute zugleich produziert und über das Ohr zurückempfunden. Gehlen hat den diesem Muster folgenden selbstdynamischen und kreisförmigen Handlungsaufbau genau beschrieben, dabei jedoch die aktive Herstellung menschlicher Lebensmöglichkeiten von der Reflexion abgekoppelt, mit der für ihn stets die Gefahr des Handlungsverlusts verbunden war.[31]

Von der Handlung aus lassen sich alle weiteren anthropologischen Kategorien ableiten, besonders die der „Entlastung", die sich ganz elementar und schon beim Kleinkind beginnend in der Höherlegung des Ertasteten in das optisch, später auch sprachlich Verarbeitete zeigt. So wird verstehbar, wie alle sozialen Normierungen, z. B. Rollensysteme, von Entscheidungen „entlasten". Die ordnungstheoretische Lösung der anthropologischen Ausgangslage – die Rettung des „Mängelwesens" durch die institutionellen Verpflichtungen – ist mit Gehlens Namen aufs engste verbunden und auch das Fundament seiner konservativen Zeitkritik. Dabei wird oft übersehen, daß seine Anthropologie die Offenheit und Produktivität der menschlichen Welt- und Selbstaneignung besser herausgearbeitet hat als jede andere. Das hängt vor allem mit der Strukturgleichheit von Sprache und Antrieben zusammen, die Gehlen mit Johann Gottfried Herder „Sprachmäßigkeit" nennt. Mag die Phantasie auch ein „gefährlicher Vorzug des Menschen" (Schelling) sein, so betont Gehlen doch die produktive Kraft der Bewegungs-Phantasmen und der vorentwerfenden Phantasietätigkeit.[32] Auch hebt er die „Plastizität" des Menschen heraus, die Tatsache, daß dieser kulturell außerordentlich variabel ist, auf Lernfähigkeit ebenso angewiesen wie auf produktive Anpassungen an neue Situationen. Zentral ist für Gehlen, daß der Mensch ein Risiko-Wesen ist, weshalb er auch mit Friedrich Nietzsche vom „nicht festgestellten Tier" spricht (GA 3, S. 4), womit sowohl die menschliche Nicht-Determiniertheit wie dessen Bedrohtheit gemeint ist.

3.3. Soziologie des „technischen Zeitalters"

Als Gehlen seinen akademischen Neuanfang nach 1945 mit dem Wechsel von der Philosophie zur Soziologie vollzog, verstand er diese Wissenschaft als empirische Fortführung seiner anthropologischen Philosophie, die er gegenüber der Metaphysik selbst schon als „empirische" entworfen hatte. Soziologie erschien als „administrative Hilfswissenschaft" (Gehlen), als wissenschaftliche Deskription dessen, „was sowieso geschieht und gar nicht zu ändern ist" (Schelsky).[33] Die „Selbstbeschränkung auf die empirische Methode" als Mittel gegen „die Utopie" hatte auch Freyer schon 1930 der Soziologie verordnet (Freyer 1964, S. 302). Das entsprach auch einer Desillusionierung nach dem Zusammenbruch der „großen Geschichte", die Millionen von Menschenleben und die unwiderrufliche Zerstörung großer Teile des alten Europa gekostet hatte. Nun ging man in Deutschland (erfolgreich) an die politische, wirtschaftliche, rechtliche und bürokratische Alltagsbewältigung der selbstverschuldeten Katastrophe. Ein erstrangiger soziologischer „Chronist" und Interpret dieser Umbruchsituation war Helmut Schelsky, und Gehlen lieferte dazu (wie auch Hans Freyer) zentrale Deutungsformeln. Gehlen und Schelsky hatten sich nach 1945 blitzschnell und ohne ausdrückliche *re-education*-Befehle sozusagen selbst „amerikanisiert", indem sie in einer Karlsruher US-Militärbibliothek wichtige prähistorische, kulturphilosophische und ethnologische Bücher (vor allem aus den USA) lasen und exzerpierten. Der anthropologisch-soziologische Hauptertrag dieser Lektüren waren für Gehlen die in *Urmensch und Spätkultur* verarbeiteten kulturanthropologischen Materialien, während Schelsky daraus seine *Soziologie der Sexualität* entwickelte, ein damals vielgelesenes Buch.[34]

Schon 1949 legte Gehlen eine grundlegende und weitsichtige Zeitdiagnose vor, die 1956 in seinem größten Bucherfolg *Die Seele im technischen Zeitalter* ausgebaut wurde. Das neue Verhältnis von Mensch und Technik, die Eigendynamik der Produktionsmöglichkeiten und -verfahren werden so beschrieben, wie auch Freyer das tat, nur daß Gehlen ausdrücklicher bei den Handlungsmodalitäten und anthropologischen Grundlagen ansetzt und die Analyse der Folge-Phänomene subtiler durchführt. Die moderne Technik führe zu einer durchdringenden „Entsinnlichung" und Intellektualisierung des Lebens, z. B. in der Relativitätstheorie ebenso wie in der abstrakten Malerei, in der atonalen Musik oder der experimentellen Poesie.[35] Die Ausbreitung der „experimentellen Denkart" ist für ihn verbunden mit einer zunehmenden Formalisierung, welche alle Inhalte gleichgültig werden lasse (Gehlen 1957, S. 30). Gegenläufig zu dieser Dynamik des Abstraktwerdens konstatiert er „Primitivisierungen", beispielsweise den Verfall der subtilen Denkkultur im sprachlichen Bereich: „alles muß eingängig, einprägsam und gestanzt geboten werden" (ebenda, S. 35). Ein anderes korrespondierendes Phänomen ist der „neue Subjektivismus", die Abkoppelung und Vereinsamung der Subjekte, mit der eine Intensivierung des individuellen Selbstbezuges einhergehe, die wiederum zu einer durchgängigen „Psychisierung" führe. In einer psychisierten und medienvermittelten Welt verkehre sich jedoch schließlich das Verhältnis von „Ernst" und „Spiel": „Der Sport wird ein Asyl nationaler Ressentiments [...]. Umgekehrt verliert die Politik das Pathos [...], sie bekommt etwas Unterhaltsames, und sehr bald werden die Massen die Wahlen zu einer Art von nationalen ‚Endrunden' machen" (ebenda, S. 66).

Die prosperierende Wohlstandsgesellschaft führte auch zu einem garantierten und rechtlich regulierten Versorgungssystem, dessen Analyse und Kritik Gehlens Arbeiten seit den fünfziger Jahren durchzogen. Damit waren Prozesse der Bürokratisierung verbunden, eine überall durchgesetzte Betriebsförmigkeit, so daß – wie bei Freyer – nun „Zwangsläufigkeit" und die großen Sachzwänge zu den wahren Mächten emporgewachsen sind. Ideologien erschienen demgegenüber als Relikte aus der Vergangenheit, in der prinzipielle Änderungen noch denkbar waren.

Gleichwohl hat Gehlen die Störungen der unterstellten Superstabilität in den Legitimitätskonflikten der sechziger und siebziger Jahre deutlich wahrgenommen und die Demokratisierungs- und Gleichheitstendenzen einer scharfen, teilweise höhnischen Kritik unterzogen. Am drastischsten hat er das in der polemischen Darstellung des „Humanitarismus" und der „Moralhypertrophie" in seiner letzten Monographie *Moral und Hypermoral* formuliert. Die Schärfe seiner Ablehnung zeitgenössischer Politiktendenzen überlagerte sogar die in diesem Buch enthaltenen anthropologischen Thesen, z. B. daß es voneinander unabhängige und teilweise einander entgegengesetzte ethische Quellen gebe.

Gehlens anthropologische Fundierung einer Handlungstheorie und der soziologische Ertrag seiner Institutionentheorie dürften von bleibender Bedeutung sein. In Fortsetzung der anthropologischen Ordnungstheorie arbeitete er in *Urmensch und Spätkultur* zentrale Kategorien heraus, die für jede institutionelle Analyse von Bedeutung bleiben.[36] Ähnlich Emile Durkheim leitet er die Institutionen aus dem „darstellenden Verhalten" ursprünglicher Rituale ab. Die Rhythmisierung von Bewegungsformen, z.B. in rituellen Tänzen, eröffnet die Chance zu Nachahmung und Wiederholbarkeit. Die damit verbundene Symbolfähigkeit begründet dann die Geburt der Geltung aus dem gemeinschaftlichen Vollzug. Zum Ritus geronnen, werden „Kontinuität" und „Invarianz" leitend, und es kann ein erwartbares Verhalten entstehen, aus dem sich weitere – auch sekundäre Funktionen erfüllende – Praktiken entwickeln lassen, z.B. kultische Tierhege oder Pflanzenzucht, die schließlich sogar wirtschaftlich verwertbar sind (vgl. ebenda, S. 145–64 u. 184 ff.).

Von dieser archaischen Stabilisierung aus entwickelt Gehlen zentrale „Kategorien", also nicht weiter ableitbare Schlüsselbegriffe einer „Philosophie der Institutionen". Schon aus dem instrumentellen und experimentellen Handeln ergeben sich „Selbstwerte" der Dinge und Handlungsvollzüge, die gesteigert werden können bis zu den großen „Wesenheiten" menschlicher oder göttlicher Ordnungen. Entscheidend sind auf allen Ebenen Handlungs- und Situationsüberschreitungen oder, wie Gehlen plastisch sagt, „Transzendenzen ins Diesseits" (vgl. ebenda, S. 16 ff.). So kommt es zur „Trennung des Motivs vom Zweck" und zu einer „Umkehr der Antriebsrichtung", so daß man von den verpflichtenden Zusammenhängen her motiviert wird und handelt (ebenda, S. 31 u. 238 ff.). Es entstehen Verläßlichkeitsräume, die Gehlen „Hintergrundserfüllung" nennt, sowie eine „Versachlichung der Triebe" und vielschichtige Möglichkeiten einer „stabilisierten Spannung", nämlich der institutionellen Balance interaktiver Ambivalenzen.

Lange vor dem weltweit bisher erfolgreichsten Export der These vom „Ende der Geschichte" durch Francis Fukuyama[37] in den frühen neunziger Jahren hat Gehlen schon seit Anfang der sechziger Jahre die These vom *„posthistoire"* entwickelt. Damit meinte er jene „kulturelle Kristallisation", die eintritt, wenn auf „irgendeinem kulturellen Gebiet [...] die darin angelegten Möglichkeiten in ihren grundsätzlichen Beständen alle entwickelt sind".[38] Dann sind neue Weltentwürfe nicht mehr möglich, und das Ende der „großen Schlüsselattitüde" ist gekommen, d.h. alle umfassenden Weltdeutungen sind ausgeschöpft. Daß dies auch für die bildenden Künste gelte, war für ihn ausgemacht (*Zeit-Bilder*). Nach der kubistischen Revolution, nach den großen Gedankenkünstlern Kandinsky, Mondrian und Paul Klee gebe es keine prinzipiell neuen Möglichkeiten der Bildgestaltung mehr, sondern nur noch Wiederauflagen und Neukombinationen. Das so prognostizierte „Ende der Geschichte" meint allerdings nicht das Ende der Zeiten. Die Dramatik der Hoffnungslosigkeit liegt gerade in der Entdramatisierung: Im Massenzeitalter gibt es aus Gehlens Sicht unabsehbar viele Minimal-Veränderungen und eine Unaufhörlichkeit der Ereignismassen, aber keine wirkliche Steigerungsmöglichkeit mehr. So bleibt Sacherledigung gewissermaßen als „Abwickelungsethos" übrig; der Aufgeregtheit der Zeiten soll mit dem kühlen Blick konservativer Distanz begegnet werden.

4. Helmut Schelsky

4.1. Biographisches[39]

Helmut Schelsky wurde am 14. Oktober 1912 in Chemnitz als Sohn eines Zollsekretärs geboren und starb am 24. Februar 1984 in Münster. Zunächst studierte er Philosophie, Germanistik, Geschichte und Kunstgeschichte in Königsberg und seit dem Wintersemester 1931/32 vor allem Philosophie bei Gehlen und Freyer in Leipzig. 1935 wurde er mit einer Dissertation über *Die Theorie der Gemeinschaft nach Fichtes „Naturrecht" von 1796* promoviert und legte zusätzlich das Staatsexamen für das Höhere Lehramt ab. Als Gehlens Assistent ging er mit diesem 1938 nach Königsberg, wo er 1939 mit einer beachtlichen, anthropologisch-handlungstheoretisch argumentierenden Hobbes-Arbeit habilitiert wurde, die von Freyer und Carl Schmitt angeregt war (und die er erst 1981 veröffentlicht hat). 1940/41 war er Freyers Assistent in Budapest. Am 1. Juli 1943 erhielt er einen Ruf auf eine außerordentliche Professur für Soziologie und Staatsphilosophie an die „Reichsuniversität" Straßburg, einem NS-„Bollwerk des deutschen Geistes im Westen" (viele der Hochschullehrer dort kamen aus Leipzig). Er trat diese Stelle aber nicht mehr an. Seit dem Frühjahr 1933 arbeitete Schelsky aktiv im Nationalsozialistischen Deutschen Studentenbund mit (schon 1932 hatten 11 der 12 Leipziger Fachschaften einen NSDStB-Vorsitzenden). Er gehörte ab 1932 der SA und ab 1937 der NSDAP an und war – wie Gehlen – Rezensent („Lektor") für das „Amt Rosenberg". Erfolglos – weil von Alfred Bäumler „vernichtend" begutachtet – versuchte er sich an der Entwicklung von Lehrplänen und -materialien für die „Hohe Schule" der NSDAP zu beteiligen.[40]

Nach 1945 baute Schelsky – zusammen mit seinem Studienfreund Kurt Wagner (der „Reichsamtsleiter" und Mitglied der SA-Führung war, später ein DRK-Spitzenfunktionär[41]) – den „Suchdienst" des Deutschen Roten Kreuzes auf. Nach Mitarbeit an dem sozialdemokratischen Periodikum *Volk und Zeit. Monatszeitschrift für Demokratie und Sozialismus*, in dem er 1946 über „Das Freiheitswollen der Völker und die Idee des Planstaates" schrieb, wurde Schelsky 1948 an die von Gewerkschaften, der Konsumgenossenschaft und dem Senat der Freien und Hansestadt Hamburg gegründete Akademie für Gemeinwirtschaft berufen, deren erster Direktor er wurde. Damals scheiterte eine Lehrtätigkeit an der Hamburger Universität noch am Widerstand der Philosophischen Fakultät, die Helmuth Plessner vorgezogen hätte. Erst nach erneuter Bewerbung wurde Schelsky dort am 1. Mai 1953 Ordinarius für Soziologie, wechselte jedoch 1960 nach Münster, wo er – als einer der einflußreichsten Soziologen in der Bundesrepublik – zugleich als Direktor der Sozialforschungsstelle Dortmund fungierte. 1965 wurde er mit der Gründung der Universität Bielefeld betraut. Schon seine Münsteraner Antrittsvorlesung war der deutschen Universitätsidee gewidmet gewesen, dem folgte die ausführliche Monographie *Einsamkeit und Freiheit* (1963), wo nicht nur die Humboldtsche Universitätsgründung und ihre sozialen Veränderungen, sondern auch die Möglichkeiten einer zukünftigen Universitätsreform erörtert wurden. Die Zukunft der Universität sah Schelsky – einer „Grundlagenreform" skeptisch gegenüberstehend – in einem „differenzierten Hochschulgefüge", in dem neben den großen akademischen Massenausbildungsanstalten einzelne Forschungs-Universitäten entstehen sollten, eben eine „theoretische Universität". Die hat er als

Gründungsbeauftragter für die ostwestfälische Universität Bielefeld zu realisieren versucht, ohne sich mit seinen Vorstellungen politisch durchsetzen zu können. Als „kleine Lösung" blieb von dem Entwurf einer neuen, grenzüberschreitenden Zusammenarbeit der Disziplinen lediglich das Bielefelder Zentrum für interdisziplinäre Forschung (ZiF) übrig (vgl. ebd., S. 313). Immerhin gelang es Schelsky, in Bielefeld die einzige deutsche *Fakultät für Soziologie* zu schaffen und historisch-sozialwissenschaftliche Kooperationsmöglichkeiten zu eröffnen, die – wie die Berufung Niklas Luhmanns – dazu beigetragen haben, Bielefeld für lange Zeit zu einem Zentrum paradigmatischer Neuerungen zu machen. Das Scheitern des Neuentwurfs einer Eliteuniversität aber entmutigte Schelsky, und auch die „Gruppenuniversität" war ihm bald über den Kopf gewachsen. So nahm er 1969 „Abschied von der Hochschulpolitik"[42] und ließ sich – bis dahin einmalig in der deutschen Wissenschaftsgeschichte – mit seinem Lehrstuhl wieder an die Universität Münster versetzen (diesmal in die Juristische Fakultät).

4.2. „Realitätsdrall": Stichwortgeber des Zeitgeistes

Helmut Schelsky hat dazu beigetragen, in den fünfziger und sechziger Jahren die Soziologie einer weiten politischen Öffentlichkeit bekannt zu machen. Durch viele seiner später in Spitzenpositionen aufgestiegenen Studenten an der Hamburger Akademie war sein Einfluß in Gewerkschaftskreisen wie auch in der SPD beträchtlich. Nach der Studentenrevolte von 1968 wandte er sich zunehmend dem konservativen Parteienspektrum zu, auch hier sensibel für den sich wandelnden „Zeitgeist". Die politischen Wirksamkeiten beruhten auf einer – wie er sich selbst suggerierte: ideologiefreien – Empirie. Schelskys wichtigste Motivkraft waren Neugierde und „Realitätsdrall"; sehr treffend nannte er seine wichtigste Aufsatzsammlung *Auf der Suche nach Wirklichkeit* (1965). Seine empirischen Projekte an der Hamburger Akademie für Gemeinwirtschaft wurden zur Basis von Büchern, die geradezu Formeln des Selbstverständnisses der westdeutschen Nachkriegsgesellschaft lieferten und durch Begriffspolitik wirken wollten. Einflußreich war beispielsweise seine Studie über *Wandlungen der deutschen Familie in der Gegenwart* (1955 a). Untersucht wurden hier solche Familien, die durch Flucht, berufliche Deklassierung, Tod eines Elternteils, Ausbombung, Gefangenschaft oder Kriegsversehrtheit des Mannes eine „erzwungene Strukturwandlung" durchmachen mußten (man schätzt, daß fast die Hälfte der deutschen Bevölkerung solchen besonderen Belastungen ausgesetzt war). So war zwar das Sample nicht repräsentativ, wohl aber die Problemlage. Das Ergebnis erwies die Familie als wesentlichen Stabilitätsfaktor in einer Zeit katastrophaler Umbrüche. Der Problemdruck führe – so die These – tendenziell „in Richtung einer größeren Versachlichung, einer Entinnerlichung und Entkultivierung", vermutlich auch Enterotisierung der Familie. Statt dessen standen die „gesteigerten Ansprüche an den Solidaritätszusammenhang und den sozialen Selbstbehauptungs- und Durchsetzungswillen der Familienmitglieder" im Mittelpunkt (ebenda, S. 259ff.). Auch wurde eine zunehmende Dominanz der im Krieg selbständiger gewordenen Frauen bemerkt.

In der gleichen Linie lag Schelskys berühmtestes Buch *Die skeptische Generation* (1957), das auf zahlreichen, seit 1947 von Soziologen durchgeführten empirischen Jugenduntersuchungen beruhte.[43] Jugend wurde nicht als „Subkultur" verstanden, sondern als „bloßer Übergang zwischen Kindheit und Erwachsensein". Schelskys Buchtitel zielt auf die politischen Optionen der enttäuschten und mit dem Wiederaufbau befaßten Mitglieder der jungen Generation, die oft als ganz junge Soldaten oder Flakhelfer selbst noch im Krieg eingesetzt oder in der Hitlerjugend gewesen waren und den Systemzusammenbruch nicht selten als Weltbild-Katastrophe erlebt hatten. Die Nachkriegsjugend schien ihm „kritischer, skeptischer, mißtrauischer, glaubens- oder wenigstens illusionsloser als alle Jugendgenerationen vorher", „sie ist ohne Pathos, Programme und Parolen" (ebenda, S. 381).

Diese Untersuchungen festigten in Schelsky das Bild von einer Gesellschaft, in der Ideologien nur noch von Organisationen tradiert wurden (etwa Klassenkampf-Ideologeme nur noch durch kommunistische Organisationen, die Gewerkschaften und Teile der SPD). Der tiefe Einblick in Umschichtungs- und Deklassierungsprozesse führte Schelsky zu der These, daß zumindest die westdeutsche Gesellschaft, tendenziell aber doch alle Industriegesellschaften „entschichtet" seien, also politisch integrierte Sozialgefüge *nach* der „Klassengesellschaft" (hier klingt unausgesprochen wieder Freyers Programm einer Überwindung des 19. Jahrhunderts an). Nach den Aufstiegs- und Deklassierungsprozessen seit dem Ersten Weltkrieg, besonders nach den Heimatvertreibungen nach 1944 und den Sozialabstiegen des „ehemaligen Besitz- und Bildungsbürgertums" habe sich ein „kleinbürgerlich-mittelständischer" Lebenszuschnitt entwickelt (Schelsky 1965, S. 332), eben eine „nivellierte Mittelstandsgesellschaft", durch welche Klassen- und Schichtbegriffe unpassend geworden seien. Insbesondere habe die „Massenproduktion von Konsummitteln, Komfort- und Unterhaltungsgütern [...] die wirksamste Überwindung des Klassenzustandes der industriellen Gesellschaft selbst begründet" (ebenda, bes. S. 331–388).

4.3. Institutionen: stabilisierende Flexibilität

Wie sein Lehrer Arnold Gehlen sah Schelsky in einer Theorie der Institutionen die beste Rahmentheorie sowohl für empirische Untersuchungen als auch für sein praktisches Interesse am „geordneten sozialen Wandel" durch Reformen (vgl. Hermann 1981, S. 173). Das Recht erschien ihm hierfür paradigmatisch, die Rechtssoziologie geradezu als angewandte Institutionenkunde.[44] Anders als Gehlen ging Schelsky von einem funktionalistischen Modell der jeweils neue Ansprüche erzeugenden institutionellen Bedürfnisbefriedigung aus, wie es der Ethnologe Bronislaw Malinowski entwickelt hatte.[45] Danach erfüllen Institutionen zuerst einen „Minimalanspruch vitaler, biologisch determinierter Grundbedürfnisse", deren Befriedigung dann immer neue „künstliche, abgeleitete Bedürfnisse" hervorruft. Zwar bilden sich auch Formen der Versachlichung und eines je besonderen institutionellen „Wirklichkeitsgehaltes" heraus, jedoch ist die Dynamik möglicher Bedürfnisentwicklungen und -befriedigungen prinzipiell unabschließbar, vollzieht sich dieser Prozeß auf immer höherer Ebene stets neu. Schon 1949 suchte Schelsky am Prinzip der Verfassungen zu zeigen, wie man sich „stabilen Institutionenwandel" vorstellen könne.[46] Seine Institutionentheorie sollte weniger ontologisch und starr sein als die Gehlens, der nach Schelskys Überzeugung die flexible Festigkeit des Rechts sowenig verstanden habe wie die Institutionalisierbarkeit der „Bedürfnisse der Dauerreflexion im modernen Bewußtsein", weil er darin nur Tendenzen des institutionellen Geltungsverlustes gesehen habe.[47] 1969, nach dem Erscheinen von Gehlens *Moral und Hypermoral,* verschärfte Schelsky in diesem Punkt die Kritik an seinem Lehrer, woran ihre fast lebenslange Freundschaft zerbrach.

4.4. Einflußzentrum und Randstellung: der (Rück-)Weg in die „Anti-Soziologie"

Nach seiner Berufung nach Münster wurde Helmut Schelsky zu einem der einflußreichsten deutschen Soziologen, nicht nur als wissenschaftlicher Autor und begabter Wissenschaftsorganisator, sondern auch – und sogar mehr noch als René König – durch den Erfolg seiner zahlreichen (wissenschaftlich und politisch sehr verschiedenartigen) Habilitanden, die in der Folge viele Lehrstühle besetzten. Für seinen Einfluß im Bereich empirischer Forschungen war entscheidend, daß er von 1960 bis 1969 auch das Direktorat der 1946 mit Unterstützung der *Rockefeller-Foundation* vom Deutschen Gewerkschaftsbund und verschiedenen Industrieunternehmen gemeinsam gegründeten „Sozialforschungsstelle Dortmund" (der damals größten sozialwissenschaftlichen Forschungseinrichtung in Europa) übernahm, welche als Institut mit der Universität Münster verbunden war.[48]

Wissenschaftspolitisch ist Schelsky demgegenüber auf die Seite der Verlierer geraten, als er in der von Gunter Ipsen als „Bürgerkrieg in der Soziologie"[49] dramatisierten Auseinandersetzung um die internationale Vertretung der westdeutschen Soziologie deutlich Sympathie für die „Leipziger" zeigte. Die Deutsche Gesellschaft für Soziologie (DGS) war seit der (von René König mitvollzogenen) Gründung der *International Sociological Association* (ISA) im Jahre 1949 deren Mitglied. Dagegen versuchte 1951 eine Gruppe konservativer Soziologen den Aufbau einer Gegenorganisation, die sich auf das traditionsreiche – damals allerdings von dem italienischen Ex-Faschisten Corrado Gini geführte – *Institut International de Sociologie* (IIS) stützen sollte und sich gegen die von den USA dominierte, sogenannte „UNESCO-Soziologie" richtete. Schelsky hatte zwar vorsichtig laviert und war der deutschen Sektion des IIS nicht beigetreten; lediglich hatte er an deren Wiesbadener Gründungsversammlung im April 1951 teilgenommen, die Freyer zum Vorsitzenden wählte. Gleichwohl verwirkte er durch seine Loyalität zur Gruppe der „Aufständischen von rechts" die Chance, 1959 Vorsitzender der Deutschen Gesellschaft für Soziologie zu werden. Sein für den 14. Soziologentag in Berlin bereits vorbereitetes Hauptreferat zog er zurück und machte daraus ein kontroverses Buch. In seiner *Ortsbestimmung der deutschen Soziologie* (1959) versuchte er Lage und Aufgaben des Fachs aus dessen Entstehungsgeschichte abzuleiten. Heute sei die als „Spalt- und Abspaltprodukt" aus Ökonomie und Philosophie entstandene Soziologie (dem nordamerikanischen Vorbild folgend) vor allem Funktionswissenschaft (ebenda, S. 14 f.), also – wie René König programmatisch formuliert hatte – eine Soziologie, die „nichts als Soziologie ist".[50] Gleichwohl erfülle sie als „Kulturanalyse und Zeitkritik" auch weiterhin sozialphilosophische Deutungsaufgaben (Schelsky 1959, S. 18 u. 21 ff.). Verbittert stellte Schelsky seinem Fach ein schlechtes Zeugnis aus („Dilettantismus", „Provinzialität", Ersetzung produktiver Diskussionen durch „persönliche Flüsterpolemik"; ebenda, S. 32 ff.), formulierte aber gleichwohl Leitlinien für die „nachideologische Epoche". Diese notwendig theoretisch fundierte, wesentlich aber praxisorientierte Wissenschaft sei mit hohen Erwartungen der Öffentlichkeit konfrontiert, geradezu mit einem „Soziologismus" der Praktiker. Deshalb müsse sie gegen jede Planungseuphorie auch die „Ohnmacht des Menschen" dokumentieren und der „Freiheit des Menschen von der Gesellschaft" dienen (ebenda, S. 144 u. 95 ff.). Provokant wirkte Schelskys *Ortsbestimmung* vor allem durch die Behauptung, die Soziologie hätte durch die Nazis schon deshalb nicht „brutal zum völligen Stillstand"[51] gebracht werden können, weil ihre Thematik schon vor der Machtübergabe an Hitler „selbst am Ende" gewesen sei.[52]

Aber allein das Schicksal der zu Beginn der dreißiger Jahre äußerst vielversprechenden Gruppe junger Soziologinnen und Soziologen um Karl Mannheim in Frankfurt (zu der auch Norbert Elias gehörte) macht deutlich, daß Schelskys These (bei aller Plausibilität seiner Kritik an dem wenig professionellen Eklektizismus der Soziologie) zumindest undurchdacht war, eher sogar auf einer Mischung von Verdrängung und Zynismus beruhte, indem die wissenschaftszerstörerischen Folgen des NS-Regimes (halbbewußt) heruntergespielt wurden. Seit „1968", diesem Symboljahr für einen Demokratisierungsschub in Deutschland, wurde den konservativen Soziologen ihr eigenes Fach zunehmend unheimlich, weil es im öffentlichen Bewußtsein zur vermeintlichen Leitwissenschaft des Protestes geworden war. Gegen die „Führungsrolle der Soziologie für den ‚Zeitgeist'", gegen ihre Stellung als „Schlüsselwissenschaft" des 20. Jahrhunderts, die zu sein beanspruchte, was die Geschichtswissenschaften im 19. Jahrhundert waren, richtete sich eine Intellektuellen-Kritik, die schließlich sogar zur „Anti-Soziologie" verschärft wurde.[53] Auch hier hatte Arnold Gehlen die Stichworte gegeben, wenn er die Sozialwissenschaften als Domäne der um Selbstprivilegierung und Meinungsführerschaft kämpfenden Intellektuellen ansah, als geistiges Fundament einer „Gegenaristokratie" von „progressiven Geistern", von „Meinungsträgern und Moralisten", darunter vielen „Publizisten, Künstlern, Schriftstellern, Studenten, Theologen, Politologen und Soziologen", deren sich radikalisierende Argumentationen durch die „sich schnell vergrößernde Schul- und Hochschulwelt" abgesichert seien.[54]

Schelsky (1981a, S. 429 f.), der sich zunehmend als „politischer Schriftsteller" fühlte, legte unter dem Titel *Die Arbeit tun die anderen* (1975) eine ausgearbeitete Kritik des „Klassenkampfes und der Priesterherrschaft" der Intellektuellen vor. Damit konnte er an Formulierungen seiner Habilitationsschrift von 1941 anknüpfen, wo er – auf Thomas Hobbes bezogen – geschrieben hatte: „Staatsgefährlich […] sind alle Gebildete, die aus ihrer Bildung unmittelbar einen Herrschaftsanspruch herleiten […], ein typischer Standesfehler: Alle Gebildeten, Gelehrten, Priester, Pädagogen erwerben durch ihre Führungs- und Lehrtätigkeit eine Haltung der Kritik gegenüber allen Autoritäten". Darin sah Schelsky die „politische Gefährlichkeit des Intellektualismus" (eine beliebte, damals auch gegen ihn verwendete, NS-Feindsetzungsformel).[55] Mitte der 70er Jahre suchte Schelsky seine These von den verhängnisvollen Re-Ideologisierungstendenzen der Soziologie an der „Friedensforschung als Heilslehre" zu illustrieren, an Konflikttheorie, Bildungsplanung und politisierter Theologie. Prominente Fälle einer „Gefolgschaft der Soziologen" sind ihm *Der Spiegel* als (Intellektuellen-) „Klassenkampfblatt", Heinrich Böll als selbstinszenierter „Kardinal und Märtyrer" der linken Kritik, schließlich Ernst Bloch als Prophet jenes „Prinzips Hoffnung", gegen das Schelsky (mit Freyer und Gehlen) das anti-utopische „Prinzip Erfahrung" setzen wollte.[56]

5. Resümee:
Von der Gemeinschaft zum System

Diese drei Gelehrten sind „Klassiker" vor allem der deutschen Soziologie (international allenfalls vermittelt durch unterschwellige Aneignungen, etwa durch Jürgen Habermas oder Niklas Luhmann); einzig Gehlens Bücher sind in viele Sprachen übersetzt und weisen ihn als Grundlagenautor einer anthropologisch fundierten Sozialtheorie aus. Vergleichend mag man sagen, Hans Freyer sei der Meister der „großen Erzählung" von rechts gewesen[57], der die wissenschaftlichen Einsichten in eine mythologisierende Form umgoß. Arnold Gehlen war der Denker in dieser Gruppe, dessen philosophisch-anthropologische und zeitkritische Arbeiten zum Besten und Anstößigsten gehören, was die deutsche Geisteswissenschaft zu seiner Zeit hervorgebracht hat. Helmut Schelsky war der begabte Forscher und Wissenschaftsorganisator, der manches von seinen Lehrern Gedachte erst zur soziologischen Wirksamkeit brachte.

Die Werke der hier dargestellten Autoren in den Zusammenhang der Zeitgeschichte und ihrer politischen Optionen zu stellen, bedeutet nicht deren Denunziation oder eine Minderung ihrer wichtigen Beiträge zur Soziologie in diesem an Verführbarkeiten und Schrecken nicht armen Jahrhundert. Vielmehr folgt die Darstellung dem ausdrücklichen Selbstverständnis dieser Zeitdeuter, die mehr sein wollten als Gelehrte. Da mögen Akademiker- oder allgemeiner ausgedrückt: Intellektuellenträume vom Philosophenkönigtum durchaus hineingespielt haben, diesmal unter völkisch-bündisch-faschistischen, später unter konservativen Bedingungen. Freyer hat die Einheit von (soziologischer) Theorie und (politischer) Praxis programmatisch am deutlichsten ausgesprochen, sie drückt sich aber (von seiner jungfaschistischen Emphase einmal abgesehen) auch in Schelskys Reformorientiertheit aus und schließlich sogar bei Gehlen, der Selbstoffenbarungen gegenüber am reserviertesten war. So hätte man sich die Soziologie als eine mit dem Politischen (und heute auch mit dem Wirtschaftlichen) aufs engste verbundene Disziplin vorzustellen, vielleicht sogar als eine Wissenschaft für Regierende, wie Gehlen 1941 Vilfredo Paretos *Trattato* deutete.[58]

Wissenssoziologisch ist wichtig, daß gerade die bedeutendsten wissenschaftlichen oder philosophischen Leistungen nicht abzulösen sind von den (auch biographischen) Kontexten ihrer Entstehung und Rezeption, während sie andererseits darin doch nicht vollständig aufgehen: Genese und Geltung des Gedachten sind eben nicht dasselbe. Entgegen einer verbreiteten Meinung erweisen sich ideologische Strukturen am schärfsten nicht an den zweit- und drittrangigen, sondern an den hervorragenden Autoren. Das gilt auch für die hier dargestellten Soziologen, die vom Nationalsozialismus (besonders in seiner Aufstiegsphase) fasziniert waren und sich von den Machthabern öffentlich auch dann nicht distanzierten, als deren verbrecherische Politik offen zutage getreten war. Auch bei diesen Autoren zeigt sich, daß fragwürdige (und nachträglich unlegitimierbare) politische Optionen analytischen Scharfblick nicht ausschließen. Sie waren so, trotz aller einheitssehnsüchtigen Machtrhetorik Freyers, trotz aller Ordnungsfixiertheit Gehlens und trotz des jugendlichen Parteiaktivismus Schelskys, keine ideologischen Führungsautoren des Nationalsozialismus, allerdings Parteigänger des Systems in mehr oder weniger privilegierter Position. Für die bundesrepublikanische Wissenschaft liefern sie Beispiele des Zusammenhangs von Kontinuität und Diskontinuität. Alle drei haben die alten Themen neu codiert, Gehlen hat sogar das Fach gewechselt, Schelsky eine neue politische Perspektive gewählt.

Aus aktivistischen und tat-philosophischen Ausgangslagen entwickelten diese Soziologen eine Handlungslehre, die niemand ignorieren sollte, der über eine rationalistisch oder formalistisch verkürzte soziologische Handlungstheorie hinauskommen will. Die institutionentheoretischen Ansätze bleiben grundlegend, z.B. für jede historische Soziologie.[59] Und auch viele der zeitkritischen Beobachtungen (vor allem Gehlens) haben Aktualität neu gewonnen, man denke an die Postmodernitäts-Debatte[60], die vielen Abschiede von der Geschichtsphilosophie oder von der Geschichte selbst. Die Intellektuellen-Analysen sind in vielem treffend (und in mancher ihrer Überspitzungen als Reaktionen auf die große Attitüde der 68er „Kulturrevolutionäre" zu verstehen) – einzig haben die Autoren sie zu wenig auf sich selbst angewandt. Daß Schelskys These von der „nivellierten Mittelstandsgesellschaft" heute (ohne Nennung seines Namens) Allgemeingut ist, steht außer Frage, auch wenn man der damit verbundenen Erledigung klassentheoretischer Ansätze nicht folgen will.

Vor allem aber sind Freyer, Gehlen und Schelsky die Analytiker der systemischen Wirklichkeiten einer Moderne geworden, die sich allein in den Begriffen der Tradition nicht mehr hinreichend auslegen läßt. Ihre Technikanalysen, ihre Betonung der „Superstrukturen" und „Sachzwänge" in industriellen Gesellschaften und die (von ihnen noch als Zumutung empfundene) De-Personalisierung in einer Welt systemischer Eigendynamiken – das alles findet sich in modernisierter und elaborierter Form auch im Werk Niklas Luhmanns wieder.[61] Letzterer war nach seinem Wechsel zur Soziologie mit Gehlen und mit Schelsky in folgenreiche Berührung gekommen. Ohne die Trauerarbeit der alten Konservativen, ohne das Lamento gegen die von ihnen als Verfallserscheinung erlebten Pluralisierungen der neuesten Zeiten, allenfalls mit einer ironisch unterlegten Artifizialität beweist Luhmann, daß es „Anschlußstellen" gibt an das, was in Leipzig begann und unter den bundesrepublikanischen Verhältnissen nach 1945 zu einer neuen Deutung gesellschaftlicher Entwicklungen geführt hat.

Literatur

1. Hans Freyer

1.1. Werke

Freyer, H., 1911, Geschichte der Geschichte der Philosophie im 18. Jahrhundert. Phil. Diss.

Freyer, H., 1966, Die Bewertung der Wirtschaft im philosophischen Denken des 19. Jahrhunderts [zuerst 1921 als Habil.schrift]. Reprogr. Nachdr. Hildesheim.

Freyer, H., 1918, Antäus. Grundlegung einer Ethik des bewußten Lebens. Jena.

Freyer, H., 1923, Prometheus. Ideen zur Philosophie der Kultur. Jena.

Freyer, H., 1923, Theorie des objektiven Geistes. Eine Einleitung in die Kulturphilosophie. Leipzig/Berlin.

Freyer, H., 1964, Soziologie als Wirklichkeitswissenschaft. Logische Grundlegung des Systems der Soziologie [zuerst 1930]. Unv. Nachdr. d. 2. Aufl. Darmstadt.

Freyer, H., 1931 a, Revolution von rechts. Jena.

Freyer, H., 1931 b, Einleitung in die Soziologie. Leipzig.

Freyer, H., 1933, Das politische Semester. Ein Vorschlag zur Universitätsreform. Jena.

Freyer, H., 1935, Pallas Athene. Ethik des politischen Volkes. Jena.

Freyer, H., 1986a, Machiavelli [zuerst 1938]. Hrsg. von E. Üner. Weinheim.
Freyer, H., 1986b, Preußentum und Aufklärung. Eine Studie über Friedrich des Großen Antimachiavel [zuerst 1944]. Hrsg. von E. Üner. Weinheim.
Freyer, H., 1948, Weltgeschichte Europas. 2 Bde. Wiesbaden.
Freyer, H., 1967, Theorie des gegenwärtigen Zeitalters. [zuerst 1955]. Stuttgart.
Freyer, H., 1987, Herrschaft, Planung und Technik. Hrsg. von E. Üner. Weinheim.

1.2. Bibliographie

Willers, D., 1973, Verzeichnis der Schriften von Hans Freyer. Darmstadt.

1.3. Monographien

Demo, P., 1973, Herrschaft und Geschichte. Zur politischen Gesellschaftstheorie Freyers und Marcuses. Meisenheim.
Muller, J. Z., 1987, The Other God That Failed. Hans Freyer and the Deradicalisation of German Conservatism. Princeton.
Remmers, H., 1994, Hans Freyer. Heros und Industriegesellschaft. Opladen.
Üner, E., 1992, Soziologie als „geistige Bewegung". Hans Freyers System der Soziologie und die Leipziger Schule. Weinheim.

2. Arnold Gehlen

2.1. Werkausgabe

Arnold Gehlen-Gesamtausgabe. Hrsg. von K.-S. Rehberg. 10 Bde. Frankfurt a. M. (GA).
Bisher erschienen:
Bd. 1: Philosophische Schriften I (1925-1933). Hrsg. von L. Samson. 1978 (GA1).
Bd. 2: Philosophische Schriften II (1933-1938). Hrsg. von L. Samson. 1980 (GA2).
Bd. 3: Der Mensch. Seine Natur und seine Stellung in der Welt. Textkrit. Edition unter Einbez. d. 1. Aufl. v. 1940. 2 Teilbde. Hrsg. von K.-S. Rehberg. 1993 (GA3).
Bd. 4: Philosophische Anthropologie und Handlungslehre. Hrsg. von K.-S. Rehberg. 1983 (GA4).
Bd. 6: Die Seele im technischen Zeitalter und andere sozialpsychologische, soziologische und kulturanalytische Schriften. Hrsg. von K.-S. Rehberg. 2000 (GA6) [im Druck].
Bd. 7: Einblicke. Hrsg. von K.-S. Rehberg. 1978 (GA7).

2.2. Werke

Gehlen, A., 1957, Die Seele im technischen Zeitalter. Reinbek.
Gehlen, A., 1986a, Urmensch und Spätkultur. Philosophische Ergebnisse und Aussagen [zuerst 1956]. 5. Aufl. Wiesbaden.

Gehlen, A., 1986b, Zeit-Bilder. Zur Soziologie und Ästhetik der modernen Malerei [zuerst 1960]. 3., erw. Aufl. Hrsg. von K.-S. Rehberg. Frankfurt a. M.

Gehlen, A., 1971, Studien zur Anthropologie und Soziologie [zuerst 1963]. 2., veränd. Aufl. Neuwied/Berlin.

Gehlen, A., 1986, Moral und Hypermoral. Eine pluralistische Ethik [zuerst 1969]. 5. Aufl. Wiesbaden.

Gehlen, A. u. H. Schelsky Hrsg., 1955, Soziologie. Ein Lehr- und Handbuch zur modernen Gesellschaftskunde. Düsseldorf/Köln.

2.3. Bibliographien

Forsthoff, E./Hörstel, R. Hrsg., 1974, Standorte im Zeitstrom. Festschrift für Arnold Gehlen zum 70. Geburtstag am 29. Januar 1974. Frankfurt a. M. (darin: Die Schriften Arnold Gehlens, S. 413–425).

Rehberg, K.-S., 1994, Arnold-Gehlen-Bibliographie (Teil I: Schriftenverzeichnis, Teil II: Sekundärliteratur). In: Klages/Quaritsch 1994, S. 899–1001.

2.4. Sekundärliteratur

Dullaart, L., 1975, Kirche und Ekklesiologie. Die Institutionenlehre Arnold Gehlens als Frage an den Kirchenbegriff in der gegenwärtigen systematischen Theologie. München/Mainz.

Glaser, W.-R., 1972, Soziales und Instrumentales Handeln. Stuttgart.

Hagemann-White, C., 1973, Legitimation als Anthropologie. Eine Kritik der Philosophie Arnold Gehlens. Stuttgart u. a.

Hargasser, F., 1976, Mensch und Kultur. Die pädagogische Dimension der Anthropologie Arnold Gehlens. Bad Heilbrunn.

Arnold Gehlen zum Gedächtnis. Vorträge vom 21. Juni 1976 in der Hochschule für Verwaltungswissenschaften Speyer. Berlin.

Jansen, P., 1975, Arnold Gehlen. Die Anthropologische Kategorienlehre. Bonn.

Jonas, F., 1966, Die Institutionenlehre Arnold Gehlens. Tübingen.

Karneth, R., 1991, Anthropo-Biologie und Biologie. Biologische Kategorien bei Arnold Gehlen – im Licht der Biologie, insbesondere der vergleichenden Verhaltensforschung der Lorenz-Schule. Würzburg.

Klages, H./Quaritsch, H. Hrsg., 1994, Zur geisteswissenschaftlichen Bedeutung Arnold Gehlens. Vorträge und Diskussionsbeiträge des Sonderseminars 1989 der Hochschule für Verwaltungswissenschaften Speyer. Berlin.

Pagel, G., 1984, Narziß und Prometheus. Die Theorie der Phantasie bei Freud und Gehlen. Würzburg.

Prechtl, P., 1983, Bedürfnisstruktur und Gesellschaft. Die Problematik der Vermittlung von Bedürfnis des Menschen und gesellschaftlicher Versagung bei Gehlen, Fromm und Marcuse. Würzburg.

Pürzer, A., 1997, Der Ansatz einer Ganzheitsphilosophie bei Arnold Gehlen. Frankfurt a. M. u. a.

Rehberg, K.-S., 1994, Existentielle Motive im Werk Arnold Gehlens. In:. Klages/Quaritsch 1994, S. 491–530 [Aussprache S. 531–542].

Rügemer, W., 1979, Philosophische Anthropologie und Epochenkrise. Studie über den Zusammenhang von allgemeiner Krise des Kapitalismus und anthropologischer Philosophie Arnold Gehlens. Köln.

Samson, L., 1976, Naturteleologie und Freiheit bei Arnold Gehlen. Freiburg/München.

Thies, C., 1997, Die Krise des Individuums. Zur Kritik der Moderne bei Adorno und Gehlen. Reinbek.

Weiß, J., 1971, Weltverlust und Subjektivität. Zur Kritik der Institutionenlehre Arnold Gehlens. Freiburg.

3. Helmut Schelsky

3.1. Werke

Schelsky, H., 1934, Sozialistische Lebenshaltung. Leipzig.

Schelsky, H., 1935, Theorie der Gemeinschaft nach Fichtes „Naturrecht" von 1796. Phil. Diss. Leipzig.

Schelsky, H., 1981, Thomas Hobbes. Eine politische Lehre [Ms. Habil.schrift 1939/1942]. Berlin.

Schelsky, H., 1955a, Wandlungen der deutschen Familie in der Gegenwart [zuerst 1953]. 3., erw. Aufl. Stuttgart.

Schelsky, H., 1955b, Soziologie der Sexualität. Über die Beziehungen zwischen Geschlecht, Moral und Gesellschaft. Reinbek.

Schelsky, H., 1957, Die skeptische Generation. Eine Soziologie der deutschen Jugend [zuerst 1957]. M. e. Vorw. zur Taschenbuchausg. Frankfurt a. M. u. a.

Schelsky, H., 1959, Ortsbestimmung der deutschen Soziologie. Düsseldorf/Köln.

Schelsky, H., 1963, Einsamkeit und Freiheit. Idee und Gestalt der deutschen Universität und ihrer Reformen. Reinbek.

Schelsky, H., 1965, Auf der Suche nach Wirklichkeit. Gesammelte Aufsätze. Düsseldorf/Köln.

Schelsky, H., 1973, Systemüberwindung, Demokratisierung und Gewaltenteilung. Grundsatzkonflikte der Bundesrepublik. München.

Schelsky, H., 1975, Die Arbeit tun die anderen. Klassenkampf und Priesterherrschaft der Intellektuellen. Opladen.

Schelsky, H., 1979, Die Hoffnung Blochs. Kritik der marxistischen Existenzphilosophie eines Jugendbewegten. Stuttgart.

Schelsky, H., 1980, Die Soziologen und das Recht. Abhandlungen und Vorträge zur Soziologie von Recht, Institution und Planung. Opladen.

Schelsky, H., 1981, Rückblicke eines „Anti-Soziologen". Opladen.

Schelsky, H., 1982, Funktionäre. Gefährden sie das Gemeinwohl? Stuttgart.

Günther, G. u. H. Schelsky, 1937, Christliche Metaphysik und das Schicksal des modernen Bewußtseins. Leipzig.

3.2. Monographien und Sammelbände

Baier, H. Hrsg., 1977, Freiheit und Sachzwang. Beiträge zu Ehren Helmut Schelskys. Opladen.

Baier, H., 1986, Helmut Schelsky – ein Soziologe in der Bundesrepublik. Eine Gedächtnisschrift von Freunden, Kollegen und Schülern. Stuttgart.

Hermann, L., 1981, Gespräch mit Helmut Schelsky am 22.–27. 09. 1980. In: Zeugen des Jahrhunderts. Hrsg. von K.-B. Schnelting. Frankfurt a. M., S. 147–173.

Kaulbach, F./ Krawietz, W. Hrsg., 1978, Recht und Gesellschaft. Festschrift für Helmut Schelsky zum 65. Geburtstag. Berlin.

Kob, J./Messelken, K. Hrsg., 1987, In memoriam Helmut Schelsky. Gedenkreden, gehalten auf einem Treffen der Hamburger Soziologen am 22. Juni 1984. Hamburg.

Pohlmann, R. Hrsg., 1980, Person und Institution: Helmut Schelsky. Würzburg.

Ryffel, H., 1983, Helmut Schelsky, die Soziologen und das Recht. Berlin.

Schäfer, G., 1999, Helmut Schelsky – Soziologe und Intellektueller. Studien zu einer Intellektuellen-Biographie. Phil. Diss. Bremen.

Weinberger, O./Krawietz, W. Hrsg., 1985, Helmut Schelsky als Soziologe und politischer Denker. Grazer Gedächtnisschrift. Stuttgart.

Anmerkungen

1 Dank für wertvolle Anregungen und Unterstützung bei der Arbeit an diesem Aufsatz sage ich Manfred Lauermann, Rose-Marie Schulz-Rehberg und Manuela Vergoossen; für die Schreib- und Korrekturarbeiten sei Astrid Müller, Gabriele Naumann und Andreas Pischel gedankt, sodann für wichtige Hinweise und die Überlassung von Quellenmaterialien Gerhard Schäfer (Bremen) und Carsten Klingemann (Osnabrück).

2 Becker, C. H., Gedanken zur Hochschulreform. Leipzig 1919.

3 Vgl. Freyer 1931; vgl. zur politischen Verortung auch: Mohler, A., Die konservative Revolution in Deutschland 1918–1932. Ein Handbuch. 2., erw. Aufl. Darmstadt 1972.

4 Rundschreiben L. v. Wieses an die deutschen Mitglieder des Institut International de Sociologie (IIS) aus dem Jahr 1936; lt. Auskunft von Carsten Klingemann.

5 Vgl. Klingemann, C., Soziologie im Dritten Reich. Baden-Baden 1996, bes. Kap. I und II (S. 11–51).

6 Vgl. Rehberg, K.-S., Protokoll der Arbeitstagung der Fritz Thyssen-Stiftung „Gab es eine ‚Leipziger Schule‘ der Soziologie und Sozialphilosophie?" am 29./30. 4. 1982. Mit einer Nachbemerkung von Helmut Schelsky. Ms. Aachen 1992, 56 S.; Üner, E., Die Entzauberung der Soziologie. Skizzen zu Helmut Schelskys Aktualisierung der „Leipziger Schule". In: H. Baier Hrsg., Helmut Schelsky – ein Soziologe in der Bundesrepublik. Eine Gedächtnisschrift von Freunden, Kollegen und Schülern. Stuttgart 1986, S. 5–19; Diess., Kulturtheorie an der Schwelle der Zeiten. In: Archiv für Kulturgeschichte (1998) sowie Schelsky, H., Zur Entstehungsgeschichte der bundesdeutschen Soziologie. Ein Brief an Rainer Lepsius. In: Ders., Rückblicke eines „Anti-Soziologen". Opladen 1981, S. 11–69.

7 Simmel, G., Soziologie [zuerst 1908]. In: Georg Simmel-Gesamtausgabe. Bd. II. Hrsg. von O. Rammstedt. Frankfurt a. M. 1992, bes. S. 456–511.

8 Vgl. als autobiographische Darstellung: Linde, H., Soziologie in Leipzig. In: M. R. Lepsius Hrsg., Soziologie in Deutschland und Österreich 1918–1945. Sonderheft 23 der Kölner Zeitschrift für Soziologie und Sozialpsychologie. Opladen 1981, S. 102–130.

9 Vgl. Muller, J. Z., The Other God That Failed. Hans Freyer and the Deradicalisation of German Conservatism. Princeton 1987 und Üner, 1992 und Schäfer, G.: Wider die Inszenierung des Vergessens. Hans Freyer und die Soziologie in Leipzig 1925–1945. In: Jahrbuch für Soziologiegeschichte (1991). S. 121–175.

10 Rechtsgrundlage war das „131er-Gesetz" aus dem Jahr 1951, das in Auslegung des damaligen Art. 131 GG die Reaktivierung von Mitgliedern des Öffentlichen Dienstes regelte, deren Dienststellen außerhalb des Territoriums der BRD gelegen hatten oder nicht mehr existierten – BGBl. (1951), Nr. 22, S. 307–322.

11 Vgl. Freyer 1986 a, S. 116 sowie seinen Aufsatz: Machiavelli und die Lehre vom Handeln. In: Zeitschrift für deutsche Kulturphilosophie (1938), S. 108–137; vgl. dazu: Muller, God [Anm. 9], S. 223–227, 299–305 sowie E. Üners kommentierende Bemerkungen in Freyer 1986 a.

12 Freyer 1986 b [zuerst 1944]; vgl. Ders., Die politische Insel. Eine Geschichte der Utopien von Platon bis zur Gegenwart. Leipzig 1936. Nach Veröffentlichung des Freyerschen Aufsatzes „Das Land Utopia" im Stuttgarter neuen Tageblatt am 31. 12. 1936 gab es einige Aufregungen, weil der Artikel von NS-Studenten angegriffen wurde (vgl. Brief des Tageblatt-Redakteurs Belzner an Freyer vom 18. 03. 1937 und weitere Unterlagen im Leipziger Universitätsarchiv).

13 Vgl. z. B. Weber, M., Gesammelte Aufsätze zur Wissenschaftslehre. 3., erw. u. verb. Aufl. Hrsg. von J. Winckelmann. Tübingen 1968, S. 237 u. ö.; dazu: Tenbruck, F. H., Die Wissenschaftslehre Max Webers. Voraussetzungen zu ihrem Verständnis. In: G. Wagner/Zipprian, H. Hrsg., Max Webers Wissenschaftslehre. Frankfurt a. M. 1994, S. 367–389.

14 Vgl. auch Freyer, H., Soziologie als Geisteswissenschaft [Leipziger Antrittsvorlesung]. In: Archiv für Kulturgeschichte 16 (1926), S. 113–126 und Ders., Gegenwartsaufgaben der deutschen Soziologie. In: Zeitschrift für die Gesamte Staatswissenschaft ‘95 (1935), S. 116–144 [vgl. „Soziologie als Wirtschaftswissenschaft", 1929 und „Einleitung in die Soziologie", 1931].

15 Freyer, H., Über das Dominantwerden technischer Kategorien in der Lebenswelt der industriellen Gesellschaft [zuerst 1960]. In: Ders., Herrschaft, Planung und Technik. Aufsätze zur politischen Soziologie. Hrsg. von E. Üner. Weinheim 1987, S. 117–129.

16 Vgl. Schelsky, H., Der Mensch in der wissenschaftlichen Zivilisation [zuerst 1961]. In: Ders. 1965, S. 439–471 [Diskussion in der Düsseldorfer Arbeitsgemeinschaft für Forschung des Landes Nordrhein-Westfalen, S. 471–480]; zum Terminus „technischer Staat", ebd. S. 453.

17 Vgl. Stichwort „Sache" etc. in: GA7, S. 3–87.

18 Tocqueville, A. de, Über die Demokratie in Amerika [frz. zuerst 1835/1840]. Ausgew. u. hrsg. von J. P. Mayer. Stuttgart 1994; vgl. dazu Freyer,

1967 [zuerst 1955], S. 161 ff. und z. B. Gehlen, A., Freiheit heute. In: GA7, S. 371 f.

19 Vgl. Rehberg, K.-S., Metaphern des Standhaltens. In memoriam Arnold Gehlen. In: Kölner Zeitschrift für Soziologie und Sozialpsychologie 28 (1976), S. 389–398 und Rügemer 1979.

20 Gehlen, A., Der Staat und die Philosophie [zuerst 1935]. In: GA2, S. 295–310.

21 Rügemer 1979, bes. S. 92 ff.; Ders., Vom bürgerlichen Krisenbewußtsein zur nationalsozialistischen Arbeiterpartei. Die politische Entwicklung Arnold Gehlens. In: Merkur 550 (1995), S. 79–84 sowie Klinger, G., Freiheit als „freiwillige Aufgabe der Freiheit". Arnold Gehlens Umbau des Deutschen Idealismus. In: W. F. Haug Hrsg., Deutsche Philosophen 1933. Berlin 1989, S. 188–218.

22 Der Landeskommissar für die politische Säuberung in Rheinland-Pfalz stufte Gehlen am 14.12.1948 als „nicht Schuldigen" ein. Vgl. auch die von Werner Rügemer gefundenen und von Hans Heinz Holz veröffentlichten „Entlastungsgutachten" im Entnazifizierungsverfahren der Spruchkammer Illertissen. In: Topos Demokratie (1993), S. 131–147.

23 Vgl. auch Rehberg, K.-S., Auch keine Stunde Null. Westdeutsche Soziologie nach 1945. In: W. H. Pehle/Sillem, P. Hrsg., Wissenschaft im geteilten Deutschland. Restauration oder Neubeginn nach 1945? Frankfurt a. M. 1992, S. 26–44, 224–228.

24 Vgl. Rehberg, K.-S., Philosophische Anthropologie und die „Soziologisierung" des Wissens vom Menschen. Einige Zusammenhänge zwischen einer philosophischen Denktradition und der Soziologie in Deutschland. In: Lepsius, Soziologie in Deutschland [Anm. 8].

25 Gehlen, A., Wirklicher und unwirklicher Geist [zuerst 1931]. In: GA1, S. 113–381 sowie Ders., Einleitung in Gehlen 1971, S. 9.

26 Vgl. Gehlen, Geist [Anm. 25], bes. S. 173 ff. u. 185 ff.

27 Vgl. GA3, z. B. S. 88. u. ö. sowie dazu: Rehberg, K.-S., Zurück zur Kultur? Arnold Gehlens anthropologische Grundlegung der Kulturwissenschaften. In: H. Brackert/Wefelmeyer, F. Hrsg., Kultur. Bestimmungen im 20. Jahrhundert. Frankfurt a. M. 1990, S. 276–316.

28 Der von späteren Ausgaben abweichende Text der 1. Auflage des Gehlenschen Hauptwerkes findet sich vollständig in: GA3, Teilbd. 2, S. 487–743; vgl. zu „oberste Führungssysteme", S. 709–743.

29 Vgl. z. B. Krieck, E., Halb und Halb! In: Volk im Werden 8 (1940), S. 183–188.

30 Vgl. Rehberg, K.-S., Natur und Sachhingabe. Jean-Jacques Rousseau, Die Anthropologie und „Das Politische" im Deutschland des 20. Jahrhunderts. In: H. Jaumann Hrsg., Rousseau in Deutschland. Berlin/New York 1995, S. 221–265.

31 Vgl. dazu Lepenies, W., Handlung und Reflexion. In: Soziale Welt 18 (1976), S. 41–66.

32 Vgl. zu „Sprachmäßigkeit" GA3, S. 208, 404 f. u. ö.; und zu „Phantasie": Pagel, G., Narziß und Prometheus. Die Theorie der Phantasie bei Freud und Gehlen. Würzburg 1984.

33 Gehlen, A., Zur Lage der Soziologie. In: G. Eisermann Hrsg., Die Krise der

Soziologie. Stuttgart 1976, S. 1–8, hier S. 8; vgl. auch Ders., Genese der Modernität – Soziologie. In: H. Steffen Hrsg., Aspekte der Modernität, Göttingen 1965: 31–46 [beide Texte sind aufgenommen in: GA6]; Schelsky 1959, S. 125 f.

34 Vgl. zu Gehlens und Schelskys „Post-Graduate"-Studium auf eigene Faust: Schelsky, H., Erfahrungen mit vier Generationen der deutschen Universität. In: Ders. 1981, S. 160–177, hier: S. 166 sowie Ders., Soziologie – wie ich sie verstand und verstehe. In: ebd., S. 70–108, hier S. 78; vgl. als Resultate: Gehlen 1986a und Schelsky 1955b.

35 Gehlen 1957, S. 23ff. Er hat den Zusammenhang der neuen Denkformen mit den künstlerischen Innovationen des Kubismus und der modernen „peinture conceptuelle" ausgearbeitet in: Ders. 1986b; vgl. dazu Rehberg, K.-S., „Denkende Malerei" und konstruktivistische Moderne. Arnold Gehlens ambivalente Kunstsoziologie. In: G. Breuer Hrsg., Die Zähmung der Avantgarde. Zur Rezeption der Moderne in den 50er Jahren. Basel/Frankfurt a. M. 1997, S. 73–99.

36 Gehlen 1986a; vgl. dazu Rehberg, K.-S., Eine Grundlagentheorie der Institutionen: Arnold Gehlen. Mit systematischen Schlußfolgerungen für eine kritische Institutionentheorie. In: G. Göhler/K. Lenk/R. Schmalz-Bruns Hrsg., Die Rationalität politischer Institutionen. Interdisziplinäre Perspektiven. Wiesbaden 1990, S. 115–144.

37 Fukuyama, F., Das Ende der Geschichte. München 1992; vgl. zu dieser Denkfigur: Niethammer, L., Posthistoire. Ist die Geschichte zu Ende? Reinbek 1989 sowie Rehberg, K.-S., Ein postmodernes Ende der Geschichte? Anmerkungen zum Verhältnis zweier Diskurse. In: M. Th. Greven/P. Kühler/M. Schmitz Hrsg., Politikwissenschaft als Kritische Theorie. Festschrift für Kurt Lenk. Wiesbaden 1994, S. 257–285.

38 Gehlen, A., Über kulturelle Kristallisation. In: Ders. 1971, S. 311–328, hier: S. 321, vgl. auch das von Piet Tommissen erstmals publizierte Gehlen-Manuskript „Post-Histoire". In: Klages/Quaritsch 1994, S. 885–895; zur These vom „Ende" grundlegender künstlerischer Innovationen vgl. auch Anm. 35.

39 Die wichtigste Arbeit zu Schelskys Leben und Werk ist Schäfer 1999; vgl. Ders., Soziologe und Intellektueller. Über Helmut Schelsky. In: Blätter für deutsche und internationale Politik (1994), S. 755–765 sowie Ders., Soziologie als politische Tatphilosophie. In: Das Argument 39 (1997), S. 645–665.

40 Deren Gründung wurde 1940 durch einen Erlaß Hitlers beschlossen, scheiterte schließlich aber an den Konkurrenzen der beteiligten Parteistellen.

41 Nach mündlicher Auskunft von Gerhard Schäfer; vgl. Ders.,1999.

42 Vgl. Schelsky, H., Abschied von der Hochschulpolitik oder Die Universität im Fadenkreuz des Versagens. Bielefeld 1969.

43 Vgl. z. B. Schelsky, H., Arbeitslosigkeit und Berufsnot der Jugend. 2 Bde. Köln 1952.

44 Schelsky, H., Über die Stabilität von Institutionen, besonders Verfassungen. Kulturanthropologische Gedanken zu einem rechtssoziologischen Thema [zuerst 1949]. In: Ders. 1965, S. 33–55 sowie Ders: Zur soziologischen Theorie der Institution [zuerst 1970]. In: Ders. 1980, S. 215–231; vgl. auch Ders. Hrsg., Die Theorie der Institution. Düsseldorf 1970.

45 Malinowski, B., Eine wissenschaftliche Theorie der Kultur [engl. zuerst 1944]. Frankfurt a.M. 1975.

46 Vgl. Schelsky, H., Über die Stabilität von Institutionen, besonders Verfassungen. Kulturanthropologische Gedanken zu einem rechtssoziologischen Thema [zuerst 1949]. In: Ders. 1965, S. 33–55 sowie Ders., Zur soziologischen Theorie der Institution [Anm. 44].

47 Schelsky sagte mir in einem Gespräch am 9.3.1983, daß Gehlen nichts vom Recht verstanden habe und deswegen eine zu starre Institutionentheorie entwickelt hätte; vgl. auch: Schelsky, H., Ist Dauerreflexion institutionalisierbar? Zum Thema einer modernen Religionssoziologie [zuerst 1957]. In: Ders. 1965, S. 250–275.

48 Unter anderen waren Otto Neuloh, Wilhelm Brepohl, Carl Jantke, Gunter Ipsen, Hans Linde und Elisabeth Pfeil dort beschäftigt; es entstanden wichtige Studien, am meisten beachtet die Arbeit: Popitz, H., H. P. Barth, E. A. Jüres und H. Kesting, Das Gesellschaftsbild des Arbeiters. Soziologische Untersuchungen in der Hüttenindustrie. Tübingen 1957. Die Sozialforschungsstelle Dortmund eröffnete vielen Leipzigern und NS-belasteten Soziologen erneute akademische Arbeitsmöglichkeiten. Vgl. auch Neuloh, O., Sozialforschung aus gesellschaftlicher Verantwortung. Entstehungs- und Leistungsgeschichte der Sozialforschungsstelle Dortmund. Opladen 1983 sowie Weyer, J., Westdeutsche Soziologie 1945–1960. Deutsche Kontinuitäten und amerikanischer Einfluß. Berlin 1984, bes. S. 207–306 und 427 ff.

49 Vgl. ebd., Weyer, J., Der Bürgerkrieg in der Soziologie. Die westdeutsche Soziologie zwischen Amerikanisierung und Restauration. In: S. Papcke Hrsg., Ordnung und Theorie. Darmstadt 1986, S. 280–304.

50 König, R., Einleitung. In: Das Fischer Lexikon: Soziologie. Frankfurt a.M. 1958, S. 7.

51 Ebd., S. 14.

52 Schelsky 1959, S. 37; vgl. dazu die Kritiken: König, R., Vom vermeintlichen Ende der deutschen Soziologie vor der Machtergreifung des Nationalsozialismus [zuerst 1984]. In: Ders., Soziologie in Deutschland. Begründer, Verfechter, Verächter. München 1987, S. 343–387, 479–488 sowie Ders., Kontinuität oder Unterbrechung. Ein neuer Blick auf ein altes Problem. In: ebd., S. 388–440 u. 489–495.

53 Schelsky 1975 u. 1981b; vgl. als Überblicksdarstellung anti-soziologischer Argumente: Rehberg, K.-S., Deutungswissen der Moderne oder „administrative Hilfswissenschaft"? Konservative Schwierigkeiten mit der Soziologie. In: Papcke, Ordnung [Anm. 49], S. 7–47.

54 Gehlen, A., Die Chancen der Intellektuellen in der Industriegesellschaft [zuerst 1970]. In: GA7, S. 267–278, hier: S. 276; vgl. Ders. 1986, bes. Kap. 10–12.

55 Schelsky: Hobbes 1981 [zuerst 1939/42] S. 429 f.

56 Vgl. Schelsky 1975, 333 ff.; zu Böll bes. S. 342–363 sowie Ders., Die Hoffnung Blochs. Kritik der marxistischen Existenzphilosophie eines Jugendbewegten. Stuttgart 1969.

57 Vgl. zu völkischen und konservativen Motiven in Freyers Werk auch: Lenk, K., G. Meuter und H. Otten, Vordenker der neuen Rechten. Frankfurt a.M./New York 1997, bes. S. 59–82.

58 Brief Gehlens an Nicolai Hartmann vom 28. 91941; der Ausdruck bezieht
   sich auf Pareto, V., Trattato di sociologia generale [ital. zuerst 1916].
   4 Bde. Torino 1988.
59 Vgl. zu einem kritisch an Gehlen anschließenden institutionentheoretischen
   Neuansatz: Rehberg, Grundlagentheorie [Anm. 36]; Ders., Institutionen als
   symbolische Ordnungen. Leitfragen zur Theorie und Analyse institutioneller Mechanismen (TAIM). In: G. Göhler Hrsg., Die Eigenart der Institutionen. Zum Profil politischer Institutionentheorie. Baden-Baden 1994,
   S. 47–84 sowie Ders., Die stabilisierende „Fiktionalität" von Präsenz und
   Dauer. Institutionelle Analyse und historische Forschung. In: B. Jussen/R.
   Blänkner Hrsg., Ereignis und Institutionen. Göttingen 1998, S. 381–407.
60 Vgl. Rehberg, K.-S., Utopien der Stagnation. „Postmoderne" und „post-
   histoire" als kulturkritische Zeitdiagnosen. In: W. Zapf Hrsg., Die Modernisierung moderner Gesellschaften. Verhandlungen des 25. Deutschen So-
   ziologentages in Frankfurt am Main 1990. Frankfurt a. M./New York 1991,
   S. 212–227.
61 Vgl. Baier, H., Die Geburt der Systeme aus dem Geist der Institutionen.
   Arnold Gehlen und Niklas Luhmann in der Genealogie der „Leipziger
   Schule". In: Klages/Quaritsch 1994, S. 69–74 (Aussprache, S. 75–88).

Joachim Stark

Raymond Aron
(1905–1983)

1. Einleitung

In Raymond Arons Werk spiegeln sich, wohl wie bei kaum einem anderen Soziologen des Zwanzigsten Jahrhunderts, die großen philosophischen und soziologischen, aber auch politischen Debatten jener Epoche, die in Europa mit dem Ende des Ersten Weltkrieges beginnt und die erst 1989 mit dem Zusammenbruch der sozialistischen Gesellschaftsordnungen in Mittel- und Osteuropa zum Abschluß gekommen ist. Dieser Zeitabschnitt ist gekennzeichnet durch eine historisch bislang nicht gekannte Entfaltung von Wissenschaft und Technik und deren Anwendung in der industriellen Produktion, die ihrerseits die Sozialstruktur grundlegend verändert und einem ständigen Wandel unterwirft. Damit wurden die Fragen der politischen und sozialen Gleichheit bzw. Ungleichheit sowie das Problem der Legitimität der sozialen und politischen Ordnung neu aufgeworfen. Miteinander konkurrierende markt- und planwirtschaftliche Ideologien gaben, gestützt auf verschiedene Visionen vom Verlauf der Geschichte, unterschiedliche Antworten auf diese Fragen.

Welche Rolle spielen Philosophie und Soziologie inmitten dieses neuen und noch längst nicht abgeschlossenen Experiments der Menschheitsgeschichte? Welche Aufgabe hat die Soziologie in diesem Gewirr kaum noch zu überschauender ökonomischer, sozialer, kultureller und politischer Kräfte? Soll sie versuchen, die Gesellschaft zu befrieden, soll sie die Gesellschaft verändern bzw. reformieren und wenn ja, in welche Richtung? Woher soll die Wissenschaft von der Gesellschaft ihre Kategorien und ihre Untersuchungsgegenstände nehmen? Und welche ihrer Erkenntnisse können mit dem Anspruch auf Relevanz, vielleicht sogar Wahrheit auftreten?

Diese Probleme trieben Aron seit den 30er Jahren um. Eine abschließende Antwort auf die Frage, was die Soziologie tun soll, mochte er nicht geben. Gleichgültig jedoch, ob sie empirischstatistisch oder eher an generellen Aussagen interessiert war, die Soziologie konnte für Aron nicht umhin, immer zugleich „Wissen, Bewußtsein und Gewissen der Gesellschaft" zu sein.[1] Dazu gehörte für ihn natürlich auch das, was seit Pierre Bourdieu, zu Beginn der 60er Jahre Arons Assistent an der *Sorbonne*, die „Soziologie der Soziologie"[2] genannt wird, die permanente Selbstreflexion der Soziologie und jener, die sie betreiben.

Arons soziologisches Werk im engeren Sinne ist eng verwoben mit seinen Forschungen zur Theorie der Erkenntnis in den Geschichts- und Sozialwissenschaften, ferner mit seinen Untersuchungen zur Internationalen Politik, nicht zuletzt auch mit seiner Tätigkeit als Kolumnist bzw. Leitartikler für Pariser Tageszeitungen wie den *Figaro*[3], bzw. Nachrichtenmagazine wie *L'Express*. In monographischer Form liegen Arons soziologische Untersuchungen in dem dreibändigen Werk über die politische Soziologie der Industriegesellschaft vor, das auf der Grundlage von 1955 bis 1958 gehaltenen Vorlesungen an der *Sorbonne* entstand, sowie in den ebenfalls aus *Sorbonne*-Vorlesungen hervorgegangenen *Hauptströmungen des soziologischen Denkens* (1967), die sich sowohl in Frankreich als auch in Deutschland zu einem „Klassiker" der soziologischen Ideengeschichte entwickelt haben. Ansonsten besteht ein großer Teil des soziologischen Werks aus verstreuten Aufsätzen, die erst ansatzweise in Buchausgaben gesammelt sind.[4]

Arons soziologisches Werk läßt sich chronologisch in vier Abschnitte einteilen:

1) 1930 bis 1944: die Auseinandersetzung mit der deutschen Soziologie des ersten Drittels des 20. Jahrhunderts, vornehmlich mit Max Weber und Georg Simmel, aber auch mit den an der Objektivität der Geschichtswissenschaften interessierten Autoren Wilhelm Dilthey und Heinrich Rickert; parallel dazu die Auseinandersetzung mit den sozialen Ursachen des Aufstiegs des Nationalsozialismus; ab 1937 Rezeption und Anwendung von Paretos Elitentheorie.

2) 1944 bis 1955: Analysen zur Struktur der französischen Gesellschaft und zur Reform des Bildungswesens; verstärkte Auseinandersetzung mit der marxistischen Soziologie; vor dem Hintergrund des Kalten Krieges konzentriert sich Aron zunehmend auf Fragen der Internationalen Politik.

3) 1955 bis 1967: Professur für Soziologie an der *Sorbonne*. In dieser Zeit entstehen u.a. die Studien über die Industriegesellschaft und die *Hauptströmungen des soziologischen Denkens*. Auch Arons großes systematisches Werk über die Internationale Politik, das 1962 erschienene *Paix et guerre entre les nations*, enthält einen umfangreichen Abschnitt über die Soziologie der Internationalen Beziehungen. Als Abschluß dieser Phase kann die 1969 veröffentlichte, geschichtsphilosophisch-universalgeschichtlich orientierte Untersuchung über *Les désillusions du progrès* angesehen werden, die den Untertitel trägt: *Essai sur la dialectique de la modernité*.

4) Im letzten Abschnitt, 1970–1983, liegt Arons Arbeitsschwerpunkt auf der Internationalen Politik, vor allem dem Ost-West-Gegensatz. In diesen Kontext gehört auch die zweibändige Clausewitz-Monographie.[5] Soziologisch bedeutsam sind die Antrittsvorlesung am *Collège de France* (1970) und die 1973 veröffentlichte Analyse der erkenntnistheoretisch und soziologisch relevanten Betrachtungen in Jean-Paul Sartres *Critique de la raison dialectique*.[6] Aber auch Arons Lebenserinnerungen, die wenige Wochen vor seinem Tod im Jahre 1983 veröffentlicht wurden, sind letztlich als soziologisches Werk zu lesen:[7] Aron reflektiert seine familiale, schulische und berufliche Sozialisation sowie die biographischen Zufälle und historischen Konstellationen, denen er ausgesetzt war und die mit darüber entschieden, daß sein Leben nicht auf die akademische Soziologie und Philosophie beschränkt blieb, sondern vielmehr zwischen Wissenschaft und öffentlichem Leben bzw. Politik oszillierte.

Aron war am 14. März 1905, als jüngster von drei Brüdern in eine bürgerliche Pariser Familie hineingeboren worden. Der Vater war Rechtsprofessor an verschiedenen Fachhochschulen für Lehrerbildung. Das in Aktien angelegte Familienvermögen ging 1929 während des Börsenkrachs verloren, so daß Aron zeit seines Lebens allein von seinen Einkünften als Universitätsbediensteter bzw. Buchautor und Leitartikler lebte. Daß sein Elternhaus jüdisch war, war für den jungen Aron bedeutungslos. Die Familie war „assimiliert": Ihre ethnische bzw. nationale Identität definierte sich allein über die französische Nation und deren republikanische Verfassung.[8]

2. Aron und die deutsche Soziologie

Arons Sonderstellung in der französischen Soziologie, seine Absage an die Durkheim-Tradition, aber auch an die *Annales*-Schule bei den Historikern, geht zweifellos auf seinen Deutschlandaufenthalt in den Jahren 1930 bis 1933 zurück. Aron, der 1928 sein Philosophiestudium an der *École Normale Supérieure* (ENS) mit dem ersten Platz im *concours d'agrégation* abgeschlossen hatte, studierte in Köln und Berlin intensiv die deutschen Philosophen und Soziologen des ersten Drittels des 20. Jahrhunderts. Neben dem Werk Max Webers, Georg Simmels und Karl Mannheims standen auch Edmund Husserl und Alfred Schütz im Zentrum seines Interesses. Der junge Aron, der sich an der *École Normale* ausführlich mit Kants „Kritiken" befaßt hatte und während der 20er Jahre politisch mit den französischen Sozialisten und dem Pazifismus Alains (Émile Chartier) sympathisierte, widmete sich zudem einem detaillierten Studium von Marx' *Kapital*. Insgesamt läßt sich sagen, daß er in Deutschland intellektuell all das nachholte, was an der *École Normale* der 20er Jahre nicht gelehrt wurde. Der Deutschlandaufenthalt Arons trug nach dem Zweiten Weltkrieg insofern Früchte, als Aron die Soziologie Max Webers in die französischen Sozialwissenschaften einführte. Allerdings blieb Aron lange Zeit in Frankreich der einzige Vertreter einer historisch-verstehenden Soziologie.

Erstes wissenschaftliches Resultat von Arons Deutschlandaufenthalt war das 1935 erschienene, in drei Kapitel gegliederte Buch über die *Deutsche Soziologie der Gegenwart*. Aron hatte es als Mitarbeiter des von dem Soziologen und Direktor der *ENS*, Célestin Bouglé, geleiteten *Centre pour la Documentation sociale* an der *ENS* verfaßt.[9] Etwa die Hälfte der darin vorgestellten Soziologen gelten auch an der Wende vom 20. zum 21. Jahrhundert noch als „Klassiker der Soziologie": Georg Simmel, Ferdinand Tönnies, Karl Mannheim und natürlich Max Weber. Der „Probe auf Zeit" als einem der Kriterien für den „Klassiker-Status" (Dirk Kaesler) hätten demnach in der Rückschau die anderen von Aron behandelten Autoren: Leopold von Wiese, Adolf Vierkandt, Othmar Spann, Franz Oppenheimer und Alfred Weber nicht genügt. Indirekt, über Mannheim und Weber, ist auch Karl Marx und die marxistische Soziologie in Arons Darstellung präsent. Marx als einem der Begründer der Soziologie sollte Aron erst in den *Étapes* ein großes Kapitel widmen. In der *Deutschen Soziologie der Gegenwart* hingegen war Max Weber für Aron der wichtigste Autor. Von ihm handelt das ganze dritte Kapitel und damit 40 Prozent des Gesamttextes. Allein bei Max Weber fand Aron das begriffliche und methodische Instrumentarium, mit dem sowohl das alltägliche Handeln der Menschen als Subjekte und Objekte sozialer, ökonomischer und politischer Prozesse, als auch universalgeschichtliche Entwicklungen, z. B. die Rationalisierung der Welt, analysiert werden konnten. Der frühe Aron sah in Weber nicht nur den Soziologen, sondern auch einen Wahlverwandten, der vor und nach dem Ersten Weltkrieg die für Deutschland drohenden Katastrophen analysierte, so wie Aron 1935 bereits die vom nationalsozialistischen Deutschland für Frankreich drohenden Gefahren heraufziehen sah. Weber war für Aron nicht nur ein deutscher Soziologe, sondern vielmehr ein Mensch des 20. Jahrhunderts, der mit seinen Befürchtungen, daß das Individuum im bürokratischen Apparat verschwinde, daß die Freiheit von der rationalisierten Ökonomie und die Person vom Regime der Massen verschlungen werde, eine Etappe des europäischen Bewußtseins markierte.[10]

Parallel zur Erforschung der erkenntnistheoretischen Grundlagen der Wissenschaften vom Menschen und der Gesellschaft sah sich Aron mehr oder weniger widerstrebend zu einer eminent praktischen soziologischen Tätigkeit gezwungen, nämlich der soziologischen Untersuchung des nationalsozialistischen Deutschlands. In Beiträgen für kleinere in Paris erscheinende Zeitschriften, aber auch in philosophisch-politischen Diskussionszirkeln in Paris analysierte er zwischen 1930 und 1933 die politische, soziale und ökonomische Krise Deutschlands.[11] 1934 erläuterte er in einem Vortrag an der *ENS* seine Untersuchungen zu den Motiven von Deutschen der verschiedensten sozialen Schichten, den Nationalsozialismus zu unterstützen bzw. ihm zumindest keinen Widerstand entgegenzusetzen. Aron versuchte dabei, so konkret wie möglich den subjektiven Sinn zu erfassen, den die Akteure, die politischen und ökonomischen Eliten und die verschiedenen Bevölkerungsgruppen ihrem sozialen Handeln gaben. Im übrigen wollte er der französischen Leserschaft deutlich machen, daß die nationalsozialistische Revolution, entgegen den Erfahrungen mit den Revolutionen in Frankreich im 18. und 19. Jahrhundert, nicht vom Volk (*peuple*) bzw. vom Proletariat, sondern von einer gewalttätigen Elite ausging, die ihrerseits von einer politisch verantwortungslosen, in traditionalen, antidemokratischen Denkmustern verhafteten Politikerschicht an die Macht gebracht worden war.[12]

Vor diesem Hintergrund schien Aron die von französischen kommunistischen Intellektuellen vertretene marxistische These nicht anwendbar, der zufolge das Großkapital aus Furcht vor dem Sozialismus Hitler zur Macht verholfen habe.[13] Aron hielt vielmehr Paretos Theorie von der Zirkulation der Eliten für zutreffend, dies um so mehr, als die italienischen Faschisten sich u.a. auf Pareto beriefen. In seiner 1937 in der *Zeitschrift für Sozialforschung* erschienenen Pareto-Analyse kommt Aron zu dem Schluß, daß der Autor des *Traité de sociologie générale* einer der ersten gewesen sei, der ausgehend von einer Psychologie des Unbewußten die Möglichkeiten der politischen Propaganda herausgearbeitet habe.[14] Andererseits kritisiert Aron Pareto als großen Vereinfacher, als Vertreter des Sozialdarwinismus und Verächter der Demokratie, der die politischen Regime allein nach dem psychischen Habitus der herrschenden Elite unterscheidet und dabei andere, die Natur der politischen Regime entscheidend beeinflussende Kriterien – Bindung an Gesetze, Periodizität der Amtsausübung, Kontrolle durch die Öffentlichkeit etc. – außer acht läßt. Aber bei aller Kritik an Pareto ist doch die Rolle der Eliten in der Demokratie für Aron immer ein wichtiges soziologisches Thema gewesen, das er in seiner Soziologie der Industriegesellschaft, aber auch in seinen *Hauptströmungen des soziologischen Denkens* wieder aufgegriffen hat.

3. Die Grundlagen der sozialwissenschaftlichen Erkenntnis

Die Deutsche Soziologie der Gegenwart war gewissermaßen eine Vorstudie zu Arons großem Projekt einer Grundlegung der sozialwissenschaftlichen und historischen Erkenntnis, die er 1938 in zwei Untersuchungen vorlegte: *Introduction à la philosophie de l'histoire* und *La philosophie critique de l'histoire*.[15] Der Untertitel der *Introduction: Essai sur les limites de l'objectivité historique*, deutet auf eine Frage in der Tradition Kants hin. Aron fragt hier ausgehend von Rickert, Simmel, Dilthey und Weber, und damit die Unterscheidung zwischen Natur- und Sozialwissenschaften aufgreifend: Ist eine allgemeingültige Geschichtswissenschaft bzw. Wissenschaft vom Menschen möglich? Und wenn ja, in welchen Grenzen ist sie möglich?

In der *Introduction* entwickelt Aron eine bis dahin in der französischen Soziologie abgelehnte (Durkheim), wenn nicht gar unbekannte Theorie des Verstehens.[16] Der Verstehensprozeß wird bei ihm rekonstruiert unter Rückgriff auf Edmund Husserls Phänomenologie und Alfred Schütz' *Der sinnhafte Aufbau der sozialen Welt* (1932). Ausgehend von der *connaissance de soi*, der „Selbsterkenntnis", rekonstruiert Aron den Wahrnehmungsprozeß, den ein Individuum von seiner eigenen Existenz hat, und die damit eng zusammenhängende Konstitution von Sinn, der einem Erleben bzw. einem Handeln zugemessen wird. Wenn wir schon die Motive des eigenen Handelns bzw. einer Entscheidung vor und nach dem Akt unterschiedlich tönen und rekonstruieren, mit welchen Unsicherheiten sind dann erst unsere Deutungen der Motive fremder Handlungen behaftet? Alfred Schütz hatte das in der Unterscheidung von Um-zu- und Weil-Motiv ausgedrückt. Im Anschluß an Schütz sah Aron mithin im Verstehensprozeß selbst unüberwindliche „Grenzen objektiver Erkenntnis".

Der Objektivität soziologischer Erkenntnis sind nicht nur durch den Verstehensprozeß Grenzen gezogen. Auch die Herstellung kausaler Beziehungen kann nicht mit dem Anspruch auf Allgemeingültigkeit auftreten. So hält Aron in seiner Auseinandersetzung mit Durkheims *Règles de la méthode sociologique* Durkheim die Ausblendung der historischen Ursachen von sozialen Prozessen, letztlich die Trennung von Soziologie und Geschichte vor. Ferner sei bei Durkheim die Herausarbeitung von sozialen Ursachen für soziale Phänomene unzureichend bzw. willkürlich. Die zunehmende Arbeitsteilung erkläre sich nicht ausschließlich aus der wachsenden sozialen Dichte. Die Entwicklung der Technik oder auch das Wirtschaftssystem seien mindestens ebensolche „primäre" Faktoren.[17] Sowohl in der Theorie als auch in seiner Praxis meine Durkheim alle sozialen Phänomene aus der Gesellschaft unter Vernachlässigung subjektiver Motive bzw. „psychologischer" Ansätze ableiten zu können. Vereinfacht ausgedrückt: Wenn die Gesellschaft anomisch ist, dann nimmt auch die Häufigkeit der Selbstmorde zu.

Bei Max Weber hingegen, und diese Position macht sich Aron zu eigen, bestimmt die Fragestellung des Soziologen das Interesse an bestimmten Problemen, z. B.: Wie schlägt sich die Ökonomie im Recht nieder? Welche Auswirkungen haben die Religionen auf die Wirtschaft? Wie wirken sich politische Verfassungen auf die Wirtschaft aus? Und die Antworten, die Weber gibt, haben nie den Charakter einer kausalen Notwendigkeit: Der Protestantismus begünstigt die Entwicklung des Kapitalismus, der Kapitalismus wiederum begünstigt die Rationalisierung des Rechts, es handelt sich aber nie um notwendige, sondern nur um „kausal-" und „sinnadäquate" Beziehungen.

In der *Introduction* geht es Aron letztlich um die Frage nach dem menschlichen Handeln zwischen der Offenheit der Geschichte bzw. dem Moment des Zufalls einerseits und den soziologisch-ökonomischen „Zwängen" andererseits: Ist der *homme de l'action*, der Mann der Tat, nur Handlanger unausweichlicher historischer Gesetze, hatte Marx mit seiner den Untergang des Kapitalismus prophezeienden Geschichtsphilosophie recht? Oder besitzt der Handelnde, der Politiker gewisse Freiheitsgrade in seinen Entscheidungen? Der bewußt und luzide Handelnde sieht, so Aron 1937/38, immer die Einzigartigkeit der historischen Situation und die soziologischen und ökonomischen Kräfte, die gleichzeitig in eine bestimmte Richtung drängen. Die *Introduction* wurde im Angesicht des heraufziehenden Krieges geschrieben – der Spanische Bürgerkrieg tobte bereits –, mit dem das nationalsozialistische Deutschland Europa überziehen sollte. Sie ist deshalb nicht nur ein rein erkenntnistheoretisches Werk, sondern eines, das zwischen den Zeilen auch an die Demokratien Westeuropas appellierte, das Notwendige zur Eindämmung der Gefahr zu tun, die von der östlichen Seite des Rheins drohte. Weder der Nationalsozialismus noch der Stalinismus waren für Aron historische Kräfte, denen notwendig die Zukunft gehörte, unter der Voraussetzung freilich, daß die Demokratien genügend Energie aufbrächten, sich entschlossen zur Wehr zu setzen.

4. Ideologie- und Gesellschaftskritik

Der Widerstand der Demokratien kam jedoch mit großer Verspätung.[18] Nach der Kapitulation Frankreichs im Juni 1940 ging Aron nach London ins Exil, nicht zuletzt, um sich als Franzose jüdischer Abstammung vor dem Zugriff des Vichy-Regimes und der Nationalsozialisten in Sicherheit zu bringen. Er schloß sich de Gaulle an, um den Kampf gegen das nationalsozialistische Deutschland fortzusetzen. Von Herbst 1940 bis zu seiner Rückkehr nach Paris im September 1944 war er als Redakteur und Autor für die in London erscheinende Monatszeitschrift *La France libre* tätig. Unter den mehreren Dutzend philosophisch-soziologischen Aufsätzen sowie zahlreichen Analysen zur politischen und sozialen Lage im besetzten Frankreich – die übrigens auch von Arons intellektueller Unabhängigkeit in bezug auf de Gaulle zeugen – sind zwei Artikel aus dem Jahre 1944 hervorzuheben, in denen sich Aron mit den Ideologien des Zwanzigsten Jahrhunderts auseinandersetzt und für sie den Begriff der „säkularen Religion" (*religion séculière*) prägt.[19] Die gegen die traditionellen Heilsreligionen gerichteten faschistischen und marxistischen Ideologien setzen dem menschlichen Handeln ein oberstes Ziel, das sich allerdings nicht mehr in einem gottgefälligen Leben konkretisiert, sondern in Zielen, die in dieser Welt zu verwirklichen sind, etwa in der Weltherrschaft des deutschen Volkes bzw. der arischen Rasse oder in der Verwirklichung der klassenlosen, wahrhaft humanen, weil von Ausbeutung freien Gesellschaft im Horizont der menschlichen Geschichte. Diese ideologiekritischen Betrachtungen enthalten *in nuce* bereits Arons *Opium des intellectuels* aus dem Jahre 1955.[20] Diese Soziologie der Linksintellektuellen sollte Aron in den 50er und 60er Jahren berühmt machen, verschaffte ihm aber auch, zu Unrecht, in Frankreich und Deutschland den Ruf, ein „Rechter" zu sein, zumal nach seinen kritisch-ablehnenden Stellungnahmen zum „Mai 1968" in *La révolution introuvable*[21], die auch ein tiefgreifendes Zerwürfnis mit Pierre Bourdieu zur Folge hatten.[22]

Neben der Ideologiekritik befaßte sich Aron in seinen Londoner Jahren, aber auch nach seiner Rückkehr nach Paris, mit der Reform der französischen Gesellschaft, insbesondere der politischen und intellektuellen Eliten, die angesichts der Bedrohung durch den Nationalsozialismus in seinen Augen eklatant versagt hatten. So tritt Aron 1943 in zwei Aufsätzen für eine Verbesserung der wirtschaftswissenschaftlichen und soziologischen Ausbildung jener Beamten und Führungskräfte ein, die im Staatsdienst und in der Industrie die französische Wirtschaft nach dem Krieg für den internationalen Wettbewerb konkurrenzfähig machen sollten.[23] Die Errichtung der *École Nationale d'Administration (ENA)* im Jahre 1945 durch die provisorische Regierung entsprach also Arons Vorstellungen, auch hielt er selbst dort Vorlesungen.[24]

„Infiziert vom Virus der Politik", hatte Aron es nach seiner Rückkehr aus London abgelehnt, die ihm vor dem Kriegsausbruch angebotenen Soziologie-Professuren in Toulouse bzw. Bordeaux anzunehmen. Er zog es vor, 1946 als Leitartikler beim von Albert Camus geleiteten *Combat*, ab 1947 dann beim *Figaro* Einfluß auf die öffentliche Meinung zu nehmen. 1948 machte Aron erstmals den Versuch, einen Soziologie-Lehrstuhl an der *Sorbonne* zu erhalten, scheiterte jedoch am Widerstand des akademischen Establishments, das die Tätigkeit eines Journalisten mit der eines Universitätsprofessors für unvereinbar hielt. Anstelle Arons erhielt der Durkheimianer Georges Gurvitch den Ruf.[25] Die Inbesitznahme der Soziologie an den Universitäten durch Angehörige der Durkheim-Schule sowie einige Professoren, die dem *Parti Communiste Français (PCF)* nahestanden, erwies sich auch im Jahre 1955 als fast unüberwindliche Barriere, als sich Aron erneut bewarb. Georges Gurvitch hatte einen seiner Schüler, den jungen Georges Balandier, als Gegenkandidaten ins Rennen geschickt. Mit einer Stimme Mehrheit – der Althistoriker Henri-Irenée Marrou hatte sich für den Autor der *Introduction à la philosophie de l'histoire* in die Bresche geworfen – wurde schließlich Aron zum Nachfolger von Georges Davy gewählt.[26]

Die zwölf Jahre an der *Sorbonne* – Aron blieb bis Dezember 1967 dort Lehrstuhlinhaber – gehören in wissenschaftlicher Hinsicht sicher zu den produktivsten. In den ersten drei Jahren erarbeitete Aron die vergleichende politische Soziologie der Industriegesellschaft. Die Idee dazu hatte er schon Ende der 30er Jahre gefaßt und 1949 in einem Vortrag an der *London School of Economics and Political Science* erstmals ausgeführt. Arons Ziel war eine Theorie der „modernen" Gesellschaft, so wie sie sich nach der Mitte des 20. Jahrhunderts darstellte, und zwar ausgehend von den jeweiligen Defiziten in den Analysen von Pareto und Marx: Während Pareto jene sozialen Wirklichkeiten vernachlässigte, die man als soziale Klassen bezeichnet, vernachlässigten Marx und seine Schüler die Tatsache der Eliten.[27] Gibt es in der Industriegesellschaft der zweiten Hälfte des 20. Jahrhunderts immer nur eine herrschende Elite, wie Pareto meinte, bzw. gibt es immer nur den Gegensatz zwischen herrschender und ausgebeuteter Klasse, wie Marx annahm? Und wie entwickelt sich das Verhältnis zwischen den Klassen bzw. zwischen Klassen und Eliten in einer Gesellschaft, deren Hauptmerkmale ökonomisches Wachstum, technischer Fortschritt, der wachsende Einsatz von Maschinen und die permanente Verlagerung von menschlicher Arbeitskraft fort vom Grundstoff- und Produktions- hin zum Dienstleistungssektor sind?[28]

Der Hintergrund dieser Fragestellungen war in den 40er und 50er Jahren weiterhin ideologiekritischer Natur. Aron versuchte mit diesen Untersuchungen zur Industriegesellschaft eine wissenschaftliche Nachprüfung der Frage, ob und inwieweit die Selbstbilder, die die marktwirtschaftlichen und die planwirtschaftlichen Varianten der Industriegesellschaft von sich entwarfen, mit der sozialen und politischen Wirklichkeit übereinstimmten. War es richtig, daß die sozialistischen Systeme, vor allem die Sowjetunion, die klassenlose Gesellschaft verwirklicht hatten und daß die von der sowjetischen Propaganda groß herausgestellten ökonomischen Wachstumserfolge auf die Planwirtschaft, die vorgeblich klassenlose Gesellschaft und die Führung dieser Gesellschaft durch die einzig legitime politische Kraft, die Kommunistische Partei, zurückzuführen waren? Resultiert im Gegenzug die Klassenstruktur der marktwirtschaftlichen Systeme allein aus dem Privateigentum an den Produktionsmitteln, folgt daraus unvermeidlich ökonomische Ungleichheit und politische Unfreiheit, ein Kampf der sozialen Klassen sowie ein notwendig krisenhafter Verlauf des ökonomischen Prozesses, der schließlich zur Selbstzerstörung des Kapitalismus führen wird?

Diesen Thesen der sich auf Marx berufenden Geschichtsschreibung und Soziologie hatte die nicht-marxistische Sozialwissenschaft in den 50er Jahren kein vergleichbar geschlossenes

Weltdeutungssystem entgegenzusetzen. Die geschichtsphilosophische Fundierung der „demokratischen" bzw. pluralistischen Regime stand – und steht naturgemäß – auf vergleichsweise schwankendem Boden. Die Herleitung politischer Legitimität aus individuellen Freiheitsrechten bzw. der „Würde des Menschen" ist erkenntnistheoretisch allemal schwieriger als die Berufung auf – vermeintliche – „historische Gesetze".

Diese Problematik hatte Aron erkannt, und so unterzog er sich dem insgesamt drei Jahre während Exerzitium, die Unangemessenheit des subjektiven und objektiven Klassenbegriffs in der modernen Industriegesellschaft nachzuweisen.[29] In einer wachstumsorientierten Ökonomie entwickeln sich Sektoren und Branchen unterschiedlich. Daraus resultieren je nach historischer Konstellation unterschiedliche Interessen der jeweiligen Gruppen, die mit unterschiedlicher Konfliktbereitschaft ihre Bedürfnisse artikulieren und politisch durchzusetzen suchen. Die Industriegesellschaft, gleichgültig ob plan- oder marktwirtschaftlich, ist soziologisch gesehen unvermeidlich pluralistisch, nur daß dieser soziale Pluralismus in einer sozialistischen Gesellschaft durch eine homogene, vereinheitlichte Herrschaftselite verschleiert und in seinen Äußerungen verzerrt bzw. unterdrückt wird.

Ein Hauptergebnis Arons ist ferner, daß die marktwirtschaftlich-demokratischen Systeme zwar gewisse Oligarchisierungstendenzen zeigen, im wesentlichen aber eine dem Gruppenpluralismus entsprechende Vielfalt der intellektuellen, kulturellen, wissenschaftlichen, technischen, ökonomischen, bürokratischen, militärischen und politischen Eliten herrscht. Dieses System kann zwar zu Lasten des Gemeinwohls Partikularinteressen begünstigen sowie eine gewisse Irrationalität und die Gefahr der Ineffizienz heraufbeschwören, aber solange die systembedingte soziale und ökonomische Ungleichheit nicht zu einem Legitimitätsverlust für das politische Regime führt, haben die pluralistischen Industriegesellschaften in Arons Augen eine gute Zukunftsprognose. Eine Selbstzerstörung des Kapitalismus aus rein ökonomischen Ursachen ist alles andere als unausweichlich.[30]

Aber auch die planwirtschaftlichen Systeme hielt Aron ökonomisch für durchaus überlebensfähig. Eine „Selbstzerstörung", wie sie 1989/90 in Osteuropa eintrat, hatte auch er nicht vorhergesehen. Mitte der 50er Jahre hielt er aber durch sukzessive Einführung von marktwirtschaftlichen Elementen eine Annäherung der Planwirtschaften an die westlichen Industriegesellschaften für möglich.[31] Auch bei extremer ökonomischer Irrationalität habe das Regime gute Chancen zu überdauern. Ein Regimewechsel, eine „bürgerliche" Revolution in der Sowjetunion, sei allein denkbar, so Aron 1958, wenn die herrschende, privilegierte Minderheit sich spalte. Erst dann gebe es für die Regierten eine Chance zur Revolte.[32] Die Spaltung der herrschenden Elite trat nach dem Amtsantritt Gorbatschows ab 1985 ein. Aber die Revolte fand nicht statt. Die bürgerliche Revolution wurde in Rußland von oben gemacht.

5. Arons Politische Soziologie

Aron ging es bei seiner politischen Soziologie der Industriegesellschaften letztlich um die Rechtfertigung jener Regime, die ihre Legitimität aus der Bewahrung der politischen Freiheiten herleiten.[33] Über diese normative Verwurzelung seiner Soziologie hat er nie einen Zweifel gelassen. In dieser Perspektive hielt er auch seine Vorlesungen zur Ideengeschichte der Soziologie, die in Deutschland unter dem Titel *Die Hauptströmungen des soziologischen Denkens* erschienen.[34]

In der deutschen Soziologie werden die *Hauptströmungen* gerne als ideengeschichtlicher Steinbruch zu den „Klassikern" von Comte bis Weber verwendet.[35] Das ist sicher legitim, geht aber an Arons Intentionen vorbei. Für Aron lief die Soziologie als eine Wissenschaft, die das Soziale als solches, als autonomen Bereich der gesamtgesellschaftlichen Strukturen und Prozesse untersuchen will, immer Gefahr, den Bereich des Politischen bzw. die Bedeutung der politischen Ordnung für die Gesellschaft abzuwerten oder gar ganz aus dem Blick zu verlieren. Comte, Marx und Durkheim waren, jeder auf seine Weise, Beispiele dafür.[36] Für Comte zählen in der Gesellschaft allein die Wissenschaft und die einheitsstiftende Religion, die temporale Gewalt ist demgegenüber zweitrangig.[37] Für Marx ist die politische Ordnung allein ein Instrument der Ausbeutung, das mit dem Ende der Klassenkämpfe verschwinden wird.[38] Und für Durkheim, für den die Soziologie letztlich ein Instrument zur Verbesserung der Gesellschaft war, d.h. zur Erhöhung der sozialen Kohäsion, war die Natur der politischen Ordnung durchaus nachgeordnet.[39] Auf Paretos Mißdeutung des Politischen wurde bereits hingewiesen.[40]

Für Aron trug allein Max Weber mit seiner um das soziale Handeln und dessen Motive kreisenden, verstehenden Soziologie dem Phänomen des Politischen gebührend Rechnung. Hier wird nämlich auch das am Politischen orientierte Handeln thematisiert, es wird – z.B. in „Politik als Beruf" – Größe und Tragik des politischen Handelns sichtbar.[41] Allenfalls könnte man Weber vorwerfen, so Aron, daß er die parlamentarisch-konstitutionelle Regierungsform nicht in erster Linie aus ethischen Gründen anstrebte, etwa weil sie der menschlichen Natur angemessen sei, sondern weil sie am ehesten geeignet schien, einen Politikertypus zu erzeugen, der die Geschicke einer Nation im weltweiten Kampf um Macht am besten zu lenken in der Lage war.[42]

In den *Hauptströmungen* hatte Aron stets die für ihn wichtigen Fragen nach den Erkenntnisinteressen und der normativen Fundierung der Soziologie im Blick. Soziologische Feldstudien und statistische Untersuchungen interessierten ihn nicht sonderlich, was schon Anfang der 60er Jahre zu Spannungen mit seinem Assistenten Bourdieu führte.[43] Seiner makrosoziologischen Perspektive blieb Aron – wie in den Studien zur Industriegesellschaft – auch in seiner letzten, in engerem Sinne soziologischen Monographie treu, den *Désillusions du progrès*.[44]

In dieser Untersuchung lautete Arons Hauptfrage, ob die industrielle Zivilisation, in der die Wissenschaft zur Hauptproduktivkraft geworden ist, einen anderen Menschen hervorbringen wird als den, der seit der neolithischen Revolution existiert? Wird die Industriegesellschaft die Kulturen in den verschiedenen Erdteilen soweit aneinander angleichen, daß eine Weltkultur, womöglich gar ein Weltstaat entsteht? Für Aron wirken mehrere Faktoren solch einer Homogenisierung entgegen: Ungleiche wirtschaftliche Entwicklung, Ideologien, ethnische Zugehörigkeiten, Nationalismen, Unabhängigkeitsbewegungen sowie Zufälle, die in den handelnden Personen ihren Ausgang nehmen, werden dafür sorgen, daß die Geschichte irrational und „dramatisch" bleibt. Der Mensch wird zwar die anorganische und organische Natur immer besser beherrschen, aber die soziale Natur, die *conditio humana*, wird der Kontrolle durch den Menschen entzogen bleiben.

Die Industriegesellschaft selbst wird für Aron durch die drei „Dialektiken" der Gleichheit, der Sozialisation und der Universalität in Bewegung und im Ungleichgewicht gehalten. Die Idee der Gleichheit der Menschen, zumindest aber aller Staatsbürger, ist zwar für die modernen Gesellschaften konstitutiv. Sie stößt aber in der sozialen Wirklichkeit auf die Tatsache der sozialen Schichtung, der Oligarchien und der Diskriminierungen, die z.B. von ethnischen Unterschieden ausgehen. Andererseits ist festzustellen, so Aron, daß das Bedürfnis nach Unterscheidbarkeit, nach Prestige und Status zunimmt, je mehr sich eine zumindest äußerliche Gleichheit der Lebensbedingungen ausbreitet.[45] Andererseits wird die Gleichheit durch die „Dialektik der Sozialisation" konterkariert. Zwar sind die ‚Bewußtseine' der Individuen nicht anders als sozialisiert denkbar, zugleich aber gilt das in eine Philosophie bzw. Metaphysik der Freiheit eingebettete Ideal der autonomen Persönlichkeit.

In diesem Zusammenhang von Bildung und Freiheit bzw. Emanzipationschancen des Individuums setzt sich Aron, ohne ihn namentlich zu nennen, kritisch mit Bourdieus *Les Héritiers* auseinander:[46] Die familiale Sozialisation werde für den Schulerfolg der Kinder immer mitentscheidend bleiben, es sei denn, man entziehe die Kinder vom frühesten Alter an dem elterlichen Einfluß. Das werde dann aber zur Folge haben, daß letztlich die natürlichen, genetisch bedingten Begabungsunterschiede zum Tragen kommen.[47] Andererseits ist für Aron klar: die industrielle Zivilisation kann auf kein einziges begabtes Individuum verzichten, gleichgültig aus welcher sozialen Schicht es kommt.

Hielt Aron Bourdieu vor, daß er die soziale Wirklichkeit an einem geradezu metaphysischen Gleichheitsbegriff maß, so entzündete sich der Streit mit seinem Jugendfreund Jean-Paul Sartre vor allem an dessen metaphysischem Begriff der Freiheit, der für Aron ebenfalls kaum etwas mit der sozialen Realität zu tun hatte. Schon früh, im Jahre 1946, kritisierte Aron, der 1945/46 im Herausgebergremium von Sartres *Temps modernes* gesessen und für die Zeitschrift vier Artikel geschrieben hatte, Sartres und Maurice Merleau-Pontys Meinung, die Sowjetunion sei trotz des Stalinismus letztlich die einzige Garantin einer Zukunft der Menschheit in Freiheit und Gleichheit. Außerdem seien Sartres Versuche, seinen Existentialismus mit der marxistischen Geschichtsphilosophie zu versöhnen, zum Scheitern verurteilt.[48] Zum „offiziellen" Bruch zwischen Aron und Sartre kam es 1947, als Aron sich im gaullistischen *Rassemblement du Peuple Français (RPF)* engagierte und Sartre seinerseits de Gaulle politisch in die Nähe Pétains rückte.[49] Doch auch nach diesem Zerwürfnis suchte Aron immer wieder, wenn auch vergeblich, den öffentlichen Dialog mit Sartre. Das letzte „große" Gesprächsangebot war Arons Deutung von Sartres *Critique de la raison dialectique* (1964), in der er nicht zuletzt Sartres Tendenz zur Ontologisierung der Gewalt als eine Grundbedingung menschlicher Existenz „diesseits der Revolution" kritisiert.[50]

Doch zurück zu den *Désillusions du progrès*. Daß für Aron aus dem tendenziell universalistischen Projekt der technisch-wissenschaftlichen Zivilisation so bald keine Weltgesellschaft hervorgeht, wurde bereits angedeutet. Die „Dialektik der Universalität" besteht einerseits darin, daß alle Gesellschaften und Kulturen künftig in den weltumspannenden Prozeß von Produktion und Vermarktung einbezogen sind und so eine einzige, gemeinsame Geschichte haben. Aber die Universalität von Technik und Kommunikation ist nur eine der historischen Entwicklungslinien. Heilsreligionen, Kulturen und Ideologien werden die Menschen weiterhin trennen. Ferner existiert ein anarchisches Gefüge der Macht: Viele Staaten entscheiden weiterhin souverän über ihr Rechtssystem und über Krieg und Frieden. Aron nahm Mitte der 60er Jahre sogar an, daß eine gemeinsame Wirtschaftspolitik und eine Währungsunion der europäischen Staaten eine getrennte Außenpolitik nicht ausschließen.[51]

Die Weltgeschichte blieb für ihn „dramatisch". Und innerhalb der Industriegesellschaften würde eine Mischung aus Anomie und Konformismus fortbestehen, würden Individuen und Gruppen mangels einer für alle verpflichtenden Wertordnung sich an individuellen Zielen orientieren, andere wiederum, die Mehrheit vielleicht, sich mehr oder weniger bereitwillig der Disziplin der Arbeitswelt und den Zwängen des Alltags unterordnen. Die Freiheit, das nicht-entfremdete Dasein, die Erfüllung, existieren, wenn überhaupt, dann in der Freizeit. Der technisch-wissenschaftliche Fortschritt bringt zwar mehr Wohlstand und erhöht die Chancen auf ein längeres Leben, aber die *conditio humana*, das Wählen eines Lebensentwurfes angesichts einer offenen Geschichte, verändert er nicht, lautet Arons ernüchterndes Fazit.

Die Gründerväter der Soziologie, so Aron, glaubten an den Fortschritt, wenn sie ihn auch nicht immer vorbehaltlos begrüßten: Comte glaubte an den Fortschritt der Industrie, Tocqueville an den Fortschritt der Gleichheit, Marx an den Fortschritt der Produktivkräfte, der gleichsam von selbst die Entfremdung aufheben würde, und Max Weber war von der fortschreitenden Rationalisierung der Welt überzeugt. Aron hingegen hatte kein Projekt mehr, er glaubte nur noch an eine Methode: Wieweit folgen die Gesellschaften ihren Leitideen? Wie weit verwirklicht die industrielle Zivilisation die Idee der Gleichheit, des Individuums und der Universalität? Aber es ist eine andere Hauptfrage, die Aron letztlich interessierte und die die *raison d'être* seines gesamten Schaffens ausmachte eine Frage, die aber nicht mehr die Soziologie, sondern nur die politische Philosophie beantworten kann: Wie realisieren und bewahren die Gesellschaften die politische Freiheit?

6. Wirkungsgeschichte

Aron starb am 17. Oktober 1983 in Paris. Seine soziologischen Werke wurden in zahlreiche Sprachen, u. a. ins Japanische und Arabische, übersetzt: Die *Étapes de la pensée sociologique* liegen sogar auf Persisch und in Hindi vor. Seit dem Zusammenbruch der Einpartei-Regime in Ost- und Südosteuropa sind einige Untersuchungen auch ins Polnische, Tschechische, Bulgarische, Serbische und Rumänische übertragen worden.

Für Frankreich wird man sagen können, daß Aron hier das Werk Max Webers und damit die historisch-verstehende Soziologie eingeführt hat. Zugleich wird man ihn als einflußreichsten Kritiker marxistischer, aber auch anderer ideologischer Ansätze in der Soziologie verstehen. Insofern blieb er Max Webers Forderung nach einer werturteilsfreien Soziologie treu, wußte aber gleichzeitig um die letztlich normative Fundierung einer jeden Sozialwissenschaft.[52] Deshalb hat sich Aron auch immer um eine erkenntnistheoretische Grundlegung der Soziologie bemüht, die phänomenologisch vom erkennenden Subjekt ausgeht. Alle soziologische Forschung impliziert Wertentscheidungen, die allerdings nicht beliebig sein können. Hierüber Rechenschaft abzulegen und die Reflexion auf die normativen Grundlagen des eigenen Tuns immer wieder neu aufzunehmen gehörte für Aron zu den Aufgaben und zum Handwerk der Soziologie.

Es wäre übertrieben zu sagen, daß Aron in Frankreich „schulbildend" gewirkt hat. Aber es gibt zahlreiche Publizisten und Forscher, die durch seine Schule der Kritik und Urteilskraft gegangen sind und die sich Aron verpflichtet fühlen. Zu nennen sind etwa die Philosophen Luc Ferry und Alain Renaut, die Historiker Alain Besançon und François Furet, die Soziologen Jean Baechler, Raymond Boudon, François Bourricaud, Annie Kriegel, die Politikwissenschaftler Jean-Claude Casanova, Julien Freund, Pierre Hassner und Pierre Manent. Darüber hinaus vermitteln die Jahrgänge der 1977 von Aron gegründeten Vierteljahreszeitschrift *Commentaire* einen Eindruck von der inhaltlichen und personellen Vielfalt des mit Aron verbundenen „liberalen" Universums in der französischen Sozialwissenschaft und Publizistik.

Obwohl Aron stark von der deutschen Soziologie beeinflußt war, wurde er in Deutschland praktisch nicht rezipiert. Daß hierzulande spätestens seit den 60er Jahren des 20. Jahrhunderts die Sozialwissenschaft im Zeichen der Ideale von Gleichheit und Emanzipation stand – nach der Erfahrung des Nationalsozialismus eine nur zu verständliche Reaktion – machte Aron wegen seines Festhaltens an der soziologischen Betrachtung der Eliten und seiner Akzeptanz von Eliten als einer unvermeidlichen Begleiterscheinung der modernen Industrie- bzw. Dienstleistungsgesellschaft unpopulär und verhinderte zu einem gut Teil die Rezeption seiner Arbeiten. Ein anderes Moment ist seine Kritik des Marxismus und der marxistischen Soziologie. Vertreter einer in Deutschland tendenziell als „links" verstandenen französischen Sozialwissenschaft, z.B. Sartre, Lévi-Strauss, Althusser, Foucault, Bourdieu, wurden in Deutschland sehr viel bereitwilliger übersetzt als der „liberale" Aron. Wenn die deutsche Soziologie Aron wahrnahm, so hat sie ihn vor allem als Konflikttheoretiker und als Soziologen des sozialen Wandels gelesen.[53]

Im angelsächsischen Sprachraum wurde Aron dank seines *Opium des intellectuels* hauptsächlich als Soziologe der Intellektuellen angesehen.[54] Seit den 60er Jahren wird auch seine Leistung als dem Liberalismus verpflichteter politischer Denker gewürdigt.[55] Im übrigen wurden Arons Studien zur internationalen Politik intensiv rezipiert; so sprach z.B. Henry Kissinger von Aron als „my teacher".[56]

Welche Bestandteile von Arons Werk in Zukunft einmal für bedeutend gehalten oder als interessant eingeordnet werden, muß natürlich offen bleiben. Aber es ist nicht ausgeschlossen, daß vor allem Arons Beitrag zur vergleichenden Soziologie der Industriegesellschaften des zwanzigsten Jahrhunderts als wesentlich betrachtet werden wird: Planwirtschaft und Marktwirtschaft als unterschiedliche Modelle wirtschaftlichen Wachstums, die aber beide den modernen Menschen in gleicher Weise den Imperativen der Produktion unterwerfen, ohne dabei eines der Hauptanliegen der Moderne, die soziale Gleichheit, zu verwirklichen. Um so mehr zählte für Aron die Sicherung der politischen Gleichheit. Sie allein bot die Voraussetzung dafür, daß die Verwirklichung des Projekts der sozialen Gleichheit überhaupt möglich blieb. Insofern bestätigte für Aron die vergleichende Soziologie der Industriegesellschaft den Primat des Politischen.

Schließlich kann eine künftige Soziologie von Aron ein problemorientiertes Vorgehen erlernen. Weil Aron von der existentiellen Bedeutung des Politischen überzeugt war, konnte er auch Autoren zu Rate ziehen, die sich nicht als Soziologen verstanden, aber gleichwohl soziologische Fragestellungen behandelten, z.B. Montesquieu und Tocqueville. Eine solche Vorgehensweise kann auch für eine Soziologie im 21. Jahrhundert insofern von Nutzen bleiben, als sie den Horizont soziologischer Forschung für die Universalgeschichte und Philosophie offen hält.

Literatur

1. Soziologische Hauptwerke

Aron, Raymond, 1935, La sociologie allemande contemporaine. Paris. (Dt.: Die deutsche Soziologie der Gegenwart. Stuttgart 1953, zuletzt 1969).

Aron, Raymond, 1937, La sociologie de Pareto. In: Zeitschrift für Sozialforschung VI, S. 489–521.

Aron, Raymond, 1948 (zuerst 1938), Introduction à la philosophie de l'histoire. Essai sur les limites de l'objectivité historique. Paris. (Verschiedene Neuauflagen, zuletzt 1986, annotiert von Sylvie Mesure).

Aron, Raymond, 1938, La philosophie critique de l'histoire. Essai sur la théorie de l'histoire dans l'Allemagne contemporaine. Paris. (Drei Neuauflagen, zuletzt 1987, annotiert von Sylvie Mesure).

Aron, Raymond, 1940, Chroniques de guerre. La France libre 1940–1945. Hrsg. von Christian Bachelier, 1990, Paris.

Aron, Raymond, 1950, Social Structure and the Ruling Class. In: British Journal of Sociology I, 1. Jetzt in: Aron, Raymond, 1988, Études sociologiques. Paris, S. 111–142. (Dt.: Die Gesellschaftsstruktur und die herrschende Klasse. In: Röhrich, W. Hrsg., ,Demokratische' Elitenherrschaft. Traditionsbestände eines sozialwissenschaftlichen Problems. Darmstadt 1975.)

Aron, Raymond, 1955, L'Opium des intellectuels. Paris. Neuausgabe Paris 1968 mit einer „Note pour la réédition", datiert vom September 1968. (Dt.: Opium für Intellektuelle oder die Sucht nach Weltanschauung. Köln 1957.)

Aron, Raymond, 1959, Introduction. In: Max Weber. Le savant et le politique, Paris. („Wissenschaft als Beruf" und „Politik als Beruf" in der französischen Übersetzung von Julien Freund).

Aron, Raymond, 1959 a, La société industrielle et la guerre. Paris.

Aron, Raymond, 1972 (zuerst 1960), Science et conscience de la société. In: Aron, R.: Études politiques. Paris.

Aron, Raymond, 1962, Paix et Guerre entre les nations. Paris (Dt.: Frieden und Krieg. Eine Theorie der Staatenwelt. Frankfurt a.M. 1963; zuletzt 1986).

Aron, Raymond, 1962, Dix-huit leçons sur la société industrielle. Paris. (Dt.: Die industrielle Gesellschaft. 18 Vorlesungen. Frankfurt a.M. 1964).

Aron, Raymond, 1964, La lutte de classes. Nouvelles leçons sur les sociétés industrielles. Paris.

Aron, Raymond, 1965, Démocratie et totalitarisme. Paris. (Dt.: Demokratie und Totalitarismus. Hamburg 1970).

Aron, Raymond, 1965, Max Weber und die Machtpolitik. In: Max Weber und die Politik heute. Verhandlungen des 15. Deutschen Soziologentages (Heidelberg, April 1964). Tübingen, S. 103–120.

Aron, Raymond, 1967, Les Étapes de la pensée sociologique. Paris. (Dt.: Hauptströmungen des soziologischen Denkens. Köln 1971).

Aron, Raymond, 1969, Désillusions du progrès. Essai sur la dialectique de la modernité. Paris. (Dt.: Fortschritt ohne Ende? Über die Zukunft der Industriegesellschaft. Gütersloh 1970).

Aron, Raymond, 1971, De la condition historique du sociologue. Leçon inaugurale au Collège de France prononcée le 1er décembre 1970. Paris.

Aron, Raymond, 1970, Marxismes imaginaires. D'une sainte famille à l'autre; Paris. (Dt.: Die heiligen Familien des Marxismus. Hamburg 1970).

Aron, Raymond, 1972, Études politiques. Paris. (Dt.: Zwischen Macht und Ideologie. Wien 1974).

Aron, Raymond, 1973, Histoire et dialectique de la violence. Paris.

Aron, Raymond, 1977, Plaidoyer pour l'Europe décadente. Paris. (Dt.: Plädoyer für das dekadente Europa. Berlin 1978).

Aron, Raymond, 1983, Mémoires. 50 ans de réflexion politique. Paris. (Dt.: Erkenntnis und Verantwortung. Lebenserinnerungen. München/Zürich 1985, eine stark gekürzte Fassung).

Aron, Raymond, 1988, Études sociologiques. Paris.

Aron, Raymond, 1989, Leçons sur l'histoire. Cours du Collège de France. Hrsg. von Sylvie Mesure. Paris. (Auf der Grundlage der Vorlesungsmanuskripte für 1972/73: De l'historisme allemand à la philosophie analytique de l'histoire; und 1973/74: L'Édification du monde historique).

Aron, Raymond, 1993, Machiavel et les tyrannies modernes. Texte établie, présenté et annoté par Rémy Freymond. Paris.

Aron, Raymond, 1993, Über Deutschland und den Nationalsozialismus. Frühe politische Schriften 1930–1939. Hrsg. von Joachim Stark. Opladen.

2. Bibliographien

Aron, Raymond, 1989, Bibliographie. Tome I: Livres et articles de revue; Tome II: Analyses d'actualité; établie par Élisabeth Dutartre. Paris.

3. Sekundärliteratur

Barilier, Étienne, 1987, Les petits camarades. Essai sur Jean-Paul Sartre et Raymond Aron. Paris.

Baverez, Nicolas, 1993, Raymond Aron. Un moraliste au temps des idéologies. Paris.

Bourdieu, Pierre/Passeron, Jean-Claude, 1981, Soziologie und Philosophie in Frankreich seit 1945: Tod und Wiederauferstehung einer Philosophie ohne Subjekt. In: Lepenies, Wolf Hrsg., Geschichte der Soziologie. Studien zur kognitiven, sozialen und historischen Identität einer Disziplin. Frankfurt a. M., Bd. 3, S. 496–551. (Zuerst in Social Research XXXIV, 1967).

Colquhoun, Robert, 1986, Raymond Aron. London. 2 Bände.

Commentaire, 1985, Raymond Aron 1905–1983. Histoire et politique. Témoignages. Hommages de l'étranger. Études. Textes. Sondernummer 28/29.

Dahrendorf, Ralf, 1990, The Modern Social Conflict. An Essay on the Politics of Liberty. Berkeley, CA, S. 93–117.

Sirinelli, Jean-François, 1988, Génération intellectuelle. Khâgneux et Normaliens dans l'entre-deux-guerres. Paris.

Sirinelli, Jean-François, 1995, Deux intellectuels dans le siècle, Sartre et Aron. Paris.

Stark, Joachim, 1986, Das unvollendete Abenteuer. Geschichte, Gesellschaft und Politik im Werk Raymond Arons. Würzburg.

Stark, Joachim, 1992, Raymond Aron. Schriften aus den Jahren 1940–1983. In: Politische Vierteljahresschrift. 33,2, S. 297–306.

Stark, Joachim, 1993, Raymond Aron: Über Deutschland und den Nationalsozialismus. Opladen, S. 7–23.

Stark, Joachim, 1997, Raymond Aron und der Gestaltwandel des Totalitarismus. In: Söllner, Alfons u. a. Hrsg., Totalitarismus – Eine Ideengeschichte des 20. Jahrhunderts. Berlin.

Anmerkungen

1 Aron, R., Science et conscience de la société, In: Aron, A.: Études politiques, Paris 1972. Arons Aufsatz ist zuerst 1960, im ersten Jahrgang der Archives européennes de sociologie, erschienen. Vgl. dazu Stark, Joachim,

Das unvollendete Abenteuer. Geschichte, Gesellschaft und Politik im Werk Raymond Arons, Würzburg 1986, S. 164 ff.

2 Bourdieu, Pierre, Satz und Gegensatz. Über die Verantwortung des Intellektuellen, Berlin 1989, S. 73 f.; ders., Homo academicus, Frankfurt a. M. 1988 (zuerst frz. Paris 1984).

3 Die zwischen 1947 und 1977 für den Figaro verfaßten Leitartikel und Kommentare Arons zur Internationalen Politik sind im Pariser Verlag Éditions de Fallois in einer dreibändigen Edition erschienen. tome I: La Guerre froide, 1947–1955 (1990); tome II: La Coexistence, 1955–1965 (1993); tome III: Les Crises, 1965–1977 (1998).

4 Aron, R., Études sociologiques, Paris 1988. Der Band wurde von Arons Tochter, der Soziologin Dominique Schnapper, zusammengestellt.

5 Aron, R., Penser la guerre, Clausewitz, Paris 1976 (2 Bände). Dt.: Clausewitz. Den Krieg denken, Frankfurt/Berlin/Wien 1980.

6 Aron, R., Histoire et dialectique de la violence, Paris 1973.

7 Aron, R., Mémoires. 50 ans de réflexion politique, Paris 1983.

8 Vgl. dazu Aron, R., Essais sur la condition juive contemporaine. Textes réunis et annotés par Perrine Simon-Nahum, Paris 1989.

9 Aron, R., La sociologie allemande contemporaine, Paris 1935. Unter dem Titel „Die deutsche Soziologie der Gegenwart" erschien Arons Erstlingswerk 1953 in Stuttgart bei Kröner erstmals in deutscher Sprache und wurde 1969 zuletzt neu aufgelegt.

10 Aron, La sociologie allemande contemporaine, S. 126. Noch 1968 zählen Pierre Bourdieu, Jean-Claude Chamboredon und Jean-Claude Passeron in ihrem Lehrbuch: Le metier de sociologue, Paris 1968, Arons „Sociologie allemande" in der akademischen Lehre zu den „besonders nützlichen" Titeln. Siehe die deutsche Ausgabe: Soziologie als Beruf, Berlin/New York 1991, S. 290.

11 Die Texte liegen bislang allein in deutscher Übersetzung gesammelt vor. Stark, Joachim Hrsg., Raymond Aron: Über Deutschland und den Nationalsozialismus. Frühe politische Schriften 1930–1939, Opladen 1993.

12 Aron, R., Une révolution antiprolétarienne. Idéologie et réalité du national-socialisme. In: Élie Halévy u. a. Hrsg., La crise sociale et les idéologies nationales, Paris 1936. Deutsch in: Stark, Joachim Hrsg., Raymond Aron: Über Deutschland und den Nationalsozialismus (FN 11), S. 167–185.

13 Es war bereits in den 30er Jahren offizielle, d. h. von Stalin vorgegebene Position in der Komintern, daß der Nationalsozialismus Ausdruck der „reaktionärsten Kräfte" des Kapitalismus sei. Vgl. Robrieux, Philippe, Histoire intérieure du parti communiste, tome I, Paris 1980, S. 404, 425, 429. 1939, auf einer Diskussionsveranstaltung in Paris, vertrat das PCF-Mitglied René Maublanc gegenüber Aron diese offizielle Position der Kommunistischen Partei. Vgl. Stark (FN 11), S. 239. Zu Maublanc, ähnlich wie Louis Aragon ein selbstloser Diener des PCF, vgl. Verdès-Leroux, Jeannine, Au service du parti. Le parti communiste, les intellectuels et la culture (1944–1956), Paris 1983, S. 96 ff.

14 Aron, R.: La sociologie de Pareto, In: Zeitschrift für Sozialforschung VI (1937), S. 489–521, hier S. 497. Nach Horkheimers und Adornos Exil erschien die ZfS zunächst in Paris beim Verlag Alcan. Die Herausgeber der

ZfS hatten u.a. Aron um Artikel und Rezensionen gebeten. Vgl. Aron, Mémoires (FN 7), S. 85 ff. Zum Briefwechsel Arons mit Horkheimer in den Jahren 1936 und 1937 siehe Horkheimer, Max: Gesammelte Schriften, Bd. 15 und 16, Frankfurt a. M. 1995. Im publizierten Briefwechsel Aron/Horkheimer finden sich keine Hinweise auf den Pareto-Aufsatz. Im übrigen scheint das Verhältnis zumindest zwischen Horkheimer und Aron 1936 bis 1938 nicht immer spannungsfrei gewesen zu sein.

15 Aron, R., Introduction à la philosophie de l'histoire. Essai sur les limites de l'objectivité historique, Paris 1948 (verschiedene Neuauflagen, zuletzt 1986, annotiert von Sylvie Mesure). Die Ausgabe von 1948, die hier zugrunde gelegt wird, ist mit der Originalausgabe von 1938 identisch. Aron, R., La philosophie critique de l'histoire. Essai sur la théorie de l'histoire dans l'Allemagne contemporaine, Paris 1938 (drei Neuauflagen, zuletzt 1987, annotiert von Sylvie Mesure).

16 Vgl. Bourdieu, Pierre, Homo Academicus (FN 2) S. 25.

17 Aron, Introduction (FN 15), S. 200–203.

18 Man lese dazu Arons Vortrag vor der Société française de philosophie vom Juni 1939: États démocratiques et États totalitaires. In: Stark (FN 11), S. 209–241, sowie Arons im November 1940 verfaßte Analyse der französischen und britischen Politik der Jahre 1938/39 in: La France libre I,1 (November 1940); jetzt in: Raymond Aron: Chroniques de guerre. La France libre 1940–1945, hrsg. von Christian Bachelier, Paris 1990, S. 29–39.

19 Aron, R., L'avenir des religions séculières. In: La France libre, Juni/Juli 1944; jetzt in: Chroniques de guerre (FN 18), S. 925–948. Vgl. auch Stark, J.: Raymond Aron und der Gestaltwandel des Totalitarismus. In: Söllner, Alfons u. a. Hrsg., Totalitarismus – Eine Ideengeschichte des 20. Jahrhunderts, Berlin 1997.

20 Aron, R., L'Opium des intellectuels, Paris 1955. Neuausgabe Paris 1968 mit einer „Note pour la réédition", datiert vom September 1968, in der Aron die Neuausgabe vor dem Hintergrund der Studentenbewegung und des Mai 1968 für begründet hält.

21 Aron, R., La révolution introuvable. Réflexions sur les évenements de mai, Paris 1968.

22 Vgl. Baverez, Nicolas, Raymond Aron. Un moraliste au temps des idéologies, Paris 1993, S. 329 ff.

23 Aron, R., Du renouvellement des élites (La France libre, November/Dezember 1943); Chroniques de guerre (FN 18), S. 779–802, bes. S. 799 ff.

24 André Malraux, seit den 30er Jahren mit Aron befreundet und 1945/46 Informationsminister im Kabinett de Gaulle, schlug Aron als ersten Leiter der neugegründeten ENA vor. Aber de Gaulle entschied sich für Henri Bourdeau de Fontenay. Vgl. Baverez (FN 22), S. 217. Aron hielt jedoch zwischen 1946 und 1952 drei Vorlesungen an der ENA. Die erste hieß „La crise du XXᵉ siècle". 1948 las Aron über „Cent ans de Manifeste communiste" (beides laut freundlicher Mitteilung durch Élisabeth Dutartre vom Centre de Recherches Politiques Raymond Aron, Paris). Der Kurs von 1952 mit dem Titel „Introduction à la philosophie politique. Démocratie et révolution" liegt als Taschenbuch vor (Paris 1997).

25 Aron, Mémoires (FN 7), S. 219 f.
26 Aron, Mémoires, (FN 7), S. 336 ff.
27 Aron, R., Social Structure and the Ruling Class, In: British Journal of Sociology I, 1 (1950). Jetzt in: Aron, R., Études sociologiques (FN 4), S. 111–142. Mit seinen Begriffsbildungen „Habitus" und „soziales Feld" hat Bourdieu versucht, den Marx'schen Klassenbegriff noch weiter aufzulösen, als es Aron getan hat. Den Elitenbegriff will Bourdieu durch das „Feld der Macht" ersetzen. Bourdieu, P., Die Intellektuellen und die Macht, Hamburg 1991, S. 67 ff.
28 Aron bezog sich hier auf die Untersuchungen von Clark, Colin, The Conditions of Economic Growth, London 1940. Fourastié, Jean, Machinisme et bien-être, Paris 1951. Ders., Le Grand espoir du XXe siècle, Paris 1950. Vgl. Aron, R., Dix-huit leçons sur la société industrielle, Paris 1962, S. 166 ff. (Sorbonne-Vorlesung des Studienjahrs 1955/56).
29 Aron, R., La lutte de classes. Nouvelles leçons sur les sociétés industrielles, Paris 1964 (Sorbonne-Vorlesung des Studienjahrs 1956/57).
30 Aron, Dix-huit leçons (FN 28), S. 273 f.
31 Aron, Dix-huit leçons (FN 28), S. 293 f.
32 Aron, R., Démocratie et totalitarisme, Paris 1965 (Sorbonne-Vorlesung des Studienjahrs 1957/58).
33 Dies hat Bourdieu Mitte der 60er Jahre übersehen, als er meinte, Arons „18 Leçons" könnten als „theoretische Rechtfertigung für eine indifferente Haltung" gegenüber der politischen Ordnung gedeutet werden. Bourdieu, Pierre/Passeron, Jean-Claude, Soziologie und Philosophie in Frankreich seit 1945: Tod und Wiederauferstehung einer Philosophie ohne Subjekt. In: Lepenies, Wolf Hrsg., Geschichte der Soziologie. Studien zur kognitiven, sozialen und historischen Identität einer Disziplin, Frankfurt a.M. 1981, Bd. 3, S. 496–551, hier S. 525. (Zuerst in Social Research XXXIV, 1967).
34 Aron, R., Les étapes de la pensée sociologique, Paris 1967 (Dt. zuerst Köln 1971, dann Hamburg 1979).
35 Vgl. Henecka, Hans Peter, Grundkurs Soziologie, Opladen 1994; Kreckel, Reinhard, Soziologisches Denken, Opladen 1975.
36 Aron, Étapes (FN 34), S. 19.
37 Ebenda, S. 116.
38 Ebenda, S. 151, 199 f.
39 Ebenda, S. 382 f.
40 Vgl. auch Aron, Étapes (FN 34), S. 484 ff.
41 Ebenda, S. 514 f.
42 Ebenda, S. 566; Aron, R., Max Weber und die Machtpolitik. In: Max Weber und die Politik heute. Verhandlungen des 15. Deutschen Soziologentages (Heidelberg, April 1964), Tübingen 1965, S. 103–120.
43 Aron, Mémoires (FN 7), S. 349 f.
44 Aron, Désillusions du progrès. Essai sur la dialectique de la modernité, Paris 1969.
45 Ebenda, S. 90.
46 Bourdieu, Pierre/Passeron, Jean-Claude, Les Héritiers, Paris 1964. Dt.: Die Illusion der Chancengleichheit, Stuttgart 1971.
47 Aron, Désillusions (FN 44), S. 117 f. Vgl. auch S. 314 ff.

48 Aron, R., Marxisme et existentialisme. In: Ders., Marxismes imaginaires, Paris 1970 (zuerst als Vortrag 1946).

49 Vgl. Sirinelli, Jean-François, Deux intellectuels dans le siècle, Sartre et Aron, Paris 1995, S. 248 ff.

50 Aron, Histoire et dialectique de la violence (FN 6), vgl. S. 211 ff.

51 Aron, Désillusions (FN 44), S. 247.

52 Vgl. auch Aron, De la condition historique du sociologue. Leçon inaugurale au Collège de France prononcée le 1er décembre 1970, Paris 1971.

53 Vgl. Zapf, Wolfgang, Theorien des sozialen Wandels, Köln/Berlin 1970. Strasser, Hermann/Randall, Susan C. Hrsg., Einführung in die Theorien des sozialen Wandels, Darmstadt 1979.

54 Lipset, Seymour Martin, Intellectuals. In: Encyclopedia of Sociology, New York 1992, Vol. II, S. 937–941.

55 Pierce, Roy, Contemporary French Political Thought, London 1966. Ionescu, Ghita, Raymond Aron. A Modern Classicist. In: Crespigny, Anthony de/Minogue, Kenneth Hrsg., Contemporary Political Philosophers, London 1975; Dahrendorf, Ralf, The Modern Social Conflict. An Essay on the Politics of Liberty, Berkeley, CA, 1990; S. 93–117; Mahoney, Daniel J., The Liberal Political Science of Raymond Aron, Boston 1992; ders./Anderson, Brian C., Thinking politically. A Liberal in the Age of Ideology, New Brunswick 1996 (eine Sammlung von Texten und Interviews Arons).

56 Kissinger, Henry, My Teacher, In: Commentaire 28/29 (1985) Raymond Aron. Histoire et politique. Textes et témoignages, S. 129.

Karl-Dieter Opp und Reinhard Wippler

George Caspar Homans
(1910–1989)

1. Herkunft und Werdegang

George Caspar Homans wurde am 11. August 1910 in Boston als Sohn einer wohlhabenden Familie geboren.[1] Nach seiner Schulzeit schrieb er sich 1928 an der *Harvard University* ein. Zunächst studierte er jedoch nicht Soziologie, sondern konzentrierte sich auf das Studium der englischen und amerikanischen Literatur. Einer seiner Lehrer und Tutoren war Bernard DeVoto, der ihm vorschlug, vor allem zwei Bücher zu lesen, die für seine weitere Entwicklung von besonderer Bedeutung werden sollten:[2] Bernard de Mandevilles *The Fable of the Bees* und das *Trattato di Sociologia Generale* des Soziologen und Ökonomen Vilfredo Pareto. Homans beendete die Lektüre im Juli 1930. Bis dahin hatte er keine andere soziologische Schrift gelesen. DeVoto macht Homans auch mit Lawrence Joseph Henderson, Professor für Biochemie mit philosophischen und insbesondere wissenschaftstheoretischen Neigungen, bekannt. Auch Henderson las Pareto und entschied, im Winter 1932/33 ein informelles Seminar über Paretos Soziologie anzubieten – vermutlich das erste Seminar dieser Art überhaupt, wie Homans annimmt.[3] Henderson suchte hierzu einen Assistenten. Homans war zu dieser Zeit arbeitslos, nachdem er erfolglos versucht hatte, sich als Journalist zu verdingen. Er sah sich deshalb nach einer Stelle an der Universität um. Da er das Hauptwerk von Pareto kannte, nahm Henderson ihn als – unbezahlten – Assistenten. Damit begann seine Karriere als Soziologe. Es ist vielleicht für die Entwicklung von Homans von Bedeutung, daß er anläßlich dieses Seminars eine Reihe von Sozialwissenschaftlern kennenlernte, die später ihr Fach prägten. Unter ihnen waren Joseph Schumpeter, Crane Brinton, Elton Mayo, Fritz Roethlisberger, Alfred North Whitehead, Talcott Parsons, Robert K. Merton und Pitirim A. Sorokin. Das Pareto-Seminar gab auch die Anregung zu Homans' erstem soziologischen Buch, das er zusammen mit Charles Curtis verfaßte: *An Introduction to Pareto* (1934).

Im Herbst 1934 wurde Homans dann für fünf Jahre als *junior fellow* der *Society of Fellows* der *Harvard University* finanziell gefördert, und zwar als Soziologe. Diese Gesellschaft war u.a. von Henderson und A. N. Whitehead gegründet worden. Homans berichtet, daß seine soziologischen Kenntnisse zu jener Zeit nur auf der Lektüre von Pareto beruhten[4]. Er suchte Rat bei Henderson. Dieser empfahl ihm u.a., sich mit der historischen Methode zu befassen und bei dem Historiker Charles H. McIlwain zu studieren. Dabei konzentrierte sich Homans auf mittelalterliche Englische Geschichte. Ergebnis dieser Studien war das 1941 erschienene Buch *English Villagers of the Thirteenth Century*.

Durch Henderson kam Homans auch in Kontakt mit Elton Mayo. Zu dieser Zeit wurde die berühmte *Hawthorne*-Studie durchgeführt. Mayo veranlaßte Homans zur Lektüre anthropologischer Literatur, insbesondere der Werke von Alfred R. Radcliffe-Brown und Bronislaw Malinowski.

Erst ab 1939 lehrte Homans, der übrigens nie promoviert hatte, Soziologie an der *Harvard University*. Er erhielt eine Stelle als *faculty instructor*, die durch den Wechsel von Robert K. Merton an die *Columbia University* freigeworden war.

Ab dem Jahr 1941 unterbrach er seine Karriere und diente im Zweiten Weltkrieg als Kapitän bei der Marine. Während dieser Zeit wurde an der *Harvard University* das *Department of Social Relations* eingerichtet. Im Jahre 1970 spalteten sich die Soziologen ab und gründeten ein eigenes *Department of Sociology*, dessen *chairman* Homans wurde. Er blieb an der *Harvard University* bis zu seiner Emeritierung. Homans starb am 29. Mai 1989 in Cambridge (Massachusetts).

2. Homans' intellektuelle Biographie

Homans selbst hat die Triebfeder seiner intellektuellen Entwicklung folgendermaßen benannt: „bringing order out of chaos".[5] Die Klarheit und Verständlichkeit seiner Ausführungen und auch die Grundorientierung an einer allgemeinen Theorie menschlichen Verhaltens dürften u.a. durch diese Zielsetzung zu erklären sein.

Wie erwähnt, begann seine wissenschaftliche Entwicklung mit der Einführung in das Werk von Pareto.[6] Homans war der Meinung, daß Pareto seine Ideen oft ziemlich chaotisch niedergeschrieben hat. Er wollte die zentralen Gedanken von dessen Werk so ordnen, daß der intelligente Leser durch Paretos Argumente zu neuen Einsichten geführt wird.

In der zweiten Phase seiner Entwicklung setzte er sich das Ziel, mittels umfangreichen (aber auch unvollständigen) Quellen- und Archivmaterials das Leben auf dem Lande im mittelalterlichen England des 13. Jahrhunderts zu rekonstruieren.[7] Er wollte dabei nicht nur der Reichhaltigkeit der vorliegenden Quellen gerecht werden und eine bestimmte historische Epoche beschreiben, sondern auch kausale Verbindungen zwischen Sachverhalten herstellen. Dabei entdeckte er, wie er in seiner Autobiographie schreibt,[8] eine Beziehung zwischen der Organisationsform der Landwirtschaft und der Art des Erbrechts. Durch die Synthese von Beschreibung und Erklärung wollte Homans verhindern, daß der Leser „vor lauter Bäumen den Wald nicht sieht".[9] So kam er zu der Einsicht, daß disziplinäre Unterschiede in der Arbeitsweise eines Wissenschaftlers unwichtig sind, daß es vielmehr um die Lösung von Problemen geht: „The problem, not the approach, is in control".[10]

Seiner Autobiographie zufolge war Homans bereits zu der Zeit, als er *English Villagers of the Thirteenth Century* schrieb, ein methodologischer Individualist: „Wenn ich Veränderungen im mittelalterlichen England sah, dann sah ich immer Personen, die handelten, nicht Organisationen, Institutionen oder ‚die Gesellschaft', obwohl ihre Handlungen eine gewisse Zeit alle diese Dinge hervorbrachten oder aufrechterhielten, was wiederum Realitäten für die weiteren Handlungen von Personen schuf."[11]

Homans' Buch *The Human Group* (1950) charakterisiert die dritte Phase seiner intellektuellen Entwicklung. Hier geht er von einer Reihe von bereits vorliegenden Einzelfallstudien aus und zeigt, daß die höchst unterschiedlichen sozialen Sachverhalte, mit denen sich diese Untersuchungen befassen, durch ein einheitliches *Begriffssystem* mit wenigen Dimensionen beschrieben werden können. Diese Begriffe verbindet er zu einem *theoretischen System*, d. h. zu allgemeinen Aussagen. Damit wird es möglich, bestimmte Sachverhalte nicht nur durch ein allgemeines Begriffssystem zu *beschreiben*, sondern darüber hinaus auch zu *erklären*. Homans' Begriffssystem besteht aus vier Hauptdimensionen:

„*activity*" (Verhalten, das die physische Umwelt beeinflußt), „*interaction*" (Verhalten, das von dem Verhalten anderer Personen hervorgerufen oder beeinflußt wird), „*sentiment*" (physische und psychische Zustände des menschlichen Körpers wie Angst, Hunger, Sympathie) und „*norms*" (Vorstellungen der Mitglieder einer Gruppe darüber, welches Verhalten unter bestimmten Bedingungen ausgeführt werden soll). Bei den Einzelfallstudien, die Homans verwendet, handelt es sich – mit einer Ausnahme (der Studie einer Kleinstadt, die Homans „Hilltown" nennt) – um bekannte empirische Untersuchungen, die soziale Prozesse in relativ kleinen Gruppen zum Gegenstand haben: Arbeiter in einer Abteilung einer amerikanischen Fabrik – den Hawthorne Werken –, eine Gruppe von Mitgliedern einer *Gang*, ein Stamm auf einer Insel im Pazifik (Tikopia) und eine Elektrogerätefirma.

Homans formuliert aus den genannten Begriffen eine Reihe von Hypothesen, wobei es in diesem Rahmen nicht möglich ist, diese im einzelnen darzustellen. Ein Beispiel mag ausreichen. So ist Homans u. a. an der Differenzierung innerhalb von Gruppen interessiert. Dabei postuliert er eine Beziehung zwischen „*sentiment*" und „*activity*":[12] Je mehr sich ein Einzelner oder eine Untergruppe in allen Aktivitäten der Erreichung der Normen der Gruppe als Ganzer annähert, um so höher wird der soziale Rang des Einzelnen oder der Untergruppe sein.[13] „Sozialer Rang" bezieht sich auf eine Bewertung und ist somit ein „*sentiment*".

Die letzte Phase in Homans' intellektueller Entwicklung beginnt mit dem Aufsatz „Social Behavior as Exchange" (1958) und gipfelt in seinem theoretischen Hauptwerk *Social Behavior: Its Elementary Forms* (1961, revidierte Auflage 1974). Er geht hier – wie in *The Human Group* – davon aus, daß ein Begriffssystem allein noch keine Erklärung leisten kann. Hierzu sind vielmehr *allgemeine theoretische Annahmen mit empirischem Gehalt* erforderlich. Dies sind Hypothesen, mit denen eine Vielzahl sehr unterschiedlicher sozialer Sachverhalte erklärt werden kann. Weiter benötigt man Aussagen über konkrete empirische Sachverhalte (Anfangsbedingungen). Erst aus theoretischen Annahmen und Aussagen über zugehörige Anfangsbedingungen lassen sich Aussagen über zu erklärende Sachverhalte ableiten. Solche Erklärungen in Form deduktiver Systeme konnte Homans in der soziologischen Literatur nicht entdecken. Er nahm an, daß derart allgemeine theoretische Annahmen, die unabhängig von Zeit und Raum gelten, in der menschlichen Natur zu finden sind. Da die menschliche Natur vor allem von Psychologen studiert wird, übernahm er die allgemeinsten Hypothesen für die Erklärung sozialer Erscheinungen aus der Psychologie. Die Aufgabe der Soziologie besteht insofern nicht mehr in der *Entdeckung* allgemeiner Hypothesen, sondern darin, bereits in der Psychologie vorliegende und bestätigte Hypothesen zur Erklärung soziologisch interessanter Sachverhalte *anzuwenden.*

Homans führt in beiden Auflagen von *Social Behavior* zunächst die Basishypothesen ein. Vergleicht man die Darstellung der Hypothesen in beiden Fassungen, dann zeigt sich insbesondere, daß die Formulierungen in der Auflage von 1974 allgemeiner sind. Da *Social Behavior* das theoretische Hauptwerk von Homans ist, sollen die Basishypothesen der Auflage von 1974[14] im folgenden in deutscher Übersetzung wiedergegeben werden.[15] Homans kennzeichnet jede Hypothese mit einem Namen, den wir der Hypothese voranstellen.

I. *Erfolgshypothese:* Für alle Handlungen von Personen gilt: Je häufiger eine bestimmte Handlung einer Person belohnt wird, desto wahrscheinlicher wird die Person diese Handlung wieder ausführen.

II. *Stimulushypothese:* Wenn in der Vergangenheit beim Auftreten eines bestimmten Stimulus (oder einer Stimuluskonstellation) die Handlung einer Person belohnt wurde, dann gilt: je ähnlicher die gegenwärtigen Stimuli denen in der Vergangenheit sind, desto größer ist die Wahrscheinlichkeit, daß die Person dieselbe oder eine ähnliche Handlung auch in der gegenwärtigen Situation ausführt.

III. *Werthypothese:* Je wertvoller für eine Person das Resultat[16] ihrer Handlung ist, desto wahrscheinlicher wird sie die Handlung ausführen.

IV. *Deprivations-Sättigungs-Hypothese:* Je häufiger eine Person in der jüngsten Vergangenheit eine bestimmte Belohnung erhalten hat, desto weniger wertvoll wird für sie jede weitere Einheit dieser Belohnung.

V. *Aggressions-Billigungs-Hypothese:* (a) Wenn die Handlung einer Person nicht die Belohnung erfährt, die die Person erwartete, oder wenn eine unerwartete Bestrafung auftritt, dann wird die

Person ärgerlich; es wird wahrscheinlicher, daß sie aggressiv reagiert, und die Resultate solchen Verhaltens werden für die Person wertvoller. (b) Wenn die Handlung einer Person zu der erwarteten Belohnung führt, wenn insbesondere die Belohnung größer ist als erwartet, oder wenn die erwartete Bestrafung nicht auftritt, wird die Person zufrieden sein; sie wird mit größerer Wahrscheinlichkeit das Verhalten anderer Personen billigen, und die Resultate solchen Verhaltens werden für die Person wertvoller.

VI. *Rationalitätshypothese:* Wenn eine Person zwischen alternativen Handlungen wählt, wird sie diejenige Handlung auswählen, für die der von der Person wahrgenommene Wert der Handlungskonsequenzen, V, multipliziert mit der Wahrscheinlichkeit, P, größer ist.[17]

Die *Rationalitätshypothese* ist zum ersten Mal in der Auflage von 1974 von *Social Behavior* enthalten. Mit ihr schlägt Homans eine theoretische Brücke zu den Wirtschaftswissenschaften. Diese streben – wie Homans – nach einer Mikrofundierung von Theorien über Makro-Phänomene. Sie gehen jedoch nicht, wie Homans insbesondere in der ersten Auflage von *Social Behavior*, von der behavioristischen Lerntheorie, sondern von einer Theorie rationalen Handelns aus. Die behavioristische Lerntheorie – vor allem in der Version von Burrhus F. Skinner – versucht, das Auftreten von Verhalten durch Umwelteinflüsse (d. h. Stimuli) zu erklären. Dabei bleiben die Wahrnehmungen, Informationen und Motive von Individuen weitgehend außer Betracht. Diese sind jedoch Bestandteil der Theorie rationalen Handelns.

Es liegt von daher nahe zu fragen, wie die Hypothesen aus *Social Behavior* und *The Human Group* miteinander zusammenhängen. Homans schreibt hierzu, daß er mit den Basishypothesen von *Social Behavior* die Hypothesen aus *The Human Group* erklärt.[18] Er zeigt jedoch nicht, ob und wie die Hypothesen aus *The Human Group* aus den Hypothesen in *Social Behavior* abgeleitet werden können.

Die Basishypothesen von *Social Behavior* sind dort in Kapitel 2 dargestellt. In den Kapiteln 3 bis 16 greift Homans eine Vielzahl von Fragen auf, die er unter Anwendung seiner Basishypothesen zu beantworten versucht. Die Anwendung der Basishypothesen erfolgt dabei nicht in einer rigorosen Weise, d. h. indem aus ihnen explizit unter Verwendung formaler Verfahren Theoreme abgeleitet werden. Sie dienen eher als eine heuristische Grundlage für die anderen Hypothesen. Auch für denjenigen, der Homans' Hypothesen oder seinen methodologischen Ansatz für problematisch hält, bieten diese Kapitel eine Fundgrube interessanter Ideen und Einsichten.

Social Behavior: Its Elementary Forms ist Homans' einflußreichstes – aber auch umstrittenstes – Buch. Kontrovers sind vor allem die Basishypothesen. So ist behauptet worden, sie seien tautologisch, insofern ein Stimulus, wie z. B. Futter für eine Taube, dann als Verstärker bezeichnet wird, wenn man beobachtet, daß nach der Präsentierung im unmittelbaren Anschluß an ein bestimmtes Verhalten die Häufigkeit dieses Verhaltens steigt. Man erklärt dann das Verhalten durch den Stimulus.[19] Weiter ist der Zusammenhang der Hypothesen untereinander unklar. Schließlich ist umstritten, inwieweit diese Hypothesen eine Grundlage für die Erklärung von soziologisch interessanten Makrophänomenen bilden können. Einflußreich ist das Buch, weil viele seiner Ideen Gemeingut geworden sind oder weiterentwickelt wurden – siehe hierzu weiter unten.

3. Die theoretische Position von Homans

Der wichtigste Grund, Soziologie zu studieren, ist für viele der Wunsch, einen Beitrag zur Lösung gesellschaftlicher Probleme zu leisten. Homans war in erster Linie an der Entwicklung der Soziologie als Wissenschaft interessiert: „was mich immer interessiert hat war nicht die Soziologie als ein Vehikel für sozialen Wandel oder als Mittel zum Verständnis meiner unmittelbaren Umgebung, sondern Soziologie als eine generalisierende Wissenschaft".[20]

Homans' Wissenschaftsideal war die Naturwissenschaft mit Newton als ihrem bahnbrechenden Repräsentanten. Wenn Soziologie eine Wissenschaft ist, dann muß sie „eine der Aufgaben jeder Wissenschaft ernst nehmen, nämlich Erklärungen für empirische Beziehungen anzubieten, die sie entdeckt. Eine Erklärung ist eine Theorie und hat die Form eines deduktiven Systems".[21] Aber das Erklärungspotential der theoretischen Naturwissenschaften stand zur damaligen Zeit (und steht auch heute) in starkem Kontrast zum Stand der Theoriebildung in der Soziologie. Homans führt dies darauf zurück, daß Soziologen oft nicht einmal wissen, wie eine wissenschaftliche Theorie und eine wissenschaftliche Erklärung aussehen. Insbesondere kritisiert er die Auffassung, daß eine Theorie mit einem Begriffssystem gleichzusetzen sei. Obwohl Begriffe und ihre Definition Bestandteile von Theorien sind, kann von einer Theorie erst dann gesprochen werden, wenn *Aussagen* über empirische Beziehungen zwischen Sachverhalten formuliert werden. „Eine Theorie ist ein deduktives System, und aus Begriffen allein kann nichts deduziert werden".[22] Als Beispiel für diese Art von Konfusion kritisiert Homans insbesondere den zu seiner Zeit führenden soziologischen Theoretiker Talcott Parsons, Repräsentant einer ganzen Generation von Soziologen und Kollege von Homans an der *Harvard University*. Nach Homans besteht Parsons' soziologische Theorie nur aus Begriffen und deren Definition: „sie ist das Wörterbuch einer Sprache, die keine Sätze enthält".[23]

Homans' Kritik des Standes der Theoriebildung in der Soziologie richtet sich vor allem gegen den auch von Parsons vertretenen Funktionalismus – eine theoretische Tradition, die in den dreißiger Jahren und in den Jahrzehnten nach dem Zweiten Weltkrieg eine prominente Rolle in der amerikanischen Soziologie spielte. Ausgehend von Argumenten von Wissenschaftsphilosophen wie Richard B. Braithwaite, Ernest Nagel und Carl G. Hempel zeigt Homans, daß Theorien über das Funktionieren von sozialen Systemen den Kriterien wissenschaftlicher Erklärungen nicht genügen, wenn sie die Entstehung und die Stabilität bestimmter Institutionen dadurch „erklären", daß sie auf die Notwendigkeit der Institutionen für den Systembestand verweisen. Homans' Kritik an dieser Version des Funktionalismus betrifft einerseits die logische Struktur funktionalistischer Erklärungen, wonach das Bestehen sozialer Erscheinungen kausal abhängig ist von noch zu erreichenden Systemzielen, deren Kenntnis vorausgesetzt wird.

Andererseits bezieht sich Homans' Kritik am Funktionalismus auf die *Art der allgemeinen Hypothesen*, die den Kern deduktiver Erklärungen bilden. Wenn – wie bei funktionalistischen Hypothesen – Aussagen über Beziehungen zwischen Systemmerkmalen den Kern von Erklärungen bilden, fehlt eine Mikro-Fundierung.

Und ohne eine Mikro-Fundierung bleibt offen, welche Mechanismen z. B. die Entstehung von sozialen Institutionen bewirken oder wie soziale Institutionen bestimmte Wirkungen hervorbringen.

Homans war nicht der einzige Soziologe, der deduktive (d. h. wissenschaftstheoretisch adäquate) Theoriebildung anstrebte. Insbesondere Homans' Kollege von der *Columbia University* in New York, Peter M. Blau, verfolgte dasselbe Ziel. Dieser hielt jedoch fest an der Regel für die Theoriebildung, die der französische Soziologe Emile Durkheim in *Les Règles de la Méthode Sociologique* im Jahre 1885 formuliert hatte: Bei der Erklärung sozialer Fakten muß nach anderen *sozialen* und nicht nach *individuellen* Fakten als Ursachen gesucht werden. Je länger Homans über diese Regel nachdachte, desto absurder erschien sie ihm. Wie kann man soziales Handeln erklären, ohne dabei auf allgemeine Gesetzmäßigkeiten zurückzugreifen, die menschliches Handeln zum Gegenstand haben?

Bei dem Ziel, allgemeine Gesetze zu finden und zur Erklärung anzuwenden, endet die Gemeinsamkeit von Homans und Blau. Für Homans ist der theoretische Kern von Erklärungen in der Soziologie eine allgemeine Verhaltenstheorie, die der Psychologie entnommen werden muß. Für Blau dagegen sind Hypothesen über kollektive soziale Sachverhalte der theoretische Kern der Soziologie. Ob es allerdings Blau gelungen ist, soziologische Sachverhalte ohne jeglichen Rückgriff auf verhaltenstheoretische Annahmen zu erklären, ist zu bezweifeln. So zeigt eine kritische Analyse seiner deduktiven Theorie sozialer Strukturen,[24] daß verhaltenstheoretische Annahmen zwar nicht in den Axiomen der Theorie explizit enthalten sind, aber in den verbindenden Texten angesprochen werden.

Die Frage, ob der theoretische Kern soziologischer Erklärungen aus Hypothesen über individuelles Handeln (Gesetzmäßigkeiten der menschlichen Natur, die räumlich und zeitlich invariant sind) oder aus Hypothesen über Kollektive (Struktur- oder Systemgesetzmäßigkeiten) bestehen soll, teilt die Soziologie bis heute in zwei Lager. Viktor Vanberg (1975) spricht von den „zwei Soziologien": einer *individualistischen*, die sich in ihrer Herkunft auf sozialwissenschaftliche Ideen der schottischen Moralphilosophen des achtzehnten Jahrhunderts (u. a. David Hume, Adam Smith, Adam Ferguson) beruft, und einer *kollektivistischen*, die insbesondere das Durkheimsche Programm einer autonomen Soziologie verfolgt.

Homans ist in den Jahrzehnten nach dem Zweiten Weltkrieg der einflußreichste Repräsentant einer individualistischen Soziologie gewesen. Seine Überzeugung, daß in der Soziologie die Theoriebildung stagniert, weil eine Mikro-Fundierung für Makrohypothesen fehlt, hat nicht nur zur Entstehung eines neuen theoretischen Programms geführt, das bekannt wurde unter den Namen „Verhaltenstheoretische Soziologie" oder „Austauschtheorie". Dadurch, daß Homans in der Soziologie die Aufmerksamkeit wieder – wie die schottischen Moralphilosophen – auf die handelnden Personen („bringing men back in") und auf allgemeine, in der menschlichen Natur verankerte Gesetzmäßigkeiten lenkte, hat er zugleich auch den Weg bereitet für eine Integration verschiedener sozialwissenschaftlicher Disziplinen wie Soziologie, Politikwissenschaft, Anthropologie, Wirtschaftswissenschaft und (Sozial-) Psychologie. „Die allgemeinen Hypothesen aller Sozialwissenschaften sind gleich, und alle sind psychologisch" behauptet Homans[25]. Eine solche methodologische Orientierung impliziert, daß die Einzelwissenschaften einen Teil ihrer Autonomie aufgeben. Mögliche Unterschiede bleiben einzig die konkreten Erklärungsfragen.

Fordert man, daß soziologisch relevante Sachverhalte durch Individualhypothesen zu erklären sind, bleibt offen, welcher Art diese Hypothesen sein sollen. Die Zusammenarbeit mit B. F. Skinner, seinem Kollegen aus der Psychologie an der *Harvard University*, führte dazu, daß Homans seine Basishypothesen der behavioristischen Lerntheorie Skinners entnahm. Eine zentrale Idee dieser Theorie ist, daß Verhaltensäußerungen, auf die Belohnungen folgen, wiederholt werden. Bei sozialem Verhalten einer Person sind die Verhaltensweisen anderer Personen positive oder auch negative Verstärker. Soziale Interaktion besteht dann aus einer Sequenz von Verhaltensweisen, die jeweils für die andere Person belohnend oder bestrafend wirken. Immer wenn Verhaltensweisen durch belohnende oder bestrafende Verhaltensweisen anderer beantwortet werden, spricht man von sozialem Austausch.

Die vorangegangenen Ausführungen machten deutlich, in welcher Beziehung das Homanssche individualistische Forschungsprogramm zu kollektivistischen Programmen jeglicher Art steht.

Wenn sich seine Kritik auch vor allem auf Talcott Parsons, den zu Lebzeiten von Homans führenden Theoretiker eines kollektivistischen Forschungsprogramms, bezog, so trifft seine Kritik auch heutige Vertreter eines solchen Programms wie Richard Münch und Niklas Luhmann. Die Kritik würde sich zum einen auf die Erklärungskraft der Hypothesen von Vertretern eines kollektivistischen Programms beziehen. Wahrscheinlich würde Homans ebenfalls konstatieren, daß sich die genannten – und andere – Vertreter eher mit der Erstellung eines esoterischen Wörterbuchs als mit der Formulierung eines Systems erklärungsbedürftiger und prüfbarer Hypothesen befassen. Schließlich würde Homans kritisieren, daß die explizite Mikrofundierung fehlt.

Das Homanssche Forschungsprogramm unterscheidet sich weiter von *qualitativen Strömungen* wie dem symbolischen Interaktionismus. Diese Strömungen weisen zwar eine individualistische Orientierung auf: Sie befassen sich schwerpunktmäßig mit individuellen Akteuren und enthalten auch Hypothesen über das Handeln dieser Akteure. Homans würde diese Strömungen aber dahingehend kritisieren, daß die implizit verwendeten Individualhypothesen nicht klar formuliert sind und daß entsprechend auch die logische Struktur der Erklärungen unklar bleibt. Weiter würde er feststellen, daß diese Hypothesen kaum in der Lage sind, eine umfassende Klasse relativ spezifischer Arten sozialen Handelns zu erklären.

4. Zur Kritik des Homansschen Forschungsprogramms

Vor allem in der ersten Auflage seines Buches *Social Behavior* formuliert Homans seine allgemeinen Hypothesen so, daß sie sich auf Interaktionen von Personen beziehen. Damit beschränkt er die Anwendbarkeit seiner Hypothesen auf Prozesse in kleinen Gruppen, in denen „face to face interactions" stattfinden. Es bleibt offen, wie Verhalten in solchen Entscheidungssituationen erklärt werden kann, in denen eine Vielzahl von Individuen weitgehend unabhängig voneinander handeln und in denen die individuellen Verhaltensweisen insgesamt, also auf kollektivem Niveau, wichtige – zum Teil unerwünschte und unerwartete – Konsequenzen für die Akteure haben. Ein Beispiel sind Situationen des Gefangenendilemmas in großen Gruppen. Eine solche Situation liegt vor, wenn die individuelle Nutzenkalkulation dazu führt, daß jede einzelne Person eine bestimmte – nicht-kooperative – Handlung wählt, obwohl sich die Personen insgesamt besserstellen würden, wenn Kooperation gewählt würde. So sind Handlungen, die Umweltverschmutzung zur Folge haben, aus der Sicht einzelner Individuen oft ein Verhalten, das einen größeren Nutzen bringt als umweltfreundliches Verhalten. Die individuell „rationalen" Handlungen führen dann insgesamt zu einem Zustand, den niemand gewünscht hat.

In der zweiten Auflage von *Social Behavior* hat Homans zwar seine Basishypothesen in allgemeiner Weise formuliert, wie unsere obige Wiedergabe seiner Hypothesen zeigt. Allerdings wendet er diese Hypothesen vor allem auf kleinere und überschaubare soziale Situationen an. Dies hat bei vielen Kritikern des individualistischen Forschungsprogramms den Eindruck hervorgerufen, daß die Homansschen Hypothesen und damit das gesamte individualistische Forschungsprogramm lediglich für Erklärungen auf der Mikroebene von Bedeutung seien. Wie die Entwicklung des individualistischen Forschungsprogramms in der Nachfolge von Homans zeigt, ist diese Kritik nicht zutreffend.

Denn wenn man ein individualistisches Forschungsprogramm vertritt, bedeutet dies nicht, daß man die behavioristische Verhaltenstheorie als Grundlage eines solchen Programms verwenden muß. Entsprechend richtet sich eine verbreitete Kritik an Homans gegen die Wahl dieser Individualtheorie als nomologischen Kern des individualistischen Forschungsprogramms. Diese Kritik stammt u. a. von modernen Vertretern dieses Programms, das man heute als *Rational Choice*-Ansatz bezeichnet. Homans selbst hat dieser Kritik insofern Rechnung getragen, als er in der zweiten Auflage von *Social Behavior* die „Rationalitätshypothese" eingefügt hat (siehe weiter oben). Er war jedoch der Meinung, daß die „rational choice theory oder der Utilitarismus eine [...] erste Annäherung an oder eine Vereinfachung der Verhaltenspsychologie ist", d. h. eine „abgespeckte Version" („stripped-down-version") des Behaviorismus.[26]

Unklar ist, in welcher Beziehung genau die Rationalitätshypothese zu den anderen Basishypothesen von Homans steht. Sind diese z. B. logisch voneinander unabhängig, oder lassen sich einige

Hypothesen aus anderen ableiten – vielleicht unter zusätzlichen Annahmen? Betrachten wir die obige Hypothese I: Je häufiger eine Handlung belohnt wird, desto größer ist die Wahrscheinlichkeit, daß diese Handlung ausgeführt wird. Ist diese Hypothese aus der Rationalitätshypothese ableitbar? Gemäß der Rationalitätshypothese würde man erwarten, daß eine Belohnung bei Ausführung einer Handlung dann zur Wiederholung dieser Handlung führt, wenn ein Akteur erwartet, daß bei erneuter Ausführung der Handlung die Belohnung wieder auftritt. Es scheint also, daß die Erfolgshypothese aus der Rationalitätshypothese ableitbar ist, wenn man bestimmte, weitere Annahmen trifft.

Weiter wird von Vertretern der *Rational Choice*-Theorie argumentiert, daß die Rationalitätshypothese für die Soziologie ausreicht. Sie ist relativ einfach. Darüber hinaus ist von Vorteil, daß sie explizit die kognitiven Erwartungen, d.h. das Wissen der Individuen, in die Erklärung einbezieht. Dies ist wichtig, da Kognitionen und Bewertungen (d.h. Nutzen) die beiden zentralen Elemente sind, die Verhalten erklären können. Die Einfachheit der Rationalitätshypothese scheint auch deshalb kein Mangel, sondern eher ein Vorteil zu sein, weil in der Soziologie nicht die komplexen Ursachen des Verhaltens einzelner Individuen im Zentrum des Interesses stehen. Für letztere ist die Anwendung komplexerer psychologischer Hypothesen sinnvoll. In der Soziologie aber stehen kollektive Sachverhalte, d.h. *soziale* Erscheinungen im Mittelpunkt des Erklärungsinteresses. Man kann dies so ausdrücken: Das *analytische* Primat der Soziologie und anderer Gesellschaftswissenschaften wie Anthropologie, Politikwissenschaft, Wirtschafts- und Geschichtswissenschaft ist die Erklärung kollektiver Erscheinungen, während das *theoretische* Primat der Gesellschaftswissenschaften und der Psychologie Hypothesen über individuelles Handeln bildet. Bei der Psychologie liegt sowohl das analytische als auch das theoretische Primat auf individuellem Niveau. Es wird argumentiert, daß bei der Erklärung kollektiver Erscheinungen die komplexen Ursachen individuellen Handelns oft nicht in Betracht gezogen werden müssen, so daß eine relativ einfache Handlungstheorie (eine „stripped-down version of behaviorism"), zusammen mit einer detaillierten Analyse der sozialen Handlungsbedingungen, besser geeignet ist als eine komplexe psychologische Verhaltenstheorie.[27]

Wenn man lediglich eine relativ einfache Verhaltenshypothese zur Erklärung kollektiver Erscheinungen anwenden will, die im großen und ganzen zutrifft, dann könnte man z.B. auch die oben genannte „Erfolgshypothese" von Homans anwenden. Es wäre ja denkbar, daß manche menschlichen Handlungen durch relativ einfache Mechanismen zu erklären sind. So könnten sich Menschen zuweilen lediglich an dem unmittelbar vorangegangenen Erfolg oder Mißerfolg einer ausgeführten Handlung orientieren. In der Tat werden gegenwärtig solche sehr einfachen lerntheoretischen Hypothesen zur Erklärung evolutionärer Prozesse benutzt.[28] Solche Modellierungen sozialer Prozesse zeigen, daß die theoretische Basis des modernen individualistischen Programms sehr vielfältig ist.

Ein weiteres Problem des Homansschen Forschungsprogramms besteht darin, daß es dem sogenannten Mikro-Makro-Problem zu wenig Aufmerksamkeit gewidmet hat. Homans war sich dessen bewußt. Er sieht, ebenso wie heutige Anhänger des individualistischen Programms, die Erklärung von Makro-Phänomenen als Hauptaufgabe der Soziologie an. Gemäß Homans lautet die zentrale Frage der Sozialwissenschaften: „Wie bringt das Verhalten von Individuen die Merkmale von Gruppen hervor? D.h. das zentrale Problem ist nicht Analyse, sondern Synthese".[29] Homans selbst hat allerdings keine Lösungen für dieses Problem der „Synthese individuellen Verhaltens" erarbeitet, sondern darauf vertraut, daß eine jüngere, mathematisch versiertere Generation von Soziologen sich darum kümmern würde.

So hat in jüngerer Zeit insbesondere James S. Coleman[30] das Mikro-Makro-Problem aufgenommen. Da dieser im Rahmen dieser Klassiker-Sammlung keine eigene Behandlung finden konnte, soll im folgenden kurz skizziert werden, wie Coleman (1987) dieses Problem einer Lösung näher gebracht hat. Wir gehen hierauf zum einen wegen der Bedeutung des Problems für das individualistische Forschungsprogramm etwas ausführlicher ein, zum anderen, um an einem Beispiel zu zeigen, wie im Rahmen eines Forschungsprogramms ein wirklicher Fortschritt in der Lösung eines zentralen Problems erzielt werden kann. Ausgangspunkt ist die Unterscheidung von zwei Arten von Einheiten der Analyse: Individuen und Kollektive (z.B. Organisationen oder Gesellschaften). So lassen sich zwei Ebenen voneinander unterscheiden: die individuelle Ebene, die Hypothesen über Individuen enthält, und die kollektive Ebene, die Hypothesen über Kollektive enthält. Beziehungen zwischen diesen Ebenen lassen sich anschaulich in einer Graphik darstellen, die einer Badewanne gleicht (siehe die folgende Abbildung).[31] Die obere Ebene enthält die kollektiven und die untere die individuellen Hypothesen. Coleman unterscheidet folgende Typen von Beziehungen zwischen den Merkmalen der individuellen und der kollektiven Ebene.

Abbildung 1: Arten von Beziehungen zwischen Mikro- und Makroebene

Art der Beziehung:	*Unabhängige Variable:*	*Abhängige Variable:*
Typ 1	Individuelle Ebene	Individuelle Ebene
Typ 2	Kollektive Ebene	Individuelle Ebene
Typ 3	Individuelle Ebene	Kollektive Ebene
Typ 4	Kollektive Ebene	Kollektive Ebene

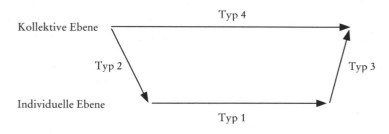

Die Hypothesen einer reinen Makro-Soziologie entsprechen Typ 4. Rein individualistische Theorien (z.B. Motivationstheorien) sind Typ 1 zuzuordnen. Weiter gibt es Theorien oder Aussagen, die den Typen 2 und 3 entsprechen. Aussagen von Typ 2 und 3 stellen eine Verbindung zwischen Mikro- und Makro-Ebene dar. Ein solches theoretisches System leistet eine Erklärung einer Makrohypothese (Typ 4). Die Abbildung beschreibt also eine *Strategie der Erklärung* kollektiver Beziehungen. Dies sei an Max Webers Erklärung des Kapitalismus illustriert (siehe Abbildung 2). Ausgangspunkt ist eine These vom Typ 4: Protestantismus war eine Ursache für die Entstehung des Kapitalismus. Wir lassen dieses Mal den Pfeil zwischen den Variablen der Makro-Ebene weg, da diese Beziehung erklärt wird.

Abbildung 2: Beziehungen zwischen Mikro- und Makroebene.
Ein Beispiel

Beziehung Typ 2: Die Wirkung einer in einer Gruppe weit verbreiteten religiösen Doktrin (des Protestantismus) auf die Wertvorstellungen der Individuen (z. B. „innerweltliche Askese")
Beziehung Typ 1: Die Wirkung dieser Wertvorstellung individueller Akteure auf deren ökonomisches Handeln (z. B. Arbeitsverhalten, Ausmaß des gesparten Einkommens)
Beziehung Typ 3: Die Wirkung des gemeinsamen ökonomischen Handelns der Individuen (Unternehmer, Arbeitnehmer, Konsumenten), die eine bestimmte soziale Ordnung ergibt (Kapitalismus).

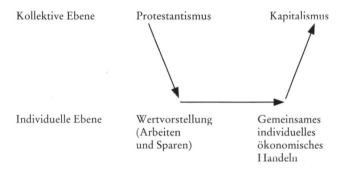

| Kollektive Ebene | Protestantismus | Kapitalismus |

| Individuelle Ebene | Wertvorstellung (Arbeiten und Sparen) | Gemeinsames individuelles ökonomisches Handeln |

Die Beziehung vom Typ 3 ist in dieser Theorie am interessantesten, da wir dadurch erfahren, *wie* individuelle Handlungen zum Entstehen gesellschaftlicher Erscheinungen führen. Dieses Beispiel illustriert, daß gesellschaftliche Erscheinungen das – oft unerwartete – Ergebnis menschlichen Handelns sind. Coleman kommt in seiner Analyse von sozialwissenschaftlichen Makrotheorien zu dem Schluß, daß die Formulierung von Theorien, die Beziehungen vom Typ 3 sind, das zentrale Problem soziologischer Theoriebildung sind.[32]

Das vorangegangene Beispiel illustriert, in welcher Weise Vertreter des *Rational Choice*-Ansatzes Makro-Hypothesen behandeln. Es wird versucht, die „Mechanismen" zu finden, durch welche Makro-Beziehungen zustande kommen. Dadurch soll eine „tiefere" Erklärung erreicht werden. Auch Kritiker eines individualistischen Ansatzes suchen normalerweise nach solchen „Mechanismen". Man ist meist nicht damit zufrieden, einfach festzustellen, daß eine Makrohypothese gilt, sondern fragt: Warum besteht diese Beziehung? Meist wird eine Antwort auf diese Frage erst dann als befriedigend angesehen, wenn gezeigt wird, wie das Zusammenspiel individueller Akteure den Makroeffekt hervorbringt.

Das vorangegangene Beispiel illustriert weiter, in welcher Weise der *Rational Choice* Ansatz verschiedene Sozialwissenschaften integriert: Neben der angewendeten *Individualtheorie* ist die *Vorgehensweise* bei der Erklärung der untersuchten Sachverhalte identisch. Allerdings behalten die sozialwissenschaftlichen Einzeldisziplinen insofern ihre Autonomie, als sie sich weiter jeweils mit unterschiedlichen inhaltlichen Fragen befassen.

5. Homans' Bedeutung für die Soziologie heute

Inwieweit haben Ideen von Homans Eingang in das allgemeine soziologische Wissen gefunden? Da Homans in neuerer Zeit der erste Soziologe war, der einen individualistischen Ansatz vehement vertreten hat, ist anzunehmen, daß alle modernen Vertreter zumindest in ihrer methodologischen Grundposition stark von Homans beeinflußt wurden. Dies gilt selbst dann, wenn einzelne methodologische Argumente von Homans nicht akzeptiert werden.

Homans hat nicht nur eine eigene methodologische Position formuliert, sondern sich auch kritisch mit kollektivistischen Strömungen auseinandergesetzt. Der Hauptgegner seiner Kritik war der Funktionalismus. Diese grundsätzliche Kritik wird heute nicht nur von Vertretern des methodologischen Individualismus akzeptiert.

Homans hat jedoch nicht nur eine bestimmte methodologische Position formuliert, die wir vorher sahen, sondern auch einen Beitrag zur Lösung einer Vielzahl konkreter inhaltlicher Erklärungsprobleme geliefert.[33] Selbst wenn viele Sozialwissenschaftler die methodologische Position von Homans nicht akzeptieren, so sind doch viele seiner Ideen heute Allgemeingut in der Soziologie. Dies gilt etwa für Homans' Hypothesen über sozialen Tausch oder für seine Theorie der sozialen Gruppe.

Weiter sind Ideen von Homans auch heute noch Grundlage von Forschungen: Sie werden angewendet, diskutiert und weiterentwickelt. Dies gilt z. B. für eine Arbeit von Peter Kappelhoff (1993), in der Ideen von Homans zur Weiterentwicklung der Theorie des Marktes verwendet werden. Auch Victor Nees (1998) Arbeit über Normen basiert auf Ideen von Homans. Man kann also resümieren, daß Homans auch heute noch zu den Sozialwissenschaftlern gehört, deren Werk nicht vergessen wurde, sondern Eingang in das soziologische Wissen gefunden hat und weiterentwickelt wird.

6. Literatur über Homans

Die Leser, die sich speziell mit Literatur über Homans oder generell über den verhaltenstheoretischen Ansatz befassen wollen, seien auf folgende Schriften verwiesen. Ein guter Überblicksartikel, in dem Homans' Werk vorgestellt und dessen Bedeutung für die Soziologie behandelt wird, ist der Beitrag von Wil Arts (1974). Unter theoretischen und methodologischen Gesichtspunkten ist *Verhalten und Interaktion* des polnischen Soziologen Andrzej Malewski (1967) hervorzuheben. Er baut den verhaltenstheoretischen Ansatz von Homans systematisch aus. Viele Ideen von Homans werden aufgegriffen und weiterentwickelt in der Festschrift für Homans[34]. Dort befindet sich auch eine *Bibliographie*[35].

Viktor Vanberg (1975 und 1983) hat einen kritischen Vergleich der Theoriebildung und der Annahmen der „individualistischen Soziologie" (unter die u. a. Homans' verhaltenstheoretischer Ansatz fällt) mit der Theoriebildung der „kollektivistischen Soziologie" (dazu zählt die funktionalistische und marxistische Soziologie) vorgelegt. Er kommt zu dem Ergebnis, daß kollektivistische Strategien der Theoriebildung auf nicht haltbaren Argumenten beruhen und dabei eine fruchtbare Weiterentwicklung der Soziologie eher hemmen als fördern. In ähnlicher Weise vergleicht Peter Ekeh (1974) zwei Traditionen der Austauschtheorie, einen individualistischen und kollektivistischen Ansatz. Karl-Dieter Opp hat in den sechziger und siebziger Jahren zahlreiche verhaltenstheoretische Erklärungen erarbeitet und auch bestehende Theorien abweichenden Verhaltens auf der Grundlage eines individualistischen Ansatzes rekonstruiert und weiterentwickelt[36].

Literatur

1. Werke

Homans, George C., 1941, English Villagers of the Thirteenth Century. Cambridge, Mass.

Homans, George C., 1950, The Human Group. New York. (Dt. 1960, Theorie der sozialen Gruppe. Opladen.)

Homans, George C., 1958, Social behavior as exchange. In: American Journal of Sociology 63, S. 597–606. (Dt. – Auszug – 1967, Soziales Verhalten als Austausch, S. 173–186. In: Heinz Hartmann, Hrsg., Moderne amerikanische Soziologie. Neuere Beiträge zur soziologischen Theorie. Stuttgart.)

Homans, George C., 1961, Social Behavior: Its Elementary Forms. New York. (Dt. 1972, Elementarformen sozialen Verhaltens. Opladen.)

Homans, George C., 1964 a, Contemporary theory in sociology. In: R. E. L. Faris, Hrsg., Handbook of Modern Sociology. Chicago, S. 951–977. (Dt. 1972, Zeitgenössische Soziologische Theorie, S. 9–43. In: George C. Homans, Grundfragen soziologischer Theorie, hrsg. von Viktor Vanberg. Opladen.)

Homans, George C., 1964 b, Bringing men back in. In: American Sociological Review 29, S. 809–818. (Dt. 1972, Wider den Soziologismus, S. 44–58. In: George C. Homans, Grundfragen soziologischer Theorie, hrsg. von Viktor Vanberg. Opladen.)

Homans, George C., 1967 a, The Nature of Social Science. New York. (Dt. 1972, Was ist Sozialwissenschaft? Opladen.)

Homans, George C., 1967 b, Fundamental social processes. In: Neil J. Smelser, Hrsg., Sociology: An Introduction. New York, S. 27–78. (Dt. 1972, Grundlegende soziale Prozesse, S. 59–105. In: George C. Homans, Grundfragen soziologischer Theorie, hrsg. von Viktor Vanberg. Opladen.)

Homans, George C., 1969, A life of synthesis. In: J. L. Horowitz, Hrsg., Sociological Self-Images. Oxford. S. 13–33.

Homans, George C., 1970, The relevance of psychology to the explanation of social phenomena: Reply to Peter M. Blau. In: R. Borger/F. Cioffi, Hrsg., Explanation in the Behavioural Sciences. London, S. 340–343. (Dt. 1972, Die Bedeutung der Psychologie für die Erklärung sozialer Phänomene, S. 126–140. In: George C. Homans, Grundfragen soziologischer Theorie, hrsg. von Viktor Vanberg. Opladen.)

Homans, George C., 1974, Social Behavior: Its Elementary Forms (veränderte Auflage von 1961). New York.

Homans, George C., 1976, What do we mean by social „structure"? In: Peter M. Blau, Hrsg., Approaches to the Study of Social Structure. London, S. 53–65.

Homans, George C., 1983, Steps to a Theory of social behavior. In: Theory and Society 12, S. 1–45.

Homans, George C., 1984, Coming to My Senses. An Autobiography of a Sociologist. New Brunswick.

Homans, George C., 1986, Fifty years of sociology. In: Annual Review of Sociology 12, S. XII–XXX.

Homans, George C., 1987, Certainties and Doubts. Collected Papers, 1962–1985. New Brunswick.

Homans, George C., 1988, Sentiments & Activities. Essays in Social Science. New Brunswick.

Homans, George C., 1990, Rational Choice theory and behavioral psychology. In: C. Calhoun/M. W. Meyer/W. R. Scott, Hrsg., Structures of Power and Constraint. Papers in honor of Peter M. Blau. Cambridge, S. 77–89.

Homans, George C./Charles Pelham Curtis Jr., 1934, An Introduction to Pareto: His Sociology. New York.

2. Sekundärliteratur

Arts, Wil, 1974, George Caspar Homans. In: Leo Rademaker/Ed Petersma, Hrsg., Hoofdfiguren uit de sociologie (Teil 2). Utrecht/Antwerpen, S. 62–76.

Blau, Peter M., 1977, Inequality and Heterogeneity: A Primitive Theory of Social Structure. New York.

Boudon, Raymond, 1977, Effets Pervers et Ordre Social. Paris. (Vier Kapitel davon veröffentlicht in. Widersprüche sozialen Handelns. Darmstadt/Neuwied 1979).

Burgess, Robert L. und Don Bushell jun., Hrsg., 1969, Behavioral Sociology. The Experimental Analysis of Social Process. New York.

Coleman, James S., 1990, Foundations of Social Theory. Cambridge, Mass.: The Belknap Press of Harvard University Press. (Deutsche Ausgabe: Grundlagen der Sozialtheorie, 3 Bände. Munchen: Oldenbourg Verlag 1991–1994).

Coleman, James S., 1987, Microfoundations and Macrosocial Behavior'. In: Jeffrey C. Alexander/Bernd Giesen/Richard Münch/Neil J. Smelser, Hrsg., The Micro-Macro Link. Berkeley: University of California Press.

Ekeh, Peter, 1974, Social Exchange Theory. London.

Hamblin, Robert L./John H. Kunkel, Hrsg., 1977, Bahavioral Theory in Sociology: Essays in Honor of George C. Homans. New Brunswick.

Hummell, Hans J./Karl-Dieter Opp, 1971, Die Reduzierbarkeit von Soziologie auf Psychologie. Eine These, ihr Test und ihre theoretische Bedeutung. Braunschweig.

Kappelhoff, Peter, 1993, Soziale Tauschsysteme. Strukturelle und dynamische Erweiterungen des Marktmodells. München.

Macy, Michael W., 1990, Learning Theory and the Logic of Critical Mass. In: American Sociological Review 55, S. 809 826.

Malewski, Andrzej, 1967, Verhalten und Interaktion. Tübingen.

Nee, Victor/Paul Ingram, 1997, Embededness and beyond: Institutions, Exchange and Social Structure. In: M. Brinton/V. Nee, Hrsg., The New Institutionalism in Economic Sociology. New York, S. 19–45.

Opp, Karl-Dieter, 1970, Soziales Handeln, Rollen und soziale Systeme. Stuttgart.

Opp, Karl-Dieter, 1972, Verhaltenstheoretische Soziologie. Reinbek bei Hamburg.

Opp, Karl-Dieter, 1974, Abweichendes Verhalten und Gesellschaftsstruktur. Darmstadt.

Opp, Karl-Dieter, 1992, Micro-Macro Transitions in Rational Choice Explanations. In: Analyse & Kritik 14, S. 143–151.

Skinner, Burrhus F., Preface: George C. Homans at Harvard. S. 7–11 in: Robert L. Hamblin/John H. Kunkel, Hrsg., 1977, Behavioral Theory in Sociology. Essays in Honor of George C. Homans. New Brunswick.

Vanberg, Viktor, 1975, Die zwei Soziologien. Tübingen.

Vanberg, Viktor, 1983, The rebirth of utilitarian sociology. In: The Social Science Journal 20, S. 71–78.

Wippler, Reinhard, 1978, Nicht-intendierte soziale Folgen individueller Handlungen. In: Soziale Welt 29, S. 155–179.

Wippler, Reinhard/Siegwart Lindenberg, 1987, Collective phenomena and rational choice. In: Jeffrey C. Alexander/Bernd Giesen/Richard Münch/Neil J. Smelser, Hrsg., The Micro-Macro Link. Berkeley, CA., S. 135–152.

Anmerkungen

1 Vgl. zu diesem Abschnitt „Herkunft und Werdegang" im einzelnen die Autobiographie von Homans (1984). Vgl. auch die kurze Darstellung von Skinner 1977.

2 Homans 1984, S. 87.

3 Homans 1984, S. 104.

4 Homans 1984, S. 122.

5 Homans 1969, S. 13.

6 Homans 1934.

7 Homans 1941.

8 Homans 1984, S. 179.

9 Homans 1969, S. 16.

10 Homans 1969, S. 17.

11 Homans 1984, S. 188.

12 Homans 1950, Kapitel 8.

13 Zitiert nach der deutschen Übersetzung: Theorie der sozialen Gruppe, Köln/Opladen 1960, S. 185.

14 Homans, 1974, Kapitel 2.

15 Diese und die folgenden Übersetzungen stammen von den Verfassern.

16 Gemeint sind die Handlungskonsequenzen. Diese Übersetzung wurde aus sprachlichen Gründen in der Hypothese VI gewählt.

17 Zwischen der ersten und zweiten Auflage des genannten Buches stellt Homans eine Fassung seiner Hypothesen vor, die sich wiederum von beiden Büchern unterscheidet. Siehe Homans 1967b. Dies sei hier nur der Vollständigkeit halber angemerkt.

18 Homans, 1974, S. 7.

19 In Wirklichkeit liegt jedoch keine Tautologie vor, da u. a. angenommen wird, daß ein Stimulus, der in der beschriebenen Weise als Verstärker ermittelt wurde, für alle lernbaren Handlungen als Verstärker angenommen wird (Annahme der Transreaktionalität). Vgl. im einzelnen z. B. Opp 1970, S. 186–190; Opp 1972, Kapitel III.

20 Homans 1983, S. 6.

21 Homans 1964 b, S. 818.

22 Homans 1964 a, S. 957.

23 Ebenda, S. 957.
24 Blau 1977.
25 Homans 1969, S. 27.
26 Homans 1986, S. XXI.
27 Wippler/Lindenberg 1987.
28 Vgl. z. B. Macy 1990.
29 Homans 1967 a, S. 106.
30 Coleman 1990, siehe aber auch Boudon 1977.
31 Vgl. zu dieser Art der Darstellung bereits Hummell/Opp 1971, S. 15. Streng genommen müßte es sich um eine oben offene Badewanne handeln, da die Beziehung zwischen den Makrophänomenen nicht kausaler Art ist. Es handelt sich vielmehr um eine Scheinkorrelation, die erklärt wird.
32 Vgl. zu einer Diskussion der verschiedenen Arten von Mikro-Makro-Beziehungen, ausgehend von dem Werk von Coleman, Opp 1992 und Wippler 1978.
33 Neben den vorher zitierten Werken sei auf die beiden folgenden Aufsatzsammlungen verwiesen: Homans 1987 und 1988.
34 Hamblin/Kunkel, 1977.
35 Ebenda, S. 17–26.
36 Opp 1970, 1972, 1974.

Lewis A. Coser

Robert K. Merton

Robert K. Merton und sein einstiger Lehrer Talcott Parsons gelten als die beiden bedeutendsten amerikanischen Soziologen der zweiten Hälfte des 20. Jahrhunderts. Dabei war ihr familiärer Hintergrund sehr unterschiedlich: Parsons' Vater war der geistliche Präsident eines protestantischen Colleges im mittleren Westen der Vereinigten Staaten. Merton wurde am 5. Juli 1910 in Philadelphia, Pennsylvania, als Sohn osteuropäischer jüdischer Immigranten in einer Arbeitersiedlung geboren. Mertons Vater wechselte sein Leben lang zwischen der unteren Mittelschicht und der Arbeiterklasse: Mal betrieb er einen kleinen Milchladen, dann wieder arbeitete er als Tischlergehilfe auf einer Werft in Philadelphia. Der heranwachsende Parsons fand leichten Zugang zu erstklassigen Bildungseinrichtungen, der junge Merton hingegen erreichte die *Harvard University* nur durch eine Reihe glücklicher Zufälle.

Es begann damit, daß Mertons Familie in der Nähe einer jener zahlreichen öffentlichen Büchereien wohnte, die der Industriemagnat und Börsenspekulant Andrew Carnegie gegen Ende des 19. Jahrhunderts hatte errichten lassen. Von seinem fünften Lebensjahr an bis zum Beginn seines Universitätsstudiums wurde diese Bücherei zu Mertons „Privatbibliothek". Die Bibliothekare, beeindruckt vom Lerneifer des Jungen, wurden seine inoffiziellen Tutoren und machten ihn mit den Reichtümern der Kultur vertraut. Ohne sie hätte Merton niemals jene intellektuellen Höhen erreicht, die es auf den folgenden Seiten zu beschreiben gilt. Doch die Bibliothek blieb nicht das einzig Prägende seiner Jugend: Durch einen weiteren glücklichen Zufall ergab es sich, daß ein Nachbar, Charles Hopkins, sich in seine Schwester verliebte und diese später auch zur Frau nahm. „Hop", wie sie ihn nannten, wurde für Merton zum Ersatzvater und zum intellektuellen Ratgeber. Er führte ihn an die Vielfalt der amerikanischen Kultur heran, die sein Vater als Immigrant ihm nicht hätte vermitteln können.

Außerdem war „Hop" ein begeisterter Zauberkünstler. Der jugendliche Merton war fasziniert und eiferte ihm nach: Unter

„Hops" Anleitung erlernte er das Zauberhandwerk und führte seine Tricks vor einem aufmerksamen Publikum von Gleichaltrigen und Jüngeren vor. Allerdings klang ihm sein Geburtsname, Meyer R. Schkolnick, nicht romantisch genug für einen Nachfolger des großen amerikanischen Zaubermeisters Harry Houdini (1874–1926). So nannte er sich zuerst Robert King Merlin, nach dem Helden aus König Artus' Tafelrunde, später dann Robert King Merton. Er ließ sich Visitenkarten mit seinem Künstlernamen drucken, deren Unterzeile *enchanting mysteries* versprach. Als allmählich auch seine Freunde ihn nur noch Merton nannten, entschloß er sich, seinen Namen ganz offiziell zu ändern. Und obwohl er als *graduate student* in Harvard die Zauberkunst aufgab, halten einige von uns ihn noch heute für einen Magier, der seine Kunststücke vor der soziologischen Gemeinschaft aufführte.

Nach der Zeit, die er an der *High School* und in der Carnegie-Bücherei, seiner zweiten „Schule", verbrachte, nahm Merton ein akademisches Studium auf, zuerst an der *Temple University*, die von Russell Herman Conwell, einem Baptistenpfarrer für „the poor boys and girls of Philadelphia", gegründet worden war. Auch hier ließ ihn das Glück auf einen intellektuellen Mentor treffen, der ihm den weiteren Weg wies. Aus Neugierde belegte er einen Kurs, der von einem jungen Dozenten für Soziologie, George E. Simpson, angeboten wurde. Simpson arbeitete zu jener Zeit an seiner Dissertation über *The Negro in the Philadelphia Press*. Er mochte seinen jungen Studenten vom ersten Moment an und machte ihn zu seinem Forschungsassistenten. Später sagte Merton über diese Zeit: „Jene Forschungserfahrung besiegelte meine Entscheidung, mich auf das exotische und unbekannte Feld der Soziologie zu begeben".[1] Simpson führte seinen jungen Assistenten in die Arbeiten früherer und zeitgenössischer Soziologen ein und nahm ihn zu Tagungen mit, wo er den damaligen Größen des Faches begegnete.

Auf einem dieser Treffen lernte er Pitirim Sorokin kennen, den Direktor des neugegründeten *Department of Sociology* in Harvard. Merton war von Sorokin so beeindruckt, daß er sich um einen Studienplatz an der *Harvard University* bewarb. Nachdem er angenommen worden war, arbeitete er zuerst eng mit Sorokin zusammen und half diesem bei seinen Forschungsprojekten. Kurze

Zeit später veröffentlichte er mit seinem Mentor zusammen einen bedeutenden Artikel über die soziale Zeit im *American Journal of Sociology*.[2] Doch Mertons Anhänglichkeit an Sorokin wurde schwächer, als er einem jungen und noch nicht ganz so bekannten Mitglied der Fakultät begegnete: Talcott Parsons.

Aus Platzgründen werde ich hier nicht im einzelnen auf die anderen Mitglieder des Lehrkörpers in Harvard eingehen, welche Merton in jener Zeit beeinflußten. Erwähnen möchte ich einzig, daß der Wirtschaftshistoriker E. F. Gay, der große Wissenschaftshistoriker George Sarton und der Biochemiker und Soziologe Joseph L. Henderson wichtig für ihn waren. Die Spuren dieser Gelehrten kann man in vielen von Mertons Veröffentlichungen finden, am ehesten jedoch in seiner Dissertation und anderen frühen Werken.

Fragt man nach der Bedeutung früherer Soziologen für Merton, so steht das Werk Emile Durkheims ganz oben an. Mertons erster veröffentlichter Aufsatz befaßt sich mit dem Werk Durkheims.[3] Doch auch der Bezug auf Karl Marx ist deutlich und besonders in Mertons frühen Arbeiten sichtbar. Max Webers Einfluß tritt am deutlichsten in Mertons Dissertation hervor, doch er wird in den späteren Arbeiten wesentlich schwächer. Georg Simmel war für Mertons Arbeit hauptsächlich in den fünfziger Jahren und danach wichtig. Aus Platzgründen muß auch hier auf eine ausführliche Behandlung verzichtet werden. Im folgenden werde ich mich darauf beschränken, die komplizierten und nicht immer klar zutage tretenden intellektuellen Beziehungen zwischen dem Werk von Parsons und dem seines einstigen Schülers Merton zu untersuchen.

Zur selben Zeit, als Merton in Harvard studierte, arbeitete Parsons an jenem Buch, das später einen nachhaltigen Einfluß auf die Theoriebildung nicht nur der amerikanischen, sondern auch der Soziologie der gesamten Welt ausüben sollte: *The Structure of Social Action*.[4] Dieses Buch, über das Parsons auch Vorlesungen abhielt, beanspruchte, das gesamte Erbe der europäischen soziologischen Theorieproduktion seit Auguste Comte zu sichten und auf der Grundlage seiner brauchbaren Teile ein imposantes Theoriegebäude aufzubauen. Damit sollte ein neuartiger theoretischer Ansatz begründet werden, der später als „Funktionalismus" oder „Strukturfunktionalismus" bezeichnet wurde.

Genauer gesagt, Parsons war bestrebt, durch eine kreative Synthese insbesondere der Vorarbeiten von Emile Durkheim, Max Weber und Vilfredo Pareto eine „voluntaristische Theorie des sozialen Handelns" zu entwickeln. Er analysierte kritisch die Traditionen von Idealismus, Utilitarismus und Positivismus und hob diejenigen Aspekte hervor, die er als Beitrag zu seinem neuen, synthetischen Ansatz der soziologischen Theorie nutzen konnte. Bestrebt, die charakteristischen Grundmerkmale allen menschlichen Handelns hervorzuheben, entwickelte Parsons in *The Structure of Social Action* eine Reihe abstrakter analytischer Konzepte, die er später in einer langen Serie von Arbeiten vertiefte. Sein Anliegen war es, spätere Wissenschaftler theoretisch anzuleiten und sie davor zu bewahren, sich im Meer der empirischen Datenmengen zu verlieren. Daher schien es ihm als notwendig, die wichtigsten und systematischen Merkmale des sozialen Handelns hervorzuheben.

Robert K. Merton, der eigentlich wegen Sorokin nach Harvard gekommen war und diesem nahestand, wandte sich nun Parsons zu und wurde zum Mitglied der gerade entstehenden Schule des Funktionalismus. Ein aufmerksamer Beobachter hätte allerdings schon damals nicht unwichtige Unterschiede der Denkweisen von Parsons und Merton bemerken können. Parsons arbeitete in seinem sich entwickelnden Werk ein immer komplizierteres soziologisches System aus, von dem er annahm, daß es allen menschlichen Handlungen zugrunde liege. Seine byzantinische Theorie sollte die Gesamtheit des menschlichen Verhaltens erklären. Merton dagegen spürte nicht den geringsten Anreiz, in solch vieldeutiger und hochtrabender Begrifflichkeit zu denken. Die Soziologie, so meinte er, sei ein sehr junges Denksystem, noch nicht reif für den Auftritt eines Isaac Newton oder Johannes Kepler. Es sei zwar wichtig, daß Parsons auf die Irrtümer eines theoretisch unwissenden Empirismus hinweise, doch verleite er seine Schüler dazu, sich auf die verfrühte und aussichtslose Suche nach dem Heiligen Gral des 20. Jahrhunderts zu machen.

Aber wir greifen unserer Geschichte voraus, einige Einzelheiten zu Mertons Karriere nach der Zeit in Harvard sind noch nachzutragen. Seine erste Universitätsstelle bekam er an der *Tulane University* in New Orleans, wo er von 1939 bis 1941 lehrte. Dabei ist bemerkenswert, daß der frisch gebackene *Ph. D.* der *Harvard*

University gleich als *Associate Professor* angestellt wurde und schon sehr bald zum *Full Professor* avancierte. Obwohl die *Tulane University* ihn auch noch zum Direktor des *Departments of Sociology* ernannt hatte, nahm Merton aber bald ein Angebot der *Columbia University* in New York an, ihn als *Assistant Professor* anzustellen. Der Wechsel an eine der führenden Universitäten des Landes und an ein überaus namhaftes *Department* machte es ihm leicht, die positionale Rückstufung zu verschmerzen. In den folgenden Jahrzehnten war die Karriere Mertons ebenso eng mit der *Columbia University* verbunden wie die von Parsons mit der *Harvard University*. Er arbeitete mit einer Vielzahl von Kollegen in *Columbia* zusammen, so u. a. mit Robert Lynd, Kingsley Davis und William J. Goode. Paul F. Lazarsfeld wurde für sehr viele Jahre – bis zu seinem Tode 1976 – ein enger Mitarbeiter und intellektueller Gefährte Mertons.

Zum Beginn ihrer beider Karrieren hätte wohl niemand vorausgesehen, wie nahe sich Merton und Lazarsfeld später stehen sollten. Lazarsfeld, gerade aus Wien nach New York gekommen, sah sich selbst als rein empirischen Forscher. Als früherer Gymnasiallehrer für Mathematik und nunmehr an der Statistik orientierter Wissenschaftler hegte er kein besonderes Interesse an soziologischer Theorie. Tatsächlich verwies er seine Studenten, wenn es um theoretische Probleme ging, regelmäßig an Merton, obwohl er keineswegs so wenig von Theorie verstand, wie er vorgab. Jedenfalls deutete 1941, als Merton an die *Columbia University* kam, nichts darauf hin, daß Lazarsfeld, der empirische Studien zum Konsum- und Wahlverhalten sowie zur Wirkung von Radiosendungen anstellte, zum treuen Weggefährten des einstigen Schülers von Talcott Parsons werden würde.

Jemandem, der sich strikt am Modell der *grand theory* von Parsons orientiert hätte, wäre es tatsächlich schwer gefallen, Gemeinsamkeiten mit dem Flüchtling aus Wien zu entdecken. Doch auch wenn Merton sehr viel von Parsons gelernt hatte, er eiferte ihm nie darin nach, allumfassende Großtheorien zu konstruieren. Sein Bestreben war es, *middle range theories* zu entwickeln, „Theorien mittlerer Reichweite", die nicht das ganze Panorama menschlichen Handelns und all seiner Widersprüche erhellen sollten, sondern klar abgegrenzte Aspekte der sozialen Realität. Auf dieser Basis fanden Merton, der problemorientierte Theoretiker, und

Lazarsfeld, der problemorientierte Empiriker, zusammen und wurden unzertrennliche Kollegen und Freunde.

Merton hat ein konsistentes Denksystem geschaffen, das in einem Dutzend eigener Bücher, einem weiteren Dutzend von ihm (mit)herausgegebener Bände und in etwa 300 Artikeln und Rezensionen niedergelegt ist. Ohne jeden Zweifel zählt er zu den produktivsten Gelehrten der gegenwärtigen Soziologie. Doch er hat immer der Versuchung widerstanden, eines jener unlesbaren Kompendien zu produzieren, die die Bibliotheksregale füllen, ohne je eine Leserschaft zu finden.

Allerdings hielt Merton, auch wenn er den großen Entwurf von Parsons zurückwies, an einer umfassenden theoretischen Vorstellung fest. Im Mittelpunkt stehen für ihn Akteure, deren Handlungen motiviert und deren Handlungspfade und Entscheidungssequenzen weitestgehend, niemals jedoch in vollem Umfang, von ihren jeweiligen Positionen in der Sozialstruktur erzwungen sind. Wie schon Karl Marx so klar gesehen hat, können die Menschen nicht so handeln, wie es ihnen beliebt, da die soziale Position, die sie einnehmen, Zwänge mit sich bringt. Diese Zwänge sind in Mustern und Institutionen organisiert und reichen von relativ lockeren Einschränkungen bis zu strengen Vorschriften. Der größte Teil der wissenschaftlichen Arbeit von Merton beschäftigt sich mit der Erklärung der strukturellen Variationen, von denen jene Muster der Entscheidungen von motivierten Akteuren bestimmt werden. Seine scheinbar grundverschiedenen Beiträge, seien es die Arbeiten zur Anomie, zur Soziologie der Wissenschaft oder zur Funktion von politischen Institutionen und Bezugsgruppen, müssen alle in dieser Perspektive gesehen werden. Merton zielte zwar nicht auf eine universale Großtheorie für die Soziologie ab, lehrte aber seine Studenten, sich einer Vielfalt von Themen aus der Perspektive eines einheitlichen theoretischen Ansatzes zu nähern.

Merton lehnte nicht nur Parsons' allumfassendes System ab, er brachte auch wesentliche Einwände gegen die allgemeinen Annahmen des Parsonsschen Funktionalismus vor. Vor allem bestritt er die Voraussetzung aller funktionalistischen Theorien, die wohl am deutlichsten im Werk von Bronislaw Malinowski und dessen britischen Schülern hervortritt, nämlich daß die beste aller Welten eine funktional vollkommen integrierte Welt sei. Dies führt weiter zu der Annahme einer funktionalen Harmonie der Gesellschaft, eines sozialen Körpers ohne funktionslose Bestandteile, gewissermaßen eines menschlichen Körpers ohne Blinddarm. Im klaren Gegensatz dazu bestimmte Merton sowohl Funktionen wie auch Dysfunktionen und griff damit die konservative Auffassung an, daß jedweder Teil des sozialen Körpers gleich bedeutsam für dessen „gesundes" Funktionieren sei. Von noch größerer Bedeutung als der Begriff der „Dysfunktion" ist die damit verwandte Idee der „funktionalen Alternative". Merton hält es für ein nicht zu rechtfertigendes konservatives Vorurteil, anzunehmen, daß es keine funktionale Alternative zu einem gegebenen, sozialen und kulturellen Muster gebe. Selbst wenn ein an die Scheunentür genageltes Hufeisen einem Bauern das Gefühl gibt, vor Feuerschäden gefeit zu sein, so könnte doch eine Brandversicherung wesentlich mehr zu seiner Beruhigung beitragen.

Merton machte die funktionale Analyse mittlerer Reichweite zu einem flexiblen Instrument, mit dessen Hilfe die strukturellen Ursachen von Unordnung wie von Ordnung, von sozio-kulturellen Unterschieden und Widersprüchen, von zentralen wie von abweichenden Werten in einem gegebenen sozialen Ganzen herausgearbeitet werden können. Gesellschaften weisen immer innere Unstimmigkeiten auf, und es gibt immer Bestrebungen, diese zu eliminieren oder abzuschwächen. Auf diesem Nährboden wachsen Reformen und Veränderungen. Für Merton sind soziale Akteure immer Ambivalenzen, Ungewißheiten und konfligierenden Erwartungen und Entscheidungszwängen ausgesetzt.

Um hier nicht auf wenigen Seiten eine katalogähnliche Aufstellung der wichtigsten Beiträge Mertons zu geben, sollen im folgenden einige Beispiele seiner analytischen Fertigkeiten angeführt werden. Sie sind größtenteils seiner zentral wichtigen Aufsatzsammlung *Social Theory and Social Structure*[5] entnommen.

Wesentlich für die Vorstellungen Mertons ist der Gedanke, daß handelnde Individuen immer in sozialen Strukturen verortet sind und in einer Vielfalt sozialer Beziehungen stehen. Soziale Strukturen wiederum setzen sich aus einer Vielzahl sozialer Statuspositionen zusammen, die ihren Inhabern bestimmte soziale Rollen auferlegen. Allerdings interagieren die Inhaber einer bestimmten Statusposition nicht nur mit einem, sondern mit einer großen Vielzahl von Rollenpartnern. Zugleich hat eine bestimmte Person nicht nur eine Statusposition inne, sondern stets mehrere. Menschen, die in soziale Strukturen eingebunden sind, verfügen also sowohl über ein „Status-Set" als auch über ein „Rollen-Set".

Ein einziges Beispiel muß genügen, um diese grundlegende Komponente des Mertonschen Analyseschemas zu verdeutlichen: Ein Mann, der Kinder unterrichtet, hat den Status des Schullehrers inne. Daneben kann er auch Vater sein, Ehemann, Wähler der Demokratischen Partei, Mitglied der Lehrergewerkschaft, Tennismeister usw. Mit anderen Worten: er verfügt über eine Vielzahl von Positionen innerhalb der sozialen Struktur, und es wäre ein kapitaler analytischer Fehler, wollte man versuchen, sein Verhalten nur in bezug auf eine dieser Statuspositionen zu verstehen. Dies wäre allein deswegen falsch, weil nicht alle von ihm besetzten Statuspositionen ohne weiteres miteinander vereinbar sein müssen. Gewerkschaftsmitglied zu sein kann zur Position eines konformistischen Mitglieds der Lehrerschaft im Widerspruch stehen. Ein guter Ehemann zu sein dürfte nicht immer leicht mit der Position eines guten Arztes oder Anwalts vereinbar sein. Die Tatsache, daß wir alle eine Mehrzahl von Statuspositionen innehaben, hat zur Konsequenz, daß wir auch eine Vielzahl von Rollen spielen müssen. Die Vielfältigkeit unserer Status-Sets bringt die gleiche Vielfältigkeit in unseren Rollen-Sets mit sich. Und wenn dies so ist, dann ist es nur logisch, daß es auch Konflikte zwischen verschiedenen Rollen und Statuspositionen geben wird. Konflikte sind eher der Normalfall als die Ausnahme, und jedes Sozialsystem sieht Möglichkeiten ihrer Begrenzung oder Abschwächung vor. Sie können beispielsweise durch zeitliche Arrangements geregelt werden, so daß jemand werktags Schullehrer und sonntags Kirchgänger ist. Oder jemand ist tagsüber Lastkraftfahrer und abends ein wundervoller Ehemann, während ein anderer nachts Karten spielt und tagsüber arbeitet.

Nicht alle Konflikte zwischen Rollenpartnern oder Inhabern verschiedener Statuspositionen können durch zeitliche Anpassung geklärt werden. Was Schüler von ihren Lehrern erwarten, kann sich erheblich von den Erwartungen der Eltern oder denen der Schulleitung unterscheiden. Einige dieser miteinander konfligierenden Erwartungen können ausgeschaltet oder wenigstens durch eine Vielzahl von institutionalisierten Anpassungsmechanismen abgeschwächt werden. Andere wiederum sind vermutlich allein durch sozialen Wandel und strukturellen Umbau zu lösen. Wenn zwischen den Erwartungen der Schulleitungen und den beruflichen Rechten der Lehrer größere Diskrepanzen entstehen, dann baut die Lehrergewerkschaft ein institutionalisiertes Gegengewicht zu den Entscheidungsbefugnissen der Direktoren auf. Wenn Ehemänner an ihre Ehefrauen Ansprüche stellen, die diese als überzogen empfinden, dann kann derartig ungleichgewichtigen Statuserwartungen und Rollenkonflikten durch Eheberatungsstellen und – in letzter Konsequenz – durch Scheidungsanwälte abgeholfen werden.

Mertons Analyse sozialer Beziehungen, wie sie eben skizziert wurde, kompliziert sich zusätzlich durch die Tatsache, daß einzelne Handelnde nicht nur von jenen sozialen Gruppen beeinflußt sind, denen sie angehören, sondern zudem von ihren jeweiligen *reference groups*, den „Bezugsgruppen", in denen sie gerne Mitglied werden wollen oder die sie wertschätzen. Wer eine große Bewunderung für Nobelpreisträger hegt, kann versuchen, diesen Menschen nachzueifern, und kann sie für sich zum *role model*, zum „Rollenvorbild", machen, ohne auch nur einen Gedanken daran zu verschwenden, selbst einmal Nobelpreisträger zu werden.

Zusammenfassend läßt sich sagen, daß ein gewisses Maß an Konsens zwischen den verschiedenen Rollen- und Statusinhabern in der Tat für das Funktionieren einer gegebenen sozialen Struktur unabdingbar ist. Trotzdem ist Dissens gerade in bezug auf normative Erwartungen kein pathologisches Phänomen, er gehört vielmehr zur *conditio humana*. Solcher Dissens kann, muß aber nicht, durch geeignete Mechanismen abgeschwächt werden.

Im Zentrum des Mertonschen Menschenbildes steht der Begriff der *choice*, der Wahl. Die sozialen Kräfte, denen der Mensch ausgesetzt ist, bestimmen ihn nicht vollständig, trotzdem sind seine Ziele und Handlungen eher gesellschaftlich strukturiert als vom Zufall oder von der Biologie bestimmt. Menschen, die an unterschiedlichen Stellen einer sozialen Struktur plaziert sind, werden eher solche Wahlen treffen, die ihnen ihre jeweilige soziale Verortung nahelegt. Sowohl ihre alltäglichen Handlungen als auch ihre langfristigen Pläne sind dabei weitestgehend geprägt von ihrer objektiven Lage und von ihrer Wahrnehmung der Situation.

Gibt es zum Beispiel eine plötzliche Konjunkturkrise, so kann es passieren, daß viele Angehörige der Mittelschichten in den

Ruin getrieben werden, wenn die Bank, der sie ihre Einlagen anvertraut haben, plötzlich bankrott macht. Ein solcher Zusammenbruch kann objektive, finanzielle Gründe haben; er kann aber auch aufgrund des bloßen Gerüchtes einer drohenden Zahlungsunfähigkeit eintreten, das viele Anleger dazu bewegt, ihre Einlagen zurückzuziehen, obwohl die Bank noch in vollem Umfang zahlungsfähig ist. Es ist allerdings genauso möglich, daß zu der sozialen Struktur eines Landes auch eine Gesetzgebung gehört, die solcherart entstandene Verluste durch Versicherungen kompensiert, so daß die einzelnen Anleger überhaupt keinen Schaden erleiden würden.

Menschen, die in einer sozialen Struktur unterschiedlich verortet sind, erleiden unterschiedliche Schicksale und treffen auf unterschiedliche Wahlmöglichkeiten, die ihre gegenwärtigen und zukünftigen Lebenschancen bestimmen. Ein schwarzes Kind in einer rassistischen Gesellschaft hat kaum eine Chance auf eine gute Elementar- und Sekundärbildung. Dadurch reduziert sich die Chance, daß es von einer guten Universität angenommen wird, auf ein Minimum, während sich die Wahrscheinlichkeit, daß es in einem unqualifizierten Beruf arbeiten wird, um ein Vielfaches erhöht. Und im Vergleich mit denjenigen seiner Altersgenossen, die unter einem günstigeren Stern geboren wurden, wird es eher in kriminelle Handlungen verwickelt werden, wenn ihm ein normales Fortkommen verwehrt bleibt.

Mertons Essay „Social Structure and Anomie" von 1938, ebenfalls aufgenommen im genannten Sammelband *Social Strucure and Social Action* (S. 185–214), ist sein vielleicht berühmtestes Werkstück und eignet sich vorzüglich, seine charakteristische Analysemethode und den Stil seines soziologischen Denkens zu veranschaulichen. Dieser Essay resultiert aus der Erfahrung der großen Wirtschaftskrise, als die vorher fest verankerten Werte und Normen der nordamerikanischen Gesellschaft ins Wanken gerieten und eine allgemeine Erosion des normativen Gerüsts der Gesellschaft eintrat. Als Merton sich mit dieser Entwicklung beschäftigte, wandte er sich zuerst den Arbeiten Durkheims zu und dessen Begriff der „Anomie". In Durkheims Verwendung war das ein eher konservativer Begriff, mit dem die Probleme der zeitgenössischen Welt in erster Linie auf den Zusammenbruch der normativen Zwänge zurückgeführt wurden. Dieser ginge einher mit dem

Zusammenbruch der Barrieren zivilisierten Verhaltens, die normalerweise die animalischen Instinkte im Menschen unterdrückten. Etwas vereinfachend kann man Durkheims Vorstellungen mit der Situation vergleichen, wenn in einem sportlichen Wettkampf die Teilnehmer sich nicht mehr an die Spielregeln halten, sondern alle möglichen Mittel einsetzen, um zu gewinnen. „Anomie" muß nach Durkheim zu einer Hobbesschen Situation führen, einem Krieg aller gegen alle und somit zu einem Zusammenbruch von Gesellschaft und menschlicher Eintracht.

Merton übernahm nun Durkheims Begriff der Anomie, gab ihm jedoch eine eher progressive Bedeutung. Sein Argument war, daß es vielfältige Formen individueller Anpassung an gesellschaftliche Krisen und Zusammenbrüche gebe. Er zögerte daher, sein Schema auf alle existierenden Gesellschaften zu beziehen, sondern beschied sich damit, es auf die Krise seiner eigenen Gesellschaft anzuwenden.

Das Ethos der nordamerikanischen Gesellschaft war weitgehend bestimmt vom Ethos individuellen Erfolgs. Zwar war den Menschen klar, daß nicht alle auf der Erfolgsleiter ganz oben stehen können, doch schauten sie bewundernd und in gewissem Maße neidisch auf all jene, die es „geschafft" hatten – und denen sie irgendwann einmal nacheifern wollten. Als nun aber während der großen Depression alles Erfolgsstreben aussichtslos und selbst den Fleißigsten der Aufstieg verwehrt schien, ließen viele Menschen die normativ anerkannten Verhaltensmaßregeln hinter sich. Natürlich gab es welche, die sich weiterhin der etablierten institutionalisierten Mittel bedienten, um die allgemein anerkannten Ziele zu erreichen, doch andere, die sich an den gleichen Zielen orientierten, ersannen neuartige, nicht anerkannte und teilweise kriminelle Mittel, um zum Erfolg zu gelangen. Es gab Menschen, die sich ritualistisch an die früheren Mittel klammerten, wohingegen andere alle Hoffnungen fahren ließen. Und es gab jene, die gegen die Gesellschaft rebellierten oder sich aus ihr zurückzogen und sowohl ihre Ziele als auch die Mittel, diese zu erreichen, aufgaben.

Der analytische Reiz des Mertonschen Schemas besteht nun darin, daß es sowohl die Wirkung sozialstruktureller Faktoren wie auch die Wirkung individueller Anpassung an strukturelle Verwerfungen erfaßt. Für Merton resultiert Anomie gleichermaßen aus Störungen der sozialen Muster, beispielsweise der Blokkade jeglichen Erfolgsstrebens, wie aus dem Auftreten von abweichenden Reaktionen auf gesellschaftliche Zwänge. Dieses neuartige Konzept erlaubte es seinem Autor, Phänomene zu verstehen, die das Schema Durkheims nicht erfaßte. Auch ein „Krimineller" wurde danach als jemand begriffen, der sich den allgemein anerkannten Erfolgszielen unterwarf. Er lehnte einzig die normativ akzeptierten Mittel, sie zu erreichen, ab. Ein „Bürokrat" dagegen stellte sich nach jenem Konzept als jemand dar, der ritualistisch an seinen Mitteln hing, aber die Ziele längst vergessen hatte.[6] *Summa summarum*: Merton konnte in seinem schön aufgebauten Essay anhand eines theoretisch und empirisch aufgearbeiteten Falles die wechselseitigen Auswirkungen von individuellem Handeln und sozialen Zwängen aufzeigen, die bis heute das soziologische Denken so oft in Verwirrung stürzen. Es gelang ihm zu erklären, warum die Anomie ihren Nährboden gerade bei jenen Menschen findet, deren gesellschaftliche Position sie eigentlich dazu prädestiniert, nach Erfolg zu streben. Wenn ihre soziale Lage sie daran hindert, ihre gesellschaftlich anerkannten Ziele mit anerkannten Mitteln zu erreichen, machen sie disproportional oft von gesellschaftlich nicht anerkannten Mitteln Gebrauch.

War das Konzept der Anomie bei Durkheim, der den Zusammenbruch der begrenzenden Werte hervorhob, konservativ gewendet, so verweist die Theorie Mertons eher auf die mangelnden Chancen derjenigen, die durch ihre Position in der sozialen Struktur benachteiligt sind. Sein Anomie-Konzept betont deshalb auch die Notwendigkeit einer progressiven oder liberalen Politik, die die Chancen der Menschen erhöht, auf legitimem Wege sozial aufzusteigen.

Dem Sohn eines aus Sizilien in die U.S.A. immigrierten Steinhauers ist es durch seine soziale Position verwehrt, einen Bildungsstand zu erreichen, der ihm den Zugang zu Positionen ermöglichen würde, die anderen Mitgliedern der amerikanischen Gesellschaft offenstehen. Das hat herzlich wenig mit seiner angeborenen meßbaren Intelligenz zu tun, sondern ist weitestgehend auf die Tatsache zurückzuführen, daß er in einer sozialen und kulturellen Umgebung aufwächst, die ihm kaum eine Chance zum sozialen Aufstieg bietet. Es ist sehr unwahrscheinlich, daß er es zum Absolventen der *Harvard University* bringen wird. Wenn der soziale Aufstieg in dieser Weise blockiert ist, wird der Sohn eher ein Leben wie das seines Vaters führen oder er wird versuchen, unter Anwendung gesellschaftlich nicht anerkannter, krimineller Mittel die gesellschaftlich anerkannten Erfolgsziele zu erreichen. Es mag sein, daß es auch unter den Harvard-Absolventen zukünftige *white collar*-Kriminelle gibt, aber auf jeden Fall sind es eher sizilianische Immigranten, die den personellen Nachwuchs der Mafia stellen.

Eine der Schwierigkeiten, die einem bei der Auseinandersetzung mit den Arbeiten Mertons begegnen, resultiert aus der Tatsache, daß viele seiner Begriffe und Konzepte heute zum allgemeinen Bestand des soziologischen Denkens gehören und ihre ursprüngliche Herkunft allmählich in Vergessenheit gerät. Merton selbst sprach von *obliteration by incorporation*, von „Auslöschung durch Einverleibung". Viele soziologische Konzepte, wie beispielsweise das der *self-fullfilling prophecy* (der sich selbst erfüllenden Voraussage), des Phänomens der *serendipity* (der Tatsache, daß auch unvorhergesehene, zufällige und anomale Daten zum Erkenntnisfortschritt der Wissenschaft beitragen können), des *Matthew Effect* (der soziologischen Tatsache, daß denjenigen, deren Reputation und soziale Position eher hoch sind, auch und deswegen mehr gegeben wird), die heute allgemeingängig sind, wurden entweder von Merton entwickelt oder von ihm der drohenden Vergessenheit entrissen. Sie alle sind heute Teil des Lehrbuchwissens, das nachwachsenden Soziologinnen und Soziologen vermittelt wird, ohne daß sie erfahren, wo diese Konzepte ihren Ursprung haben. Auf einige möchte ich daher im folgenden beispielhaft eingehen.

Der Mertonsche Terminus *unanticipated consequences*, „unbeabsichtigte Nebenfolgen", verweist auf eine Vielzahl soziologischer Phänomene, die von einzelnen Akteuren oder von Gruppen erzeugt werden, wenn sie ihre selbstgesteckten Ziele verfolgen, dabei aber unbeabsichtigt Dinge in Gang setzen, von denen sie nichts ahnten und die sie auch nicht für wünschenswert gehalten hätten. Wenn in einer Stammesgesellschaft die Mitglieder Tänze organisieren, um es in einer von Trockenheit bedrohten Region regnen zu lassen, dann werden sie keinen Niederschlag produzieren. Aber sie werden sich in ihrer Notsituation gegenseitig weiterhelfen und unterstützen und können so einer kollektiven Katastrophe durch ihre Solidarität vorbeugen. Allgemeiner gesagt, soziale Muster können, auch wenn sie auf übermäßig rationale Beobachter irrational wirken, der Verwirklichung gesellschaftlicher Ziele und sozialer Funktionen dienen, selbst wenn die ursprüngliche Absicht nicht erreicht wird.

Oder, um eine verwandte Begrifflichkeit zu verwenden, die ebenfalls von Merton eingeführt wurde: Anstelle nicht erfüllter „manifester Funktionen" können Handlungen „latente Funktionen" erfüllen, auch wenn die Akteure die Konsequenzen ihres Tuns in keiner Weise vorhergesehen haben. Merton geht sogar noch einen Schritt weiter und betont, daß gerade die „latenten Funktionen" und deren Analyse das eigentliche Gebiet der Soziologie ausmachten, da sie die Aufmerksamkeit auf theoretisch ergiebige Forschungsfelder lenken und soziologische Aufklärung möglich machen.

Seiner eigenen ständigen Mahnung, die „Dysfunktionen" ebenso stark wie die „Funktionen" zu berücksichtigen, folgend, beschränkt Merton seine Analyse keineswegs auf jene latenten Funktionen, die für eine Gruppe oder eine bestimmte soziale Einheit nützlich sind, wie es etwa bei den angeführten Regentänzen der Fall ist. Er verweist ebenso auf das „Veblen-Paradox", so genannt nach einem Werk des Soziologen Thorstein Veblen.[7] Dieser konnte zeigen, daß Menschen, die der Oberschicht angehören oder ihr angehören wollen, teure Güter nicht ihrer Qualität wegen kaufen, sondern eben weil sie teuer sind. Auf diese Weise können die Käufer ihren Statusanspruch gegenüber ihren Mitmenschen aufrechterhalten, und es ist dabei völlig unerheblich, ob sie sich dieser Motivation bewußt sind oder nicht.

Merton betont, daß in der soziologischen Analyse genau zwischen subjektiven Dispositionen und objektiven Konsequenzen unterschieden werden muß. Er hebt hervor, daß die Motive, warum Menschen eine Heirat eingehen, nicht identisch sind mit den sozialen Funktionen von Ehepaaren und Familien. Ebensowenig kann angenommen werden, daß die Gründe, die die Menschen für ein bestimmtes Verhalten anführen, identisch sind mit den objektiven Konsequenzen dieses Verhaltens. Subjektive Dispositionen mögen sich in einigen Fällen mit objektiven Konsequenzen decken, in anderen Fällen aber werden sie sich stark voneinander unterscheiden. Der soziologische Beobachter muß darauf hinweisen, wie stark diese Divergenz sein kann. Handelnde können mehr oder weniger Geschichte machen, aber sie gestalten diese nicht in beliebiger Weise. Und so muß gerade der soziologische Analytiker die emanzipatorische Aufgabe erfüllen, auf die möglichen negativen Konsequenzen guter Absichten hinzuweisen. In dieser Hinsicht, wie in manch anderer, folgt Merton der Tradition der Aufklärung.

Europäische Interpreten neigen gelegentlich dazu, dem Mertonschen Werk seine Bedeutung abzusprechen, indem sie ihn als wesentlich amerikanischen Denker hinstellen. Obwohl er mit den meisten europäischen Konzepten der Soziologie vertraut sei, basierten seine Arbeiten allein auf amerikanischen Daten und Theorien. So wurde auch behauptet, seine Beiträge zur Theorie der Anomie seien im Grunde auf den amerikanischen Glauben an die Dominanz des Erfolgsstrebens zurückzuführen. Nichts ist falscher als das. Zwar stimmt es, daß sich Mertons Denken im amerikanischen Kontext entwickelte, aber mehr als jeder andere in den USA geborene Sozialwissenschaftler war Merton stets darauf bedacht, die Kontinuität der soziologischen Tradition zu bewahren und auf dem vorhandenen soziologischen Wissen aufzubauen, gleichgültig aus welchem nationalen Kontext es stammte.

Schon Mertons erste größere Arbeit, seine Dissertation an der *Harvard University* mit dem Titel *Science, Technology, and Society in Seventeenth Century England*,[8] zeigt, wie er sich das europäische Erbe zunutze zu machen wußte. Selbstverständlich verdankt diese Arbeit einiges den Anregungen seiner akademischen Lehrer in Harvard, doch schon eine oberflächliche Lektüre zeigt, daß sie gleichermaßen Max Weber, Ernst Troeltsch und Robert H. Tawney verpflichtet ist. Um die puritanischen Wurzeln des britischen wissenschaftlichen Denkens zu erhellen, greift Merton sogar noch weiter aus und bezieht die marxistische Tradition und besonders die Arbeiten des sowjetischen Gelehrten Boris Hessen ein.

Wieviel Mertons Analyse der Anomie, aber auch andere seiner Arbeiten Durkheim verdanken, wurde bereits angesprochen. Auch wenn er Durkheims konservative Grundüberzeugung nicht teilte, so ist doch ganz offensichtlich, daß Merton seine strukturelle Sichtweise anhand einer genauen und immer wieder aufgenommenen Lektüre des französischen Klassikers entwickelt hat.

Was die funktionale Analyse anbelangt, so ist deutlich, daß Mertons Denken während der Zeit in Harvard und in geringerem Maße auch danach zutiefst von Talcott Parsons beeinflußt war. Genauso offensichtlich ist auch der Einfluß der Ethnologen Bronislaw Malinowski und Alfred R. Radcliffe-Brown, ungeachtet Mertons kritischer Position den britischen Funktionalisten gegenüber. Zwar lehnte er ihren globalen Funktionalismus ab, doch erwies er ihnen die Huldigung einer kritischen Analyse, vor allem in seinem Essay „Paradigm of Functional Analysis in Sociology".[9] Diese bedeutende Arbeit zielt nicht darauf ab, seine Vorgänger herabzumindern, sondern will die funktionale Analyse auf eine stabilere Grundlage stellen. Indem Merton sich ihre Einsichten aneignete, war er im Stande, diese nicht nur zu korrigieren, sondern sie auch zu erweitern, etwa durch die Unterscheidung von latenten und manifesten Funktionen oder durch die Betonung der Existenz funktionaler Alternativen.

Soziologische Theorie, so wie Merton sie begreift, ist gleichermaßen abzugrenzen von den ehrgeizigen, großtheoretischen Entwürfen der früheren europäischen und amerikanischen Soziologie wie von jenen detailfreudigen Projekten, die überhaupt keine Verallgemeinerung anstreben. Weder macht sich Merton auf die allzu ehrgeizige Suche nach dem allumfassenden Wissen über die Gesellschaft, noch unterwirft er sich dem übertrieben anspruchslosen Verdikt, man dürfe allein den empirischen Fakten folgen. Er postuliert die Notwendigkeit von „Theorien mittlerer Reichweite", die nicht auf ein globales Verständnis aller menschlichen Verhältnisse angelegt sind, sondern sich damit bescheiden, abgegrenzte Aspekte empirischer sozialer Phänomene zu erfassen. So formuliert er eine Theorie der Bezugsgruppen wie eine Theorie sozialer Mobilität, Theorien des Rollenkonflikts wie Theorien der sozialen Integration. Wie jede Theorie schließt eine Theorie mittlerer Reichweite die Abstraktion von empirischer Beobachtung ein, doch Mertons Abstraktionen sind so konkret, so nahe an den Daten, daß der Soziologe mit ihrer Hilfe abgegrenzte Aspekte sozialer Phänomene erhellen kann. „Man spricht von einer Theorie der Bezugsgruppe, von sozialer Mobilität, ebenso wie man von einer Theorie des Preises spricht, von einer Bakterien-Theorie der Krankheit oder einer kinetischen Theorie der Gase."[10]

Mertons Erklärungsschemata, wie er sie in seinen Theorien

mittlerer Reichweite entwickelt hat, verweisen stets auf die sozialen Strukturen, in welche die sozialen Akteure eingebettet sind. Zwar werden die Handelnden nicht als bloße Marionetten wahrgenommen, die am Faden der Gesellschaft hingen, aber ihr Handeln stimmt mit der Position überein, die sie innerhalb ihrer strukturellen Umgebung einnehmen. Akteure handeln in Relation zu ihren jeweiligen Wahlmöglichkeiten und ihren Motiven, doch die Bandbreite ihrer Wahlmöglichkeiten variiert mit der strukturellen Position, in der sie sich befinden. Menschen, die sich auf verschiedenen Stufen der sozialen Pyramide wiederfinden, werden unterschiedlichen Lebenswegen folgen, selbst wenn sie gleichermaßen vom Streben nach Erfolg motiviert sind. Psychologen mögen Ähnlichkeiten zwischen den psychischen Strukturen eines Ghetto-Kindes und denen eines Internatsschülers finden, doch dessen ungeachtet werden sich die Lebenswege dieser beiden Kinder mit großer Wahrscheinlichkeit stark voneinander unterscheiden. Im Zentrum aller Schemata Mertons stehen immer die sozialstrukturellen Grundmerkmale, die das soziale Handeln prägen. Dennoch vermeidet er jeglichen strikten strukturellen Determinismus, indem er durchweg den vorhandenen Spielraum jeder Handlung betont, der auch strukturelle Veränderungen zuläßt.

Während sich die zentralen Merkmale beispielsweise der allgemeinen soziologischen Theorie von Emile Durkheim schnell skizzieren lassen, ist es unmöglich, das Mertonsche Werk auf ähnlich begrenztem Raum darzustellen. Seine Stärke sind die vielen detaillierten Theorien mittlerer Reichweite, die er während seines Forscherlebens entwickelt hat. Es sind die Details, die sein Werk auszeichnen und ihm seinen Wert verleihen.

In den unmittelbaren Nachkriegsjahren war Mertons Einfluß innerhalb der soziologischen Theorie weitreichend und tiefgreifend. Erst in den achtziger und neunziger Jahren ging er ein wenig zurück. Doch nach meiner Überzeugung ist diese Schwäche eine vorübergehende. Da auch kommende Generationen von Soziologinnen und Soziologen sich unweigerlich mit den Konsequenzen und Problemen individueller und allgemein gesellschaftlicher Interaktion und Interpenetration werden auseinandersetzen müssen, werden sie sich auch wieder mit den Arbeiten von Merton befassen. Vielleicht wird uns eines Tages jemand eine Theorie mittlerer

Reichweite präsentieren, die den Einfluß Mertons auf die Soziologie der USA wie auf die der ganzen Welt nachzeichnet.

Literatur

Werkausgaben

Es gibt bislang keine umfassende Werkausgabe der veröffentlichten Arbeiten von R. K. Merton.
An deutschen Übersetzungen liegen bisher vor:
Auf den Schultern von Riesen. Ein Leitfaden durch das Labyrinth der Gelehrsamkeit. Frankfurt a. M. 1983.
Entwicklung und Wandel von Forschungsinteressen. Aufsätze zur Wissenschaftssoziologie. Frankfurt a. M. 1988.
Soziologische Theorie und soziale Struktur. Berlin 1995.

Bibliographie und Biographien

Die umfassendsten und aktuellsten Bibliographien finden sich in den Büchern von Sztompka (1986) und Crothers (1987). In ihnen sind auch ausführliche Hinweise auf die Biographie Mertons zu finden.

Monographien

Clark, Jon u. a. Hrsg., 1990, Masters of Sociology: Robert K. Merton. London.
Coser, Lewis A. Hrsg., 1975, The Idea of Social Structure: Papers in Honor of Robert K. Merton. New York.
Crothers, Charles, 1987, Robert K. Merton. London/New York.
Gieryn, Thomas F. Hrsg., 1980, Science and Social Structure: A Festschrift for Robert K. Merton. New York.
Mongardini, Carlo/Tabboni, Simonetta Hrsg., 1989, L' Opera di Robert K. Merton e la Sociologia Contemporanea. Genova.
Sztompka, Piotr, 1986, Robert K. Merton: An Intellectual Profile. New York/London.

Anmerkungen

1 Merton, Robert K., A Life of Learning, In: Sztompka, Piotr, Hrsg., Robert K. Merton, On Social Structure and Science, Chicago 1996, S. 348. Ich habe diesem Aufsatz die persönlichen Informationen zu Mertons frühen Jahren entnommen.
2 Merton, R. K./Sorokin, P., Social Time: A Methodological and Functional Analysis, In: American Journal of Sociology, 1937, Vol. 42, S. 615–629.
3 Merton, R. K., Durkheim's Division of Labour in Society, In: American Journal of Sociology, 1934, Vol.40, S. 319–28.

4 Parsons, T., The Structure of Social Action, New York 1937.

5 Merton, R. K., Social Theory and Social Structure, New York 1968.

6 Ich erinnere mich, daß ich einmal eine Mahnung der Steuerbehörde über 15 Cents erhielt, die mit 25 Cents frankiert war.

7 Veblen, Th., The Theory of the Leisure Class. An Economic Study of the Evolution of Institutions, New York 1899. (Dt. Übers.: Theorie der feinen Leute. Eine ökonomische Untersuchung der Institutionen, Köln 1958).

8 Merton, R. K., Science, Technology, and Society in Seventeenth Century England, 1938, reprinted New York 1970/1993.

9 Merton, R. K., On Social Theories of the Middle Range, In: Social Theory and Social Structure, a. a. O. S. 39–42.

10 Vgl. FN 9, a. a. O., S. 41.

Andreas Hess

C. Wright Mills
(1916–1962)

1. Einleitung

Während in den meisten englischsprachigen Ländern C. Wright Mills im Soziologie- und Politikstudium als moderner Klassiker gelesen wird, scheint man Mills' Namen in Deutschland völlig verdrängt zu haben. Es ist damit eine Situation eingetreten, vor der der Soziologe Robert S. Lynd bereits unmittelbar nach dem Tode von C. Wright Mills gewarnt hatte: „Don't sell Mills short!".[1]

Vielleicht liegt es an der deutschen Besonderheit, der Vorliebe und dem Hang zu großen Theorien und philosophischen Systemen, daß die weniger generalisierende Politische Soziologie C. Wright Mills' in Vergessenheit geraten zu sein scheint. Vielleicht liegt es aber auch an einer eigentümlich national bornierten Haltung, daß man nur in Deutschland in der Lage sei, ‚tief' und systematisch zu denken. Dabei könnte die erneute Rezeption der Arbeiten Mills' zeigen, daß es weniger darauf ankommt, ‚tief' und in Systemen, als vielmehr klar zu denken – und sich verständlich mitzuteilen. Von Mills wäre außerdem zu lernen, wie eine Diskussion um die Zukunft der Demokratie am Übergang zum 21. Jahrhundert geführt werden könnte. Eine Politische Soziologie, die nicht aus großen philosophischen Letztbegründungen abgeleitet ist, aber gleichwohl normativ wie beschreibend die „Demokratische Frage" erörtert und in der Lage ist, diese Diskussion in eine breite Öffentlichkeit zu tragen, wäre an der Zeit, ist jedoch nicht in Sicht.

2. Leben und zeitgenössischer sozialer und politischer Kontext

a) Ausbildung in soziologischer Theorie und Methode
(1939–1941/42).[2]

Charles Wright Mills wird am 28. August 1916 in Waco, Texas geboren. Die Eltern sind irischer und englischer Abstammung. Der

Vater ist von Beruf Versicherungsvertreter, die Mutter Hausfrau. Kindheit und Jugend verbringt Mills an verschiedenen Orten in Texas. Nach der *High School* besucht er das *Texas Agricultural and Mechanical College*. Bereits nach einem Jahr verläßt er das Texas A & M, ihm behagt das vom Militär dominierte Ausbildungssystem dort nicht. Er entschließt sich, an die *University of Texas* in Austin zu wechseln.

Die Universität von Texas wurde während des *New Deal* mehr und mehr mit gesellschaftlichen Aufgaben betreut. Hinzu kam, daß große Teile des Lehrkörpers – angefangen vom Präsidenten bis hin zu den Dozenten in den einzelnen Fachbereichen – reformorientiert waren. Besonders in den Fächern der *liberal arts* gab es eine ganze Reihe von Professoren, die ihre Ausbildung an der als besonders reformfreudig bekannten *University of Chicago* absolviert hatten. Durch diese Dozenten lernt Mills die Ideen des amerikanischen Pragmatismus kennen. Der junge Student macht sich mit dem Denken eines Peirce, James, Dewey und Mead vertraut. Daß Mills sich aber nicht nur mit dem amerikanischen Pragmatismus, sondern auch mit der Wissenssoziologie, dem Marxismus und kritischen Denkern wie Thorstein Veblen auseinandersetzt, wird bereits in diversen *term papers* und Aufsätzen deutlich.[3] Im Juni 1939 verläßt Mills mit einem Zertifikat eines *Bachelor and Master of Art* Austin und wechselt, um sein Postgraduiertenstudium beenden zu können, an die Universität von Wisconsin, wo sich nicht wenige Professoren als Radikalreformer und kritische Vordenker gesellschaftlicher Veränderungen einen Namen gemacht hatten.

Mehrere Arbeiten, die an der Universität von Wisconsin entstehen, geben über die weitere theoretische Orientierung von Mills Aufschluß. Hier wird deutlich, daß er sich früh mit den soziologischen Klassikern – namentlich mit Marx, Weber und Durkheim – auseinandersetzt, doch wird ebenso klar, daß er an einer explizit amerikanischen Tradition und Ausrichtung sozialkritischen Denkens festhält.[4] Seine Affinität zum Amerikanischen Pragmatismus belegt auch Mills' Dissertation, deren größter Teil John Dewey gewidmet ist.[5]

An der Universität von Wisconsin lernt Mills Hans Gerth kennen, einen deutschen Emigranten, der vor dem Nationalsozialismus fliehen mußte. Mit dem Treffen der beiden wird eine lange

Jahre dauernde Freundschaft begründet, die für die Entwicklung Mills' von zentraler Bedeutung sein wird: In theoretischer Hinsicht insofern, als Gerth sein Lehrer in Sachen Max Weber wird; in praktischer Hinsicht insofern, als Gerth – als überlebender Zeuge des nationalsozialistischen Regimes – Einfluß auf Mills' politische Willensbildung nimmt. Das Thema Krieg und Nationalsozialismus läßt ihn nicht mehr los. Mills verfaßt Kritiken, in denen es um eine Einschätzung des Charakters des totalitären Staates geht.[6] Zusammen mit Hans Gerth versucht er in *Character and Social Structure*, den Wurzeln totalitärer Herrschaft auf die Spur zu kommen.[7]

*b) Empirische Forschung und Hinwendung zur Politischen
Soziologie (1941/42–1955)*

Anfang 1942 wechselt Mills an die Universität von Maryland, wo er eine Stelle als *Associate Professor* annimmt. Der Umzug von der Provinz in die Nähe der Hauptstadt Washington D.C. hat Folgen für seine weitere Orientierung: Hier erfährt er die Macht, sieht die Institutionen, die „wirklich Geschichte machen" aus allernächster Nähe. So war auch die Universität von Maryland in vielen Bereichen in die von Washington aus betriebenen Kriegsanstrengungen involviert. Mills' Position radikalisiert sich in dieser Zeit zunehmend, was für seine Publikationstätigkeit nicht ohne Folgen bleibt: Er nimmt Kontakt zu verschiedenen Zeitschriften der liberalen Linken auf und schreibt u. a. für *The New Republic*, das Gewerkschaftsmagazin *The New Leader* und *Politics*.[8] Er erhält Kontakt zu den *New York Intellectuals* und lernt u. a. Daniel Bell, Irving Howe und Dwight Macdonald näher kennen.

1945 geht Mills nach New York, um an der *Columbia University* eine Stelle zunächst als einfacher Lehrbeauftragter anzunehmen, jedoch mit der Aussicht auf eine spätere Festanstellung als *Associate Professor* für Soziologie. Der Wechsel bedeutet für ihn eine bessere Einbindung in die Diskussionskreise der New Yorker Intellektuellen. Darüber hinaus eröffnen sich Mills durch die Forschungstätigkeit an dem von Paul Lazarsfeld geleiteten *Bureau of Applied Social Research* neue Horizonte. Aus der empirischen Forschung für Lazarsfeld sowie einigen anderen Forschungsaufträgen resultiert seine erste große Arbeit über die Machtverhältnisse in den Vereinigten Staaten, die Gewerkschaftsstudie *The New Men of Power*.[9] Darin sucht Mills eine Antwort auf die Frage, ob die organisierte Arbeiterklasse auf die dringenden Probleme der Gegenwart vorbereitet sei.

Der Untersuchung über die organisierte Arbeiterbewegung in den USA folgt 1951 die Studie *White Collar*[10], die vom allgemeinen Erkenntnisinteresse her (wer im emphatischen Sinne des Wortes eigentlich ,Geschichte macht') in die gleiche Richtung zielt, sich aber in ihrem spezifischen Gegenstand insofern unterscheidet, als nunmehr die amerikanische Mittelklasse im Mittelpunkt steht.

Nicht nur in *White Collar*, auch in weiteren kritischen und zum Teil polemisch formulierten Essays findet das neue Erkenntnisinteresse, wie der *main drift* einer Gesellschaft zu verstehen und zu erklären sei, seinen unmißverständlichen Ausdruck.[11] Die radikale Kritik Mills' bleibt dabei nicht ohne persönliche Konsequenzen: Eine Folge der Hinwendung zur Politischen Soziologie ist die Abkehr von der rein akademischen Welt und die Öffnung hin zu einer breiteren Öffentlichkeit.

c) Zwischen soziologischer Analyse und politischem Anspruch (1956–1962)

1956 erscheint der letzte Teil der Trilogie über die amerikanischen Machtverhältnisse.[12] In *The Power Elite* steht, wie der Titel schon sagt, die Analyse der amerikanischen Machtelite im Vordergrund. Hier wird deutlich, daß es weder die von Marx prophezeite universalistisch orientierte Arbeiterklasse ist, die Geschichte macht, noch die neue Mittelklasse, sondern eine kleine Machtelite – bestehend aus Politik, Wirtschaft und Militär.

Noch im gleichen Jahr, in dem *The Power Elite* erscheint, wird Mills zum *Full Professor* befördert. Diese Beförderung kommt – Ironie der Geschichte – zu einem Zeitpunkt, als Mills sich immer mehr von dem akademischen Milieu löst und andere Öffentlichkeiten sucht. Insbesondere die Sorge um die Zuspitzung des Kalten Krieges treibt ihn um. In seinem Buch *The Causes of World War III* von 1958 geht es um die Gefahren eines drohenden Nuklearkrieges, begünstigt durch zwei sich gegenüberstehende Militärblöcke, die ihrerseits wiederum von verantwortungslosen

Machteliten angeführt werden und gleichzeitig von den ohnmächtigen Massengesellschaften der beiden Blöcke nicht kontrolliert werden können.[13]

Entfremdet und enttäuscht von den entpolitisierten Diskussionen der etablierten amerikanischen Sozialwissenschaften begibt sich Mills nach Europa. Hier, insbesondere bei der im Entstehen begriffenen Neuen Linken in England, findet er Gesprächspartner und Weggefährten, die mit ihm sympathisieren. Dazu gehören insbesondere Ralph Miliband, Edward P. Thompson, Isaac Deutscher, überhaupt der ganze Umkreis einer neugegründeten Zeitung, die später unter dem Namen *new left review* bekannt werden sollte. Neben diesen Kontakten pflegt Mills aber auch Beziehungen zu sogenannten ‚revisionistischen Kreisen‘ in Polen, insbesondere zu Leszek Kolakowski und Adam Schaff.

In der BBC bekommt Mills Platz für mehrere Sendungen eingeräumt. In seinen Radiovorträgen und Essays[14] geht es ihm vor allem um die Begründung einer blockunabhängigen Neuen Linken. Als einen möglichen Bündnispartner dieser neu zu begründenden Linken sieht Mills die nationalen Befreiungsbewegungen der Dritten Welt an. Er reist nach Brasilien und Mexiko, ja sogar nach Kuba, um dort die Kontakte zu intensivieren und sich auch auf internationaler Ebene für das Projekt einer Neuen Linken einzusetzen. Er publiziert *Listen, Yankee* (1960), ein Buch über Kuba, um die Motive des Befreiungskampfes einer breiteren Öffentlichkeit näherzubringen.[15] Mills wird daraufhin in der amerikanischen Öffentlichkeit scharf attackiert, nicht nur von den Hardlinern in Sachen Kuba und Kalter Krieg, sondern auch von seinen Fachkollegen, die ihm eine Abkehr vom wissenschaftlichen Diskurs, gar populistisches Verhalten vorwerfen.

Doch so weit sich Mills politisch auch radikalisiert, letztendlich weiß er sich doch der wissenschaftlichen Diskussion verpflichtet. *The Sociological Imagination* ist der Entwurf einer kritischen Soziologie, der zugleich ein Versuch ist, die ‚klassische Tradition‘ der Soziologie zu beerben.[16] Dieses Buch sollte sein theoretisches Vermächtnis sein. Im Januar 1962 kehrt C. Wright Mills nach einem längeren Europaaufenthalt nach New York zurück. In einem Brief an die Eltern schreibt er: „Ich habe mich entschlossen, in die Vereinigten Staaten und nach Columbia zurückzukehren [...]. Die Entscheidung hat weniger mit den vielen Vorteilen, die England bietet, zu tun, als mit der Tatsache, daß meine Argumente sich auf Amerika beziehen und dort auch weiter ausgearbeitet werden müssen. Man trägt es mit sich herum, und überhaupt ist das meine verdammte Aufgabe."[17] C. Wright Mills kommt nicht mehr dazu, sein Vorhaben einer Synthese aus soziologischem Anspruch und politischem Interesse zu Ende zu denken. Er stirbt, erst 45 Jahre alt, am 20. März 1962 an einem Herzinfarkt.

3. Werk und wissenschaftliche Rolle

Mills frühe Arbeiten wie *Language, Logic and Culture* oder *Types of Rationality*, sowie seine M.A.-Abschlußarbeit *Reflection, Behaviour and Culture* oszillieren zunächst zwischen Wissenssoziologie und amerikanischem Pragmatismus und sind eher von philosophischen Fragestellungen geprägt.[18] In späteren Arbeiten, wie *Methodological Consequences of the Sociology of Knowledge, Situated Actions and Vocabularies of Motive* und *The Language and Idea of Ancient China* wendet sich Mills mehr soziologischen Fragestellungen zu.[19] In seiner Dissertation *A Sociological Account of Pragmatism*, die Mills an der *University of Wisconsin* einreicht, versucht er, die verschiedenen Interessen miteinander zu verbinden, indem er die Philosophie des Amerikanischen Pragmatismus – insbesondere die Ansätze von C.S. Peirce, William James und John Dewey – soziologisch im Kontext der Expansion des *Higher Learning* zu verorten sucht.[20]

Die Zeit an der Universität von Wisconsin steht im Zeichen der äußerst produktiven Zusammenarbeit mit Hans Gerth. Zwei wichtige größere Veröffentlichungen resultieren aus dieser intellektuellen Begegnung: Gerth und Mills editieren eine Auswahl der wichtigsten Schriften Max Webers in einem Band.[21] Der Edition ist ein langes Vorwort der Herausgeber vorangestellt, das im Unterschied zu anderen Max Weber-Editionen die politische Dimension der Weberschen Soziologie hervorhob. Das Folgeprojekt, das aus dieser Zusammenarbeit entstand, ist der Versuch einer großen Synthese aus klassischer Soziologie (Marx und Weber), Wissenssoziologie (Karl Mannheim), Psychologie und Psychoanalyse (Freud), und Amerikanischem Pragmatismus (G. H. Mead und John Dewey).[22] Das Erkenntnisinteresse besteht hier darin, verschiedene theoretische Ansätze miteinander in Dialog zu bringen und auf diese Weise zu einem besseren Verständnis der Beziehung zwischen Individuum und moderner Welt zu gelangen.

Trotz dieses frühen Versuchs einer Synthese hat Mills selber letztendlich keine fertige und in sich abgeschlossene Theorie vorgelegt – auch nicht zu einem späteren Zeitpunkt. Was jedoch aus seinen publizierten Arbeiten herausragt und was ihm letztlich den Ruf eines modernen Klassikers eingetragen hat, ist die folgenreiche Trilogie zu den Machtverhältnissen in den USA, bestehend aus *The New Men of Power*, *White Collar* und *The Power Elite*.[23]

Im ersten Teil dieser Trilogie, *The New Men of Power* (1948), wird offenbar, daß Mills an einer Verknüpfung von politischem Interesse und soziologischer Erkenntnis gelegen ist. Es geht es um die Frage, inwieweit die organisierte Arbeiterbewegung und die Gewerkschaftsführung auf die dringenden Fragen der Gegenwart vorbereitet ist. Er kommt zu dem Schluß: „Niemals zuvor hing soviel von Personen ab, die so schlecht vorbereitet sind und so wenig gewillt sind, Verantwortung zu übernehmen." Diese pessimistische Feststellung verweist auf das eigentliche Motiv Mills', nämlich die Beantwortung der Frage, wer im Zwanzigsten Jahrhundert wie Geschichte macht. Am Ende von *The New Men of Power* steht für den Autor fest: Nur wenige Individuen, die die Mittel und damit auch die Macht besitzen, sind in der Lage, nicht nur ihr eigenes Schicksal in die Hand zu nehmen, sondern auch über das der Masse der Menschen zu entscheiden. Die Masse der Menschen besitzt solche Mittel nicht und macht deshalb im emphatischen Sinne auch keine Geschichte. Dieses Mißverhältnis steht nach Meinung Mills im krassen Widerspruch zu den Normen und Werten liberaler Demokratie.

In dem zweiten Teil der Trilogie, *White Collar* (1951), geht es Mills um die Analyse der neuen amerikanischen Mittelklasse und um die Frage, wie diese Mittelklasse in die Machtverhältnisse eingebunden ist. Politisch verbindet er mit der Mittelklasse nicht mehr die Hoffnungen und Inhalte, die er trotz aller Kritik noch mit der organisierten Arbeiterbewegung verbunden hatte. Dies erklärt sich nicht zuletzt mit den veränderten gesellschaftlichen Verhältnissen in den USA nach dem Ende des Zweiten Weltkrieges. Entgegen der ursprünglichen Annahme, daß die Politik des *New Deal* schon sehr bald scheitern würde, wird die keynesianische Politik durch den Zweiten Weltkrieg gleichsam künstlich verlängert und durch den Kalten Krieg am Leben erhalten. Die Stabilität des amerikanischen Gesellschaftsmodells verlangte nach einer Analyse, die das Einverstandensein großer Teile der amerikanischen Bevölkerung zu erklären vermochte. Wie in der Studie zur organisierten Arbeiterbewegung geht es Mills in *White Collar* darum, den *main drift* einer Gesellschaft zu erkennen. Wird nach Mills der *main drift* einer Gesellschaft erkannt, so ist das der erste Schritt, nicht mehr nur Objekt der gesellschaftlichen Entwicklung zu sein; die Individuen vermögen nun, bewußt handelnd einzugreifen, „Geschichte zu machen".

Beschäftigte sich Mills in *The New Men of Power* zuerst mit der organisierten Arbeiterklasse, dann in *White Collar* mit der amerikanischen Mittelklasse, so steht in dem letzten Teil der Trilogie *The Power Elite* (1956) die Analyse der amerikanischen Machtelite im Vordergrund. Die Argumentation der Studie läßt sich kurz so umreißen: In den USA existiert eine moderne Machtelite, die mit dem *New Deal* ihren langsamen Aufstieg beginnt und gegen Ende des Zweiten Weltkrieges sich endgültig formiert und etabliert hat. Diese Elite setzt sich zusammen aus einem Machtdreieck, geformt aus den *corporate rich*, den militärischen Institutionen und der politischen Führung. Mills analysiert die Machtelite im gesamtgesellschaftlichen Kontext: Er hebt immer wieder hervor, daß die Macht der Mächtigen ohne die Ohnmacht der Massengesellschaft und dem schleichenden Zerfall der Öffentlichkeit nicht möglich wäre. Die Machtelite aus Wirtschaft, Politik und Militär basiert geradezu auf der Agonie und politischen Apathie der modernen Massengesellschaft.

In *The Power Elite* geht es Mills wie schon in den beiden anderen Teilen der Trilogie um die Beantwortung der Frage, wie und unter welchen Bedingungen Menschen, die unterschiedlichen Klassen angehören, Geschichte machen. Seine Antwort auf diese Frage fällt entsprechend dem jeweiligen Untersuchungsstand anders aus: Bei der großen Arbeiterklasse sind nur wenige – zumeist in den höheren Etagen der Gewerkschaftsbürokratien – in der Position, Geschichte zu machen. Noch pessimistischer schätzt Mills die Möglichkeit bei der neuen Mittelklasse ein: Als abhängig Arbeitende sind die Individuen der Mittelklasse wie die Individuen der Arbeiterklasse den modernen Entfremdungsmechanismen ausgesetzt, ohne aber deren – wenn auch fragmentiertes – Klassenbewußtsein zu haben bzw. ohne über deren Organisation zu verfügen. Allein im Falle der amerikanischen Machtelite erkennt Mills ein wirklich einigendes Klassenbewußtsein und die Fähigkeit zum organisierten Vorgehen. Es ist diese Elite, die im wahrsten Sinne des Wortes „Geschichte macht".

Es wurde bereits hervorgehoben, daß Mills keine fertige und in sich abgeschlossene soziologische Theorie vorgelegt. Einige seiner späten Essays, die im Vorfeld von *The Sociological Imagination* entstanden sind, sowie *The Sociological Imagination* selbst können jedoch als Versuch in dieser Richtung angesehen werden. Mills war sich darüber im klaren, daß es sich hier noch nicht um eine letzte Synthese handelte. Texte wie *Two Styles of Social Science Research*, *IBM plus Reality plus Humanism = Sociology*, *Liberal Values in the Modern World*, *A Diagnosis of our Moral Uneasiness*, *Mass Society and Liberal Education* und *Knowledge and Power* stehen für den Versuch, politisches Erkenntnisinteresse und soziologische Analyse sinnvoll miteinander zu verbinden.[24] In *The Sociological Imagination* argumentiert Mills dann nicht mehr nur gegen die beiden Extreme des „abstrakten Empirismus" und der „großen Theorie", sondern er hält nun auch dem Liberalismus und dem Marxismus vor, nicht mehr in der Lage zu sein, die gegenwärtigen modernen, respektive postmodernen Bedingungen auf den Begriff bringen. Nur der erneute Rekurs auf die klassische Tradition der Gesellschaftsanalyse sei imstande, Impulse zum Verständnis und zur Erklärung der Gegenwartsgesellschaft und der Krise des Geschichtemachens zu geben. Wissen, Vernunft, Freiheit und Handeln müßten dabei im besten pragmatischen Sinne aufeinander bezogen bleiben. In *The Sociological Imagination* – dem theoretischen Vermächtnis Mills' – begegnen sich der frühe, am Amerikanischen Pragmatismus orientierte Mills und der späte Vordenker einer radikalen Soziologie ein letztes Mal. Auf Mills und insbesondere sein Plädoyer für eine kritische Soziologie trifft somit das zu, was dieser selbst über Thorstein Veblen und dessen Theorie einmal sagte: „His criticism of institutions and the personnel of American society was based without exception upon the belief that they did not adequately fulfill [the] American value. If he was, as I believe, a Socratic figure, he was in his own way as American as Socrates in his way was

Athenian. As a critic, Veblen was effective precisely because he used American values to criticize American reality. He merely took these values seriously and used them with devastating rigour."[25]

4. Wirkung auf das zeitgenössische Denken und die gegenwärtige internationale Soziologie

Zu seinen Lebzeiten sorgten die Veröffentlichungen und Beiträge C. Wright Mills bereits für heftige Debatten – nicht nur in der Soziologie oder der Politischen Wissenschaft, sondern auch darüber hinaus im weiteren öffentlichem Raum.

Die Diskussionen um *White Collar*, *The Power Elite* und *Sociological Imagination* wurden zunächst mehr in den zeitgenössischen Sozialwissenschaften geführt. *White Collar* bedeutete nach den frühen Veröffentlichungen den großen Durchbruch und machte Mills in den USA bekannt. Die meisten Kritiker lobten seine Kritik an Liberalismus und Marxismus. Die Rezensenten stimmten darin überein, daß es Mills gelungen sei, die Frage nach individueller Freiheit mit der Frage nach der gerechten Gesellschaft zu verbinden. So lobte etwa Irving Howe das Buch vor allem deshalb, weil es nicht dem *Status quo* huldige, gleichzeitig aber auch marxistischen Erklärungsansätzen gegenüber kritisch – gleichwohl aber nicht antimarxistisch – sei.[26] Es gab aber auch andere Stimmen, wie die David Riesmans, dem Mills' Ansatz zu linkspopulistisch war. Trotz der Kritik wurde das Buch ein großer Erfolg; allein in den USA wurden im ersten Jahr des Erscheinens 35 000 Exemplare verkauft. *White Collar* wurde in die wichtigsten Sprachen übersetzt und wird bis heute von *Oxford University Press* aufgelegt; es avancierte zu einem soziologischen Klassiker.

Ein noch größeres Echo war *The Power Elite* beschieden. Die These, daß die USA – eine der ältesten Demokratien der westlichen Welt – von einer Machtelite bestimmt werden, löste heftige Reaktionen aus. Prominente Kollegen von Mills äußerten sich dazu. Hervorzuheben sind hier vor allem Talcott Parsons, Daniel Bell und Robert A. Dahl. Parsons kritisiert, daß Mills den funktionalistischen Aspekten der Macht – die positive Funktion, die eine Elite im Sinne der fortgeschrittenen Arbeitsteilung in der modernen Gesellschaft übernehme – zuwenig Aufmerksamkeit schenke.[27] Bell bemängelt, daß der Begriff der Macht nicht klar genug eingegrenzt werde und keine Trennschärfe besitze – was es wiederum schwer mache, den Beweis der Existenz einer Machtelite anzutreten.[28] Dahl hingegen macht Mills' Studie zum Ausgangspunkt seiner eigenen Forschung. Sein Buch *Who Governs?* – eine Studie über politische Entscheidungsmechanismen in New Haven – kann als Gegenentwurf zu Mills' *Power Elite* gelesen werden.[29] Während Mills behauptet, daß die Machtelite die wichtigsten Entscheidungen vornehme, Macht also quasi eine Pyramide bilde, in der die Entscheidungen von einer kleinen Spitze gefällt werden, behauptet Dahl, daß Entscheidungsprozesse genau entgegengesetzt verlaufen: ausgehend von der großen Masse der Menschen, die – wie Dahl am Beispiel seiner Heimatstadt New Haven demonstriert – im kommunalen Bereich demokratisch Entscheidungen fällen, zentralisiere sich auf der nationalen Ebene die Entscheidungsbefugnis zwar nach oben zur Pyramidenspitze hin, sei aber dennoch demokratisch legitimiert. Mit diesen beiden extrem entgegengesetzten Annahmen begründeten Mills und Dahl zusammen das, was als *Power and Community Studies* zu einem eigenen Forschungszweig innerhalb der amerikanischen Politischen Soziologie wurde.[30]

Mit seiner Kritik in *The Sociological Imagination* rüttelte Mills dagegen mehr am Selbstverständnis der amerikanischen Soziologie. Wie Ralf Dahrendorf richtig hervorgehoben hat, steht dieses Werk in der Tradition angewandter Aufklärung.[31] Wissen, Vernunft, Freiheit und Handeln bleiben in der besten amerikanischen Tradition aufeinander bezogen. Eine solch positive Einschätzung wurde jedoch nicht von allen geteilt. Paul Lazarsfeld, unter dessen Leitung Mills einst am *Institute for Social Research* gearbeitet hatte, fühlte sich besonders getroffen von Mills' Ausführungen zum theorielosen Empirismus.[32] Ein anderer prominenter Kollege, Edward Shils, empfand sich von Mills Kritik offenbar derart angesprochen, daß er eine Polemik verfaßte, in der er Mills als Linken darstellte, der auf dem Weg von Texas nach New York Kafka, Trotzki und Max Weber gelesen habe – mit anderen Worten nicht ernst zu nehmen sei.[33] Aber neben dem bereits erwähnten „britisch-deutschen Kommentar" Ralf Dahrendorfs gab es auch amerikanische Kollegen, die das Buch lobten. Everett C. Hughes würdigte *The Sociological Imagination* als Entwurf einer kritischen Sozialwissenschaft.[34] Konstruktiv kritisiert – aber immer noch positiv bewertet – wurde das Buch auch von Barrington Moore, der von dem Entwurf einer kritischen Soziologie positiv angetan war, jedoch bemängelte, daß Mills es sich mit seiner Kritik an der ‚Großen Theorie' zu leicht gemacht habe.[35] Es sei nicht schwer, resümierte Moore, Parsons funktionalistischen Ansatz als ‚Große Theorie' zu hinterfragen. Viel schwieriger sei es hingegen, beispielsweise den Ansatz eines Robert K. Merton als ‚Große Theorie' zu kritisieren. Und Moore fügt hinzu, daß die Sozialwissenschaften differenzierter und vielfältiger seien, als Mills es beschreibe. Positiv wurde *The Sociological Imagination* von den Kritikern letztlich aber vor allem deshalb aufgenommen, weil es stilistisch hervorragend geschrieben war und sich von der trockenen Wissenschaftssprache anderer soziologischer Texte positiv unterschied. Nach Mills' Kritik war es schwieriger geworden, im sozialwissenschaftlichen Jargon zu schreiben.

Im Unterschied zu den soziologischen Publikationen von Mills erreichten *The Causes of World War III*, *Listen Yankee*, *The Marxists*, sowie die Essays zur Neuen Linken eine noch breitere Öffentlichkeit.[36] In *The Causes of World War III* hatte Mills die Eliten der beiden Supermächte und die von ihnen „organisierte Verantwortungslosigkeit" im Kalten Krieg kritisiert. In diesem Kontext spielt er auch auf die Rolle der Intellektuellen an – und wurde daraufhin seinerseits von den von ihm Kritisierten angegriffen. Ihm wurde vorgeworfen, die Elite der USA mit der der ehemaligen Sowjetunion in eins gesetzt zu haben. Wichtige Unterschiede seien dabei nicht zur Sprache gekommen; so herrschten in den USA immer noch demokratische Prinzipien, während die Sowjetunion dem undemokratischen Diktat der Kommunistischen Partei gehorche. Derart argumentierten nicht nur prominente Liberale wie etwa Arthur Schlesinger, sondern auch Linke wie A.J. Muste und Irving Howe.[37]

Der Tenor dieser Kritik setzte sich in der Reaktion auf Mills' Kuba-Buch fort. Ihm wurde vorgeworfen, der amerikanische *Spokesman for Castro* zu sein. Auf der anderen Seite wurde aber auch die Meinung geäußert, daß das Buch als authentische Stimme der kubanischen Revolution verstanden werden könne. Der enorme Verkaufserfolg war vermutlich beiden Seiten geschuldet – den Kritikern wie den freundlich gesonnenen Rezensenten.

Den publizistischen Erfolg nutzte Mills, um andere Ideen populärer zu machen. Dazu gehört vor allem das Projekt einer Neuen Linken. In verschiedenen Essays und in seinem Buch *The Marxists* versuchte er ein breiteres Publikum davon zu überzeugen, daß innerhalb des Marxismus unterschiedliche Strömungen existierten.[38] Gleichzeitig funktionierte Mills als „Geburtshelfer" und internationaler Vermittler der im Entstehen begriffenen Neuen Linken in Großbritannien, in den USA, in Lateinamerika, aber auch in Osteuropa (besonders in Polen). Wichtige programmatische Dokumente der Neuen Linken wie das *Port Huron Statement* (USA) oder *Out of Apathy* (UK) wären ohne Mills und dessen Einfluß undenkbar gewesen.

Der plötzliche und überraschend frühe Tod C. Wright Mills' war für viele Kollegen und politische Gefährten nochmals Anlaß, Mills' Gesamtbeitrag zur Soziologie und politischen Diskussion zu würdigen. Die beiden Diskussionsbände *Sociology on Trial* und *The New Sociology* enthalten zahlreiche Beiträge von Freunden und Gegnern und machen nochmals deutlich, warum es gerechtfertigt ist, Mills als modernen Klassiker zu bezeichnen.[39]

Was bleibt von Mills' Politischer Soziologie mehr als dreißig Jahre später? Mit den philosophischen Letztbegründungen, dem systematischen Aufbau und der inneren Geschlossenheit heutiger Theorien kann Mills' Politische Soziologie kaum mithalten. Aber vielleicht wäre dieser Vergleich gemessen an dem, was er selber beabsichtigte, auch zuviel. Ihm ging es ja nie um die Formulierung „Großer Theorie". Er vertritt im Gegenteil einen Ansatz, den man mit dem amerikanischen Soziologen Robert K. Merton als „Theorie mittlerer Reichweite" bezeichnen kann. „Mittlere Reichweite" meint, daß Theorie und Empirie in einem angemessenen Verhältnis zueinander stehen sollten. Weder soll es zu einer theoretischen Überhöhung kommen, noch soll die Empirie das Feld der Argumentation total beherrschen.

Eine Theorie der mittleren Reichweite, wie Mills sie vertritt, kann besonders in der Reformulierung und Revision einer der Gegenwart angemessenen Demokratietheorie von Nutzen sein.

Indem Mills bewußt balanciert zwischen der Beschreibung dessen, was ist, und dem normativen Gehalt dessen, was sein soll, erfüllt er besser als viele zeitgenössische Analytiker der zivilen Gesellschaft die Ansprüche einer dem Heute angemessenen Demokratiewissenschaft. Die Chance von Soziologie und Politikwissenschaft, nicht nur Legitimationsgehilfen sozialer und politischer Macht zu sein oder das Gegebene nicht nur einfach nachzuvollziehen, wird größer, je mehr diese Disziplinen um das prekäre und sehr oft schwer herzustellende Verhältnis von Beschreibung und Normativität wissen und sich auf diese schmale Gratwanderung einlassen.

Literatur

1. Werkausgaben

Mills, Charles W./Gerth, Hans Hrsg., 1946, From Max Weber: Essays in Sociology. New York.

Mills, Charles W. (with the assistance of Melville J. Ulmer), 1946, Small Business and Civic Welfare. Washington D.C.

Mills, Charles W. (with the assistance of Helen Schneider), 1948, The New Men of Power. New York.

Mills, Charles W./Senior, Clarence/Goldsen, Rose K., 1950, The Puerto Rican Journey. New York.

Mills, Charles W., 1951, White Collar. New York. (Dt.: Menschen im Büro, Köln 1955).

Mills, Charles W./Gerth, Hans, 1956, Character and Social Structure. New York. (Dt.: Person und Gesellschaft. Die Psychologie sozialer Institutionen. Frankfurt a. M. 1970).

Mills, Charles W., 1956, The Power Elite. New York. (Dt.: Die amerikanische Machtelite. Hamburg 1962).

Mills, Charles W., 1958, The Causes of World War Three. New York. (Dt.: Politik ohne Verantwortung. München 1959).

Mills, Charles W., 1963, The Sociological Imagination. New York. (Dt.: Kritik der soziologischen Denkweise, Darmstadt 1963).

Mills, Charles W. Hrsg., 1960, Images of Man: The Classic Tradition in Sociological Thinking. New York. (Dt.: Klassik der Soziologie. Frankfurt a. M. 1966).

Mills, Charles W., 1960, Listen, Yankee. The Revolution in Cuba. New York.

Mills, Charles W., 1962, The Marxists. New York.

Mills, Charles W., 1963, Power, Politics and People. Hrsg. von Irving Louis Horowitz. New York.

Mills, Charles W., 1964, Sociology and Pragmatism. Hrsg. von Irving Louis Horowitz. New York.

Mills, Charles W., 1970, De Hombres Sociales y Movimientos Politicos. Hrsg. von Irving Louis Horowitz. Mexico City.

Mills, Charles W., 2000, Letters and Autobiographical Writings. Hrsg. von Kathryn Mills und Pamela Mills. Berkeley/Los Angeles.

2. Bibliographie

Irving Louis Horowitz: Bibliography of the Writings of C. Wright Mills. In: Charles W. Mills, 1963, Power, Politics and People. Hrsg. von Irving Louis Horowitz. New York, S. 614–641.

3. Biographien

Gillam, Richard Davis, 1972, C. Wright Mills 1916–1948. An Intellectual Biography (unveröffentlichte Dissertation). Stanford University, Palo Aalto.

Horowitz, Irving Louis, 1983, C. Wright Mills. An American Utopian. New York.

4. Monographien

Aptheker, Herbert, 1960, The World of C. Wright Mills. New York.

Eldridge, John, 1983, C. Wright Mills. London.

Hess, Andreas, 1995, Die politische Soziologie C. Wright Mills'. Opladen.

Oakes, Guy/Vidich, Arthur, 2000, Collaboration, Reputation and Ethics in American Academic Life. Hans Gerth and C. Wright Mills. Urbana-Champaign.

Scimecca, Joseph A., 1977, The Sociological Theory of C. Wright Mills. Port Washington.

Tilman, Rick, 1984, C. Wright Mills – A Native Radical and His American Intellectual Roots. University Park/London.

Anmerkungen

1 Robert Lynd zitiert nach: William J. Goode, C. Wright Mills (1916–1962), in: American Sociological Review, Vol. 27 (1962), S. 580.

2 Die folgende Periodisierung in drei Lebensabschnitte Mills' geht auf eine Anregung des englischen Historikers E. P. Thompson zurück. Vgl. dazu seinen Essay: Remembering C. Wright Mills. In: Ders., The Heavy Dancers, London 1985, S. 261–274.

3 Siehe beispielsweise: Types of Rationality, posthum veröffentlicht in: ders., De Hombres Sociales y Movimientos Politicos. Hrsg. von Irving Louis Horowitz, Mexico City 1970, S. 103–119; Language, Logic and Culture, zuerst veröffentlicht in: American Sociological Review, Vol. 4 No. 5 (October 1939), S. 670–680.

4 Vgl. dazu insbesondere: Methodological Consequences of the Sociology of Knowledge, zuerst veröffentlicht in: American Journal of Sociology, Vol. 46 No. 3 (1940), S. 316–330; Situated Actions and Vocabularies of Motive, zuerst veröffentlicht in: American Sociological Review, Vol. 5 No. 6 (December 1940), S. 904–913; The Language and Idea of Ancient China, posthum veröffentlicht in der Essaysammlung: Power, Politics and People. Hrsg. von Irving Louis Horowitz, New York 1963, S. 469–520.

5 Die Dissertation mit dem Titel: A Sociological Account of Pragmatism ist unter dem Titel: Sociology and Pragmatism. Hrsg. von Irving Louis Horowitz, New York 1964, posthum veröffentlicht worden.

6 Siehe C. Wright Mills/Hans Gerth, A Marx for the Managers, in: Ethics, Vol. 52 No. 2 (January 1942), S. 200–215 und C. Wright Mills, Locating the

185

Enemy: The Nazi Behemoth Dissected, in: Partisan Review Vol. 4. (September/October 1942), S. 432–437.

7 Hans Gerth/C. Wright Mills, Character and Social Structure, San Diego 1953.

8 Repräsentativ für diese Zusammenarbeit ist Mills' Essay: The Powerless People: The Role of the Intellectual in Society, in: Politics, Vol. I No. 3 (April 1944).

9 The New Men of Power, New York 1948.

10 White Collar, New York 1951.

11 Besonders hervorzuheben sind hier die Essays: Two Styles of Social Science Research in: Philosophy of Science, Vol. 20 No.4 (October 1953), S. 266–275, und: IBM plus Reality plus Humanism = Sociology, in: Saturday Review of Literature, Vol. 37 No.18 (May 1, 1954), S. 22–23, 54, sowie die Einleitung zur Studienausgabe des Thorstein Veblen Klassikers: The Theory of the Leisure Class, New York 1953.

12 The Power Elite, New York 1956.

13 The Causes of World War Three, New York 1958.

14 Siehe insbesondere: Culture and Politics: The Fourth Epoch, in: The Listener, Vol. LXI No. 1563 (March 12, 1959); The Cultural Apparatus, in: The Listener, Vol. LXI No. 1565 (March 26, 1959) und: The Decline of the Left, in: The Listener Vol. LXI No. 1566 (April 2, 1959).

15 Listen Yankee. The Revolution in Cuba, New York 1960.

16 The Sociological Imagination, New York 1959.

17 C. Wright Mills in einem undatierten Brief an die Eltern, in: C. Wright Mills Papers, Eugene C. Barker Texas History Archives, University of Texas, Austin, Box 4 B 353.

18 Für die Quellenangabe siehe Anmerkung 3.

19 Siehe Anmerkung 4.

20 Siehe Anmerkung 5.

21 Hans Gerth/C. Wright Mills, Hrsg., From Max Weber: Essays in Sociology, New York 1946.

22 Siehe Anmerkung 7.

23 Siehe die Anmerkungen 9, 10 und 12.

24 Für die ersten beiden Essays siehe die Angaben in Anmerkung 11 des ersten Kapitels. Der Aufsatz Liberal Values in the Modern World erschien zuerst in: Anvil and Student Partisan (Winter 1952), S. 4–7; A Diagnosis of our Moral Uneasyness wurde zuerst publiziert in: New York Times Magazine (November 23, 1952) 10, S. 55–57; Mass Society and Liberal Education (1954) kam als Broschüre des Center for the Study of Liberal Education for Adults heraus, und On Knowledge and Power wurde zuerst in Dissent Vol. II No. 3 (Summer 1955), S. 201–212 veröffentlicht.

25 Zitiert nach dem Originalmanuskript (S. 9), in: C. Wright Mills Papers, Eugene C. Barker Texas History Center Archives, University of Texas (Austin), Box 4 B 389.

26 Irving Howe, The New Middle Class, in: The Nation (October 13, 1951).

27 Siehe Talcott Parsons, The Distribution of Power in American Society, in: ders.: Structure and Process in Modern Societies. Glencoe 1960, S. 199 ff.

28 Siehe Daniel Bell, The Power Elite Reconsidered, in: American Journal of Sociology Vol. 64 No. 3 (1958), S. 238–250.

29 Robert A. Dahl, Who Governs? New Haven and London 1961.
30 Siehe insbesondere Nelson W. Polsby, Community Power and Political Theory, New Haven/London 1963; Peter Bachrach/Morton S. Baratz, Power & Poverty, New York 1970.
31 Ralf Dahrendorf, Die angewandte Aufklärung, München 1963, darin insbesondere das Kapitel über C. Wright Mills, S. 186 ff.
32 In einem persönlichen Brief an C. Wright Mills beschwerte sich Lazarsfeld über die negative Darstellung. Der Brief ist auszugsweise zitiert in: Irving Louis Horowitz, C. Wright Mills – An American Utopian, New York 1983, S. 96 f.
33 Siehe Edward Shils, Imaginary Sociology, in: Encounter (June 1960), S. 77 ff.
34 Everett C. Hughes, Can History Be Made?, in: The New Republic (June 22, 1959).
35 Barrington Moore in einem für Oxford University Press verfaßten Memorandum, in: C. Wright Mills Papers, Eugene C. Barker Texas History Center Archives, University of Texas (Austin), Box 4 B 400.
36 Zu den näheren Angaben siehe die Anmerkungen 13, 14 und 15.
37 Irving Howe/A. J. Muste, C. Wright Mills' Program, in: Dissent, Vol. 6 No. 2 (Spring 1959); S. 189 ff.; Arthur Schlesinger, This Isn't the Way, in: New York Post (December 7, 1958).
38 The Marxists, New York 1962.
39 Maurice Stein/Arthur Vidich Hrsg., Sociology on Trial, Englewood Cliffs 1963; Irving Louis Horowitz Hrsg., The New Sociology, New York 1965.

Robert Hettlage

Erving Goffman
(1922–1982)

1. Persönlichkeit und Werdegang

Erving Goffman war ein ungewöhnlicher Mensch, der mit seinem ausgeprägten Sinn für Untertreibung, Ambivalenz und Skurrilität nicht nur den Eindruck des Nonkonformisten, sondern sogar den des Exoten kultivierte. Der soziologischen Theoriebildung – aber auch anderen Fächern – konstatierte er Zirkularität, Banalität und Inkompetenz (Goffman[1] 1994, S. 54 f.). Dennoch – oder gerade deshalb – wirkte er in seinem Fach (er begriff sich immer als Soziologe) mit viel Ernst, hohem Engagement und großer Hartnäckigkeit, auch wenn manche seiner Aussagen diese Haltung verschleierten.

Erving Goffman wurde am 11. Juli 1922 in Manville/Provinz Alberta (Kanada) als Sohn jüdischer Einwanderer geboren. Er studierte zuerst an der *University of Toronto*, wo er 1945 mit dem *Bachelor of Arts* abschloß. Anschließend wechselte er an die *University of Chicago*, von der er 1949 den *Master of Arts* in Soziologie erwarb. Seine wichtigsten Lehrer in Chicago waren Everett Hughes und W. Lloyd Warner. Danach verbrachte er einen zweijährigen Forschungsaufenthalt an der *University of Edinburgh*, aus dem auch seine 1953 fertiggestellte Dissertation hervorging. Es folgten einige unstete Jahre mit unterschiedlichen Tätigkeiten, bis er 1958 als *Assistant Professor* an die *University of California-Berkeley* berufen wurde. Dort wurde er 1962 zum ordentlichen Professor ernannt. 1969 ging er an die *University of Pennsylvania* in Philadelphia, an der er bis zum Ende seines Lebens wirkte. 1981 wurde er zum Präsidenten der *American Sociological Association* gewählt. Goffman starb im Alter von 60 Jahren am 20. November 1982 in Philadelphia (vgl. dazu ausführlich: Hettlage/Lenz 1991, S. 11 ff.).

Ergebnis seines knapp 30 Jahre währenden wissenschaftlichen Lebens sind – abgesehen von der Dissertation – elf Bücher, die alle ein breites Publikum fanden und in viele Sprachen übersetzt wurden.

2. Forschungsinteresse

Auf den ersten Blick hat es den Anschein, als ob Goffmans Werke so beliebt wurden, weil sie in witziger, leicht verständlicher Form den menschlichen Alltag mit seinen sozialen Überraschungen analysierten. Er versuchte mit Hilfe von Verfremdungen darzustellen, wie in ursprünglichen Kommunikationssituationen eine sinnhaft interpretierbare Ordnung entsteht und sich erhält. Die Selbstverständlichkeiten der Alltagsordnung auf ihre *Organisationsprinzipien* hin zu durchforsten, setzt eine hohe analytische Begabung voraus, mit der Goffman zweifellos ausgestattet war.

Gegen reines, vom Alltag abgehobenes Theoretisieren war er allergisch, nicht aber gegen eine empirisch gehaltvolle theoretische Anstrengung. Aus Gründen der „Machbarkeit" beschränkte er sich auf die *kleinen Welten* und Ereignisse, wie Gemeinden und Anstalten, Nachtclubs und Parties, Telefongespräche und Werbespots, Tankstellen und Kasinos, die Tätigkeit von Trickdieben und Spionen, von Radiosprechern und Patienten, also auf die alltäglichen Interaktionen und *Begegnungen*. Mit seinen Konzepten wie „Stigma", „totale Institution", „Rollendistanz", „Eindrucksmanagement", „Face-work", „Vorder- und Hinterbühne", „Rahmen", „zentrierte und nicht-zentrierte Interaktionen" hat er Soziologiegeschichte geschrieben und auch interdisziplinär prägend gewirkt.

Während Goffman zu seinen Lebzeiten nur von wenigen als Theoretiker ersten Ranges betrachtet wurde[2], begann einige Jahre nach seinem Tod eine Art „Goffman-Renaissance". Im Verlauf weniger Jahre erschienen mehrere Monographien und Sammelbände, die der schwierigen, aber verdienstvollen Aufgabe nachgingen, das Goffmansche Schaffen zu konzeptualisieren und zu analysieren (Burns 1992; Drew/Wootton 1988; Hettlage/Lenz 1991; Riggins 1990; Manning 1992).

Goffmans Bezugnahme auf und Anleihen aus unterschiedlichen Theorietraditionen[3] machen seine paradigmatische Verortung außerordentlich schwierig. Seit dem Erscheinen von *Strategische Interaktion* (1981a) und *Rahmenanalyse* (1977) setzt sich zunehmend die Sichtweise durch, daß Goffman einer der gewichtigsten Vertreter des mikrosoziologischen Paradigmas sei. Den Symbolischen Interaktionismus hielt er wegen der mangelnden Betrachtung des Regelkonzepts für nicht tragfähig. Strukturalistischen Interpretationen hat er vehement widersprochen (Goffman 1981 c; Denzin/Keller 1981; Gonos 1977). Die Grenzen der phänomenologischen Interpretation zeigen sich für ihn ebenfalls schnell. Obwohl Goffman v. a. in der *Rahmenanalyse* auf Alfred Schütz verweist, interessiert er sich im Gegensatz zu Schütz nicht für die Entstehung der Erfahrungsschemata (Rahmen), sondern nur für ihre situative Anwendung und die damit verbundene inhaltliche Ausgestaltung (vgl. Eberle 1991). Gleichzeitig läßt sich Goffman auch nicht der Ethnomethodologie zuschlagen,[4] da er viel mehr als diese auch die Akteure und deren psychische Verfassung im Blick hat (Schegloff 1988). Während Harold Garfinkel untersucht, *was* ein (strategisches Ausdrucks-) Spiel selbst ausmacht, geht es Goffman darum, *wie* Züge zu einem Spiel gemacht werden (Widmer 1991, S. 219). Weitere Präzisierungen bleiben aber schwierig und umstritten.

Neben den Versuchen paradigmatischer Zuordnung von Goffmans Werk gibt es auch Anstrengungen, die zentralen Themen und Konzepte als Ausgangspunkt von Ordnungsversuchen zu nehmen. Aber auch die *thematischen* Klassifikationen haben nur begrenzten Wert, was nicht verwundert angesichts der Tatsache, daß Goffman 44 Konzepte entworfen hat (Collins 1980). Eine Reduktion dieser auf einige Themen ist nur bei Konzentration auf wenige Aspekte möglich und wird der Breite von Goffmans Werk nicht gerecht.[5]

Aufgrund dieser Schwierigkeit schlägt Hubert Knoblauch schließlich vor, es bei der von Goffman selbst gewollten Charakterisierung zu belassen, die *„Interaktionsordnung"* zum eigentlichen und genuinen Gegenstand seiner Analysen zu erklären (Goffman 1994). Damit umschreibt er jene Räume, Gelegenheiten und Zusammenkünfte, in denen die Individuen – in unmittelbarer körperlicher Gegenwart anderer bzw. in Orientierung und Wechselwirkung mit diesen anderen – einen Arbeitskonsens über die Beschaffenheit ihrer Wirklichkeit herstellen. Der Interaktionsordnung gehören sie *situativ unmittelbarer* an als der Familie, Klasse oder Nation (Goffman 1971 a, S. 226). Durch gegenseitige Aufmerksamkeit, Anteilnahme und Handlungskoordination entstehen soziale Begegnungssituationen mit eigener Formatierung.

Ihre Eigenschaften und Regelwerke sucht Goffman zu ergründen. Diese Interaktionsordnung besitzt ein relativ autonomes Regelwerk, das zugleich Voraussetzung und Ergebnis („*datum*" und „*captum*") ist. Nicht daß gesamtgesellschaftliche Sozialstrukturen weniger bedeutsam und real wären, die genannten Probleme *sozialer Verknüpfung* lassen sich auf der Makro-Ebene aber weniger klarmachen.

3. Goffman und die Interaktionsordnung

Goffmans Beitrag zur Soziologie besteht darin, das „Mikroskop" der Analyse zwar nicht erfunden, aber einsatzfähig gemacht zu haben. Die Erfahrung der Handelnden ist nicht nur eine der Situations- und Kommunikationsgebundenheit, sondern auch eine der grundsätzlichen *Fremdheit* im Prozeß der Interaktion: Jeder Handelnde, nicht nur der Beobachter, befindet sich in einer ergebnisoffenen, überraschenden und daher auch riskanten und „bedrohlichen" Situation, wenn er mit anderen zusammentrifft. Um diese Situation des Unbekannt-Seins auszuloten, kann Goffman sich auf die soziale *Figur des Fremden* (Simmel 1968, S. 509ff.) beziehen, der nicht nur der große Unbekannte, Ferne und Andersartige schlechthin ist, sondern derjenige, der durch das Zusammenspiel von Ferne und Nähe, Gelöstheit und Fixiertheit, Wanderung und „Bodenhaftung" gekennzeichnet ist. Diese Doppeldeutigkeit und Wechselwirkung überträgt Goffman auf Begegnungssituationen überhaupt. Besonders deutlich wird dies in seinen beiden Werken, die sich explizit mit Begegnungen in öffentlichen Räumen beschäftigen (1971a; 1974). Wer einmal den fremden, analytischen Blick gelernt hat, der kommt nicht umhin zu sehen, daß auch und gerade das Selbstverständliche den existentiellen Schlagschatten des Fremden wirft. Ich selbst stehe mir und meinem Verhalten oft wie ein Fremder gegenüber (das „eigene Fremde"; vgl. Hettlage/Hettlage-Varjas 1993). Beim Kontakt mit anderen Personen muß der gemeinsame Boden stets vorsichtig ausgelotet werden. Trotzdem ist und bleibt er ein Überraschungsfeld, das von enttäuschten Erwartungen, Irrwegen und Irritationen durchzogen ist (das „fremde Fremde"). Der Umgang mit notwendigerweise fremden Interaktionspartnern – und seien sie physisch, intellektuell und emotional noch so nah – ist Goffmans zentrales Thema. Empirisch und analytisch versucht er zu ergründen, wie im Alltag den Interaktionen trotz alledem eine Ordnung abgerungen werden kann und muß.

3.1. Die Interaktionsordnung zwischen Fremden

Die Erfahrung eines grundsätzlich offenen Entscheidungs- und Lernfeldes kann nur über habitualisierte soziale Regulierungen bewältigt werden. Ihr Einsatz bei der Ordnung menschlicher Kontakte ist aber begrenzt, so daß ein Rest an Unbestimmtheit – und damit auch Angst – bestehen bleibt.

a) Die fremde Lebenswelt. Alfred Schütz hat große Mühe darauf verwendet zu zeigen, daß wir keinen *direkten* Zugang zur „andermenschlichen" Erfahrung haben können, also fremde Erlebnisse schlußfolgernd aus den Zeichen und Ausdrucksformen des fremden Leibes ermitteln müssen. Goffman radikalisiert diesen Ansatz weiter, denn für ihn bleibt jede Schlußfolgerung fraglich, vorläufig und irrtumsbehaftet. Die größte Nähe schlägt in Entfremdung um, wenn man die Regeln des Umgangs und der Interpretation nicht beherrscht. Jedes Wort, jeder Laut, jede Geste, alle Bewegungen, Raumaufteilungen etc. sind „Brückenköpfe in fremdem Territorium" (Laing 1969, S. 31). In bezug auf Ordnung von Interaktionen ist demgemäß zu fragen: „Was geht hier eigentlich vor?" (Goffman 1977, S. 16). Auch für die *„face-to-face"*-Kontakte ist das Ordnungsproblem zentral (siehe dazu v. a. Goffman 1971 b). Es bedarf der Übereinkünfte, daß Ordnung *„as usual"* eingehalten wird. Alltagsroutinen sind solche vorläufigen „Ordnungsgarantien".

b) Engagement für eine gemeinsame Ortsbestimmung. Goffman unterscheidet zwei Arten von Begegnungen (*„encounters"*): zentrierte und nicht-zentrierte (Goffman 1973). Mit zentrierter Begegnung ist eine konkrete Interaktion gemeint, z. B. ein Gespräch, wohingegen unter nicht-zentrierter Begegnung die bloße gemeinsame Anwesenheit in einem Raum zu verstehen ist, z. B. in einem Wartesaal. In beiden Fällen sind alle Beteiligten sehr wachsam gegenüber den Aktivitäten anderer. Jeder ist in die Arbeit an der gemeinsamen Definition der Situation einbezogen, andernfalls ist der Status quo der Begegnung schnell verspielt. Gerade in zentrierten Begegnungen, die durch unmittelbaren Kontakt gekennzeichnet sind, sind der Körper und das Selbst höchst verletzlich. Jede „falsche Bewegung", wie Anzeichen von Langeweile, übertriebene Selbstorientierung oder Seitenaufmerksamkeit, sind Anlaß zu erhöhter Alarmbereitschaft des Gegenübers, ja zur Befremdung und Beleidigung (*„involvement offense"*; Goffman 1971 b, S. 137). Die gemeinsame Definition der Situation geht verloren.

Damit also die ursprüngliche Wirklichkeit einer Begegnung wenigstens momentan erhalten bleibt, bedarf es gemeinsamer Definitions- und Organisationselemente für den Interaktionsverlauf. So ist jeder zunächst gezwungen, in angemessener Weise teilzunehmen und dies durch Zeichen kundzutun (Nicken, Augenkontakt, Körperhaltung) (*„involvement obligations"*; Goffman 1971 b, S. 125 ff.). Umgekehrt wird erwartet, daß fehlendes (eigenes oder fremdes) Engagement durch Anstrengungen zur Rückgewinnung eines gemeinsamen Wirklichkeitsverständnisses ausgeglichen wird bzw. die Bruchstellen schnell gekittet werden. Gesprächsteilnehmer müssen also ein delikates Gleichgewicht zwischen inhaltlichen und organisatorischen Aspekten halten, wenn die Begegnung nicht ungewollt abbrechen soll.

c) Regeln als vertrauensbildende Maßnahmen Da das Gleichgewicht zwischen Engagement, Desengagement und Übereifer leicht verfehlt wird und damit die „dünne Hülle" der unmittelbaren Wirklichkeit zerreißt,[6] bedarf es neuer, weiterer Schutzhüllen zur Stabilisierung der Interaktion. Es sind dies die Regeln, die unser Verhalten – nach Art von Grammatikregeln – als unsichtbare Hintergrundannahmen lenken. Goffman kennt substantielle Regeln, die ihre Bedeutung in sich tragen, und zeremonielle Regeln, die an sich als leer erscheinen, aber als vertrauensbildende Maßnahmen höchste Bedeutung erlangen (siehe v.a. Goffman 1971 b). Auf zwei Zeremonialcodes legt Goffman besonderes Gewicht: *„deference"*, die Achtung vor den anderen und damit verbundene Vermeidungshaltungen (Stillschweigen gegenüber peinlichen Situationen) und Zuvorkommenheitsrituale (Ehrerbietung, Komplimente, Grüßen etc.) (Goffman 1971 b, S. 70 ff.); *„demeanor"*, d.h. Benehmen, muß der Handelnde zeigen, um seine Zuverlässigkeit als Partner unter Beweis zu stellen (Tischsitten). Manche Regeln sind symmetrisch (Höflichkeiten), manche asymmetrisch (militärische Grußregeln). Einige sind verpflichtend, die Einhaltung anderer wird nur erwartet. Allen aber ist gemeinsam, daß sie als Leitlinien für praktische Probleme der Alltagsinteraktion dienen und als „Zwänge" diesen Alltag unbemerkt strukturieren, der ohne sie chaotisch wäre. Regeln sind aber keine Gesetze, sondern eher praktische Kenntnisse und flexible Codes, wie man in *„face-to-face"*-Begegnungen situationsangemessen, engagiert und für andere zugänglich, verfährt. Bricht die Regelung zusammen und wird die soziale Wirklichkeit nicht mehr geteilt, wie es für manche Arten von psychischer Erkrankung symptomatisch ist, dann ist dies Anlaß für Alarm (Goffman 1974, S. 376), sei es gegenüber Fremden oder Vertrauten. Kinder, Komiker, Betrunkene und psychisch Auffällige zeigen uns, was es bedeutet, wenn der „evidente Charakter" (Goffman 1971b; 1967) der sozialen Welt sich als brüchig erweist. Umgekehrt gehört es zur „Glücksbedingung" des Vertraut- und Zuhause-Seins, wenn die konventionellen Prozeduren von allen Teilnehmern eingehalten werden. Ihre korrekte Anwendung aber ist kompliziert, so daß die Alltagssicherheit (*„taken-for-granted knowledge"*) nicht ein für allemal gegeben ist, sondern ständig der Neuverhandlung, Bestätigung und Anpassung bedarf.

3.2. Vielfältige Wirklichkeiten und Rahmungsnotwendigkeit

Jede Begegnung verlangt Verständigungsarbeit, da die unterschiedlichen Relevanzen, Deutungen und Entwürfe gegenseitig entziffert werden müssen. Dafür sind sie einem bestimmten Wirklichkeitsbereich mit seinen Regeln zuzuordnen.

a) Wissen durch Rahmung (Kontext-Stabilisierung). Kein Diskurs ist ohne Kontext-Erhellung verstehbar. Nur so wird unterscheidbar, was Ernst und Spaß, was Naivität oder Verstellung, was „normaler" Kleiderzwang (Militär) und was Karneval oder sogar Schizophrenie ist. Ohne gültige „Definitionsgestalt" (Meyrowitz 1990, S. 74), die Goffman *„Rahmen"* nennt, ist eine Handlung unbestimmbar. Unter Rahmen sind nicht nur raum-zeitliche Vorgaben zu verstehen (z.B. Richter und Gerichtssaal), sondern alle Ereignisbestimmungen, unausgesprochenen Informationen und Welterfahrungen, die einzuordnen erlauben, was *innerhalb* und was *außerhalb* einer Situation stattfindet. In *Rahmenanalyse* (1977) macht Goffman uns auf die konstruierte Seite der Realität und die vielfältigen Wirklichkeiten in jeder Situation aufmerksam.[7] Um eine Situation eindeutig bezeichnen zu können, bedarf es exemplarischer Formen und Bezugsschemata. Dies sind die *primären (natürlichen oder sozialen)* Rahmen, also *„Organisationsprinzipien für Ereignisse"* (Goffman 1977, S. 19). Natürliche Rahmen sind rein physikalisch identifizierbare Ereignisse, die man vollständig auf natürliche Ursachen zurückführt (z. B. ein Schneesturm). Soziale Rahmen dagegen sind gemeinsam geteilte Orientierungsmuster, denen ein Definitionsvorgang von Menschen zugrunde liegt, z. B., ob man eine Situation als Spiel oder Wettkampf definiert. Rahmungen setzen kulturell geteilte Deutungsmuster voraus, bedürfen aber darüber hinaus der anwendungsbezogenen Interpretation durch die Interaktionsteilnehmer. Damit schlägt Goffman die Brücke zwischen Subjektivismus (Konstruktivismus) und Objektivismus (Collins 1988b, S. 692).

b) Wissenstransformation. Auf der anderen Seite will Goffman zeigen, daß wir nicht nur Teilnehmer an, sondern auch *„Techniker"* *der Wirklichkeit* sind, daß Mikro- und Makrowissensvorräte kein passiv verwalteter Besitz sind, sondern Rahmungen aktiv erzeugt werden müssen. Eine der Schwierigkeiten bei der Definition einer Situation besteht nun darin, daß es von Grundformen primärer Rahmen auch Modulationen (*„Keyings"*) gibt, deren Merkmale man entschlüsseln muß, um in der Situation angemessen zu agieren. Ob ein Kampf „wirklich" erfolgt oder nach Drehbuch aufgeführt wird, ob er rückblickend beschrieben oder analysiert wird, ob er als Vorführung oder als Experiment zu verstehen ist, kann nur mittels besonderer Schlüssel und metakommunikativer Fähigkeiten erfaßt werden. Menschen verwenden die meiste Energie darauf, die ontologische Unsicherheit durch Rahmenanalyse und Ritualisierung zu überwinden (Collins 1988b, S. 245 f.).

Dies ist um so wichtiger, als eine zweite Form der Wissenstransformation nicht ausgeschlossen ist, nämlich durch Täuschungen (*„fabrications"*) die eigenen Absichten zu verschleiern und das Handeln des Gegenübers zu lenken (Goffman 1977). Dabei kann es zu *„reality-troubles"* aus gegenseitigen Täuschungen und Gegentäuschungen, Verhüllungen und Entlarvungen (z. B. bei Spionage) kommen (vgl. Goffman 1973 und 1981 a), die die Plausibilitäten des Alltags außer Kurs zu setzen drohen. Das zeigt erneut, wie wichtig es im Normalfall ist, zu einer verläßlichen Strukturierung der Interaktion zu gelangen. Das immer weitere Aufschichten von Realitätsebenen (*„laminations"*) – z.B. des Intriganten, der durch einen Trick selbst getäuscht wird, dies sofort erkennt und mit einer neuen Täuschung beantwortet – findet seine Grenze an den realen Sanktionen in der materiellen Welt. Angesichts der „echten Schüsse aus echten Revolvern" (Goffman 1977, S. 316) werden Rahmungsstreitigkeiten und Realitätszweifel schnell eindeutig.

3.3. Darstellung des Wirklichen: Der dramaturgische Imperativ des Selbstentwurfs

Die grundsätzliche Brüchigkeit der Realitätsdeutung bringt es mit sich, daß Bedeutung, Engagement, die Gegenwart des anderen, die Wirklichkeit der Interaktionsszene – ja das Selbst – ständig dargestellt werden müssen. Das Selbst als Grundlage des Handelns ist in seiner Konstitution durch und durch gesellschaftlich.

a) Identität und Beschädigungsgefahr. Goffman bleibt seiner Vorstellung einer doppelgesichtigen Existenzweise des Menschen aus Nähe und Distanz, Ordnungszwang und Freiraum, Rollenübernahme und Rollengestaltung auch hier treu: Generell liegt es im Selbstinteresse eines jeden, die Interaktion, in der er engagiert ist, nicht zu gefährden. Keiner will sich aber durch allzu großen Konformitätsdruck – besonders seitens formaler (und noch mehr „totaler") Institutionen (Goffman 1972) – beeinträchtigen und beschädigen lassen. Deswegen muß er sich einerseits den Regeln fügen, andererseits aber auch seine Unabhängigkeit zum Ausdruck bringen, und sei es durch sekundäre Anpassung und den Aufbau einer abgeschotteten Eigenwelt. In *Stigma* (1967) legt Goffman dar, wie viele Identitäten (*„acting selves"*; Waksler 1989, S. 3) ein Individuum besitzen kann: eine „persönliche" und eine soziale, eine virtuelle (situationsübergreifende, biographische) und eine aktuelle, eine geoffenbarte und eine verheimlichte, eine diskreditierte und eine diskreditierbare. Goffman konzentriert sich darauf, wie Menschen im Alltag mit ihrem Selbst in fortlaufenden Handlungen (Konstruktionen) umgehen. Sie müssen Realitätseindrücke vermitteln und aufnehmen. Hierzu dienen ihnen die Anderen als Informationsquellen (siehe v. a. Goffman 1983). Mit diesen Informationen variieren sie ihr eigenes Verhalten, um damit das der Anderen zu beeinflussen. Da das Gegenüber ähnliche Strategien verfolgt, müssen beide Seiten darauf achten, daß sie die Situation – wie ein Spieler – unter Kontrolle behalten (Goffman 1974, S. 67). Dabei spielt das Image (*„face"*), eine Bildproduktion von sich selbst, eine große Rolle. Passen die Zeichen (vgl. Goffman 1983, S. 23 ff.) – als offen gegebene Informationen (*„signs given"*) oder als unbeabsichtigte Selbstdarstellungen (*„signs given off"*) – nicht zur Strategie, dann zeigt das Individuum ein falsches Gesicht (*„wrong face"*). Es verliert sein Gesicht. Um in Begegnungen zu bestehen, müssen wir folglich *„workable self-representations"* darbieten, d. h. wir müssen mit unseren Informationen haushälterisch flexibel und prägnant umgehen (*„face work"*). Dabei müssen wir die Erwartungen anderer in Rechnung stellen.

b) Identitätsmanagement und Publikum. Identität ist „situiert". Sie bedarf anderer Teilnehmer (Öffentlichkeit), die das gerahmte Selbstverständnis akzeptieren. Der Erfolg der Auftritte ist unsicher. Immerhin sind Sitten, Konventionen, Bräuche (und Recht) „Schmiermittel", die die Angst in Routine-Situationen begrenzt halten. Die Regeln des Selbstrespekts und der Rücksichtnahme anderer auf unsere Selbstdarstellung (als weiterer Rahmungsprozeß) garantieren die „Arbeitsakzeptanz" unseres „Gesichts" in der aktuellen Situation! Diese Art der Produktion eines Bildes von sich selbst geschieht mit dem Ziel der Zustimmung und Wertschätzung durch andere. Die Akteure bieten eine Vorderbühne (*„front stage"*) der Identität mit entsprechender Ausdruckssteuerung und abgestimmtem Rollenverhalten (*„face engagement"*) an (Goffman 1983, S. 99 ff.).

Die Darstellungen sind durch das Publikum jedoch diskreditierbar, denn es gibt immer Informationen, die nicht für das Publikum und die Vorderbühne bestimmt und nur der Hinterbühne vorbehalten sind. So ist der Selbstentwurf stets in Gefahr, wenn diskreditierbare Informationen nicht mehr auf der Hinterbühne kontrolliert werden können und für das Publikum sichtbar werden. Mithin können potentiell alle anwesenden Personen meinen dargestellten Selbstentwurf gefährden, was mich dazu zwingt, meine *„back regions"* zu schützen und die Kunst des *„impression management"* zu perfektionieren. Der Sinn der Bühnen-Metapher ist also weniger der, wie Goffmans Kritiker meinten (Messinger u. a. 1962), den Menschen als zynischen Theaterspieler und Verstellungskünstler erscheinen zu lassen, als der, zu unterstreichen, wie notwendig die Rahmungssicherheit für alle ist.

c) Das „heilige Selbst" und sein Schutz durch Rituale. Die gegenseitige Ratifizierung des jeweiligen „Image" kann unter Bedingungen der Kopräsenz nur über das Management von Engagement durch bestimmte Regeln, durch die der Schutz der rituellen Dimensionen des Selbst möglich ist, erfolgen. Interaktion wird – darauf legt Goffman Wert – nicht nur organisiert, um das Selbst in Abstimmung mit anderen darzustellen (und zu produzieren), sondern auch, um es vor den anderen zu schützen. Jeder muß den anderen als „heiliges Selbst" anerkennen, das nicht verletzt werden darf, sondern laufend in respektvoller Distanz verehrt werden muß. „Als Teilnehmer einer Situation ist keine Gelegenheit zu trivial, um nicht ein hohes Maß an Takt und Sorgfalt im Umgang mit sich und den anderen vorauszusetzen" (Goffman 1953, S. 33). Damit bekommt die Interaktionsordnung einen *sakralen Gehalt* (Rawls 1987, S. 139).

Folgende Passage aus „Interaktionsrituale" (Goffman 1971 b, S. 104 ff.) ist berühmt geworden: „Viele Götter sind abgeschafft worden, aber der Mensch bleibt hartnäckig als eine wichtige Gottheit bestehen. [...] Vielleicht ist das Individuum deshalb ein so zugänglicher Gott, weil es die zeremonielle Bedeutung seiner Behandlung verstehen kann und weil es mit Handlungen auf das, was ihm angeboten wird, reagieren kann. In Kontakten zwischen solchen Gottheiten bedarf es keiner Vermittler. Jeder dieser Götter ist in der Lage, als sein eigener Priester zu fungieren."[8]

Um Beleidigungen abzuwehren, Wiedergutmachung zu fordern, Fehlrahmungen zu vermeiden, um die Spielzüge („*moves*") zu parieren, muß sich jeder in sozialen Situationen vorsichtig, umsichtig und sensibel für die Details bewegen (*„ritual management"*; Goffman 1953, S. 103). Dafür müssen Rituale (konventionalisierte Handlungen) eingehalten werden. Durch sie bringen die Teilnehmer ihren Respekt für wertvolle Objekte zum Ausdruck. Im Austausch zwischenmenschlicher Rituale wird die Interaktion sakral aufgeladen. Indem jeder genügend Achtung für den anderen mitbringt und ihm erlaubt, seine Identität zu schaffen und zu behaupten, legt er auch die Basis für die Routinisierung und Strukturierung. Ein ritueller Akt verpflichtet den Empfänger zur dankbaren Wertschätzung der Gabe und zur Einordnung in das Beziehungsgefüge. Deutlich wird die *rituelle Struktur von Begegnungen* an Zugangsritualen (Grüßen, Verabschieden) und noch mehr an *Heilungsritualen*: Im Falle der schwerwiegenden oder unbedeutenden Übertretung persönlicher Territorien hat der potentiell Verletzte (Gekränkte, Beleidigte) das Recht, Wiedergutmachung zu verlangen, der „Regelübertreter" hingegen die Pflicht, Heilungsangebote zu unterbreiten; diesem Ersuchen muß wiederum eine Chance eingeräumt werden. Mittel dafür sind Erklärungen (*„accounts"*), Entschuldigungen, Ersuchen (*„requests"* – z.B.: „Darf ich bitte hier vorbei?"), Entlastungen (*„reliefs"* – z.B. „Bitte sehr!"), Dankbarkeit (*„appreciation"*) und Bagatellisierungen (z.B. „Schon gut!") als „Anerkennung der Anerkennung" (Goffman 1974, S. 150ff.). In unserer Gesellschaft potenzierter Fremdheit wird fast jede Transaktion mit einem bestätigenden oder korrektiven Ritual eröffnet oder beendet.

3.4. Selbstarbeit, Ordnung und Moral

Der *Respekt* für die Interaktionskonventionen gehört zu einem angemessenen Selbstverständnis, zur Natur des sozialen Selbst und damit zur Konstitution von Ordnung überhaupt. Goffman ist aber zu kritisch, um einem harmonistischen Interaktions- und Ordnungsverständnis zu huldigen. Deswegen spricht er nur von einem *„modus vivendi"* zur Ermöglichung von Verhandlungen, von einer *„working acceptance"* oder gar nur von Arrangements im „kalten Krieg" (Goffman 1972). Er weiß aber zu gut, daß das ständige Bemühen um eine verteidigungsfähige Position („Selbstarbeit") mehr ist als nur ein Erfordernis des Selbst und seiner Sozialität. Wer nämlich seine Interaktionsaufgaben regelhaft erfüllt, respektiert damit auch seine moralische *Pflicht* zur gegenseitigen Anerkennung. So verweist das Selbst auch auf die moralischen Traditionen allen öffentlichen Lebens überhaupt.

Die Dramaturgie des Alltags wird also nicht allein, wie Goffman oft unterstellt wird, nach Art von Theater- und Versteckspielen oder Hobbesschen *„power players"* interpretiert, sondern auch als ein moralischer und funktionaler Prozeß der Ordnungsbildung (Collins 1980, S. 181). In der Schlußpassage zu „On

Face Work" (Goffman 1971b, S. 52f.) heißt es dazu: „Wo immer wir Gesellschaften antreffen, die diesen Namen verdienen, müssen sie ihre Mitglieder als sich selbst regulierende Teilnehmer an sozialen Begegnungen mobilisieren. Ein Weg dazu sind die Rituale. Sie lehren, aufmerksam zu sein, Gefühle gegenüber dem Selbst, das sich über sein Gesicht ausdrückt, zu haben, Stolz, Ehre und Würde zu besitzen, sich zu kümmern, Takt und Haltung zu zeigen. Sie sind Verhaltenselemente, die im Individuum verankert sein müssen, wenn es als Interaktionsteilnehmer funktionieren will. [...] Die allgemeine Fähigkeit, an moralische Regeln gebunden zu sein, mag zum Individuum gehören, aber der besondere Satz von Regeln, der es zu einem menschlichen Wesen umgestaltet, leitet sich aus den Erfordernissen der rituellen Organisation sozialer Begegnungen ab."[9]

Auch wenn Goffman ein pro-institutionelles Moralverständnis, das den gesellschaftlichen Status quo verstärkt, durch die Auffassung ausbalanciert, daß Moral sich häufig gerade gegen die Macht der Institutionen stellt, um unzumutbare Forderungen der Gesellschaft an das Selbst abzuwehren, bleibt doch für ihn unbestreitbar, daß auch eine noch so konstrukthafte soziale Realität *kein beliebiger* Definitionsprozeß ist, sondern auf eine soziale und kulturelle Ordnung verweist. Goffman wird nicht müde zu unterstreichen, daß Individuen als engagierte Darsteller ihrer selbst zugleich auch ein unterschwelliges Engagement für die Regeln des Engagements zeigen (müssen). Sie leben – mehr als ihnen bewußt ist – in einer durch und durch moralisch aufgeladenen Welt, deren Anforderungen primär in der Erhaltung der situativen Ordnung und der Selbstdarstellung der Interaktionspartner liegen. Dies ist der Kern seiner exemplarischen Leistung als Moralist (Freidson 1983, S. 361; Creelan 1984, S. 663ff.).

4. Goffmans Bedeutung für die Soziologie

Goffman, lange Zeit ein Außenseiter, ist nach dem Erscheinen seines Hauptwerkes *Rahmenanalyse* (1977) – und mehr noch nach seinem Tod 1982 – immer stärker mit seinem genuinen theoretischen Ansatz entdeckt worden. Mit seiner Präsidialadresse vor der *American Sociological Association* (1982) hat er nochmals klarzumachen vermocht, daß die *Interaktionsordnung* unter den Bedingungen der „Kopräsenz" von Menschen ein eigenes Forschungsfeld ist, das wegen seiner umfassenden Geltung interdisziplinäre Beachtung verdient. Die Systematik seines Denkens läßt sich unter den Gesichtspunkten von Darstellungszwang, Sicherheitsvorkehrungen im fremden Terrain und Ordnungsimperativ auch durchaus erkennen. Goffman war so der Meinung, eine „hochintegrierte, hierarchische Struktur sich gegenseitig verknüpfender Definitionen" erreicht zu haben (vgl. Williams 1988, S. 76). Der häufig geäußerte Vorwurf, über der *Mikrosoziologie* das Gewicht makrogesellschaftlicher „Zwänge" vergessen zu haben, erweist sich bei näherem Hinsehen als irrig. Sicherlich ist die Mikro-Ordnung der Begegnungen Goffmans Fokus, doch hat er deren Autonomie nie vertreten, sondern sogar ausdrücklich abgelehnt! An Emile Durkheim geschult, weiß er sehr wohl, wie stark Situationen und Bedeutungen sozial strukturiert sind. Nur waren die sogenannten „großen Fragen" der Sozialstruktur nicht sein Thema. Vielmehr machte er das kleine Alltagsleben zu seiner großen Frage. Der Grund dafür liegt einerseits in einer notwendigen Beschränkung der eigenen Forschertätigkeit, andererseits aber auch darin, daß Goffman den Nexus zwischen Mikro- und Makro-Ordnung im allgemeinen für einen nur lockeren hält („*loose coupling*"; Goffman 1994, S. 85). Schnittstellen („*interfaces*") ergeben sich aus den Handlungskonsequenzen (Rituale, normative Ordnung, Selektionsprozesse, Konstitution von Gruppen), die – manchmal, aber nicht immer – aus der Mikro-Ordnung für die gesamtgesellschaftliche Organisation insgesamt erwachsen bzw. aus der Bedeutung sozialstruktureller Kategorien (Alter, Geschlecht, Ethnie, Klasse) für die Ordnung der Interaktion[10]. Im allgemeinen – so Goffman – haben wir aber keine „Theorie", die den Namen verdient bzw. keine gute Beschreibung der Makro-Ordnung und ihrer „Verknüpfungsmechanismen", wenn (und weil) die Mikrofundierung fehlt. Wenn diese aber einmal klar ist, kann die Perspektive ausgeweitet werden auf Organisationen (Deger 1999; Downing 1997), Medien (Meyrowitz 1990), ethnisches Identitätsmanagement (Hettlage 1997; Giordano 1997; Greverus 1981) u. a. m.

Damit kann auch der Einwand (Durig 1995, S. 247) entkräftet werden, Goffman bleibe zu allgemein, um für die Analyse der *modernen* Welt verwendbar zu sein. Kann man seinem Gedanken folgen, daß es gilt, die fremde Welt im kleinen zu bewältigen, dann läßt sich dies als Zivilisationstheorie auch auf die Welt im großen übertragen. Goffmans Kategorien wie die des „heiligen Selbst", der Dramaturgie der Beschädigungsabwehr, der Suche nach punktuellem Konsens, des fragmentierten, „seriellen Ich" (Bude 1988) sind geeignet, wichtige Bausteine einer modernen Kultursoziologie abzugeben (Wehrspaun 1989; Kuzmics 1986). Um den modernen Sozialcharakter aufzudecken, bedarf es der Freilegung des „sozialen Unbewußten" (Collins 1980, S. 172), so wie es in die Habitusformen einfließt (Willems 1997).

Dagegen gleicht die Beschränkung soziologischer Theoriebildung auf makrosoziale Formationen „der früheren Wissenschaft vom inneren menschlichen Körper, die sich auf die großen, festumschriebenen Organe: Herz, Leber, Lunge, Magen usw. beschränkte und die unzähligen, populär nicht benannten oder nicht bekannten Gewebe vernachlässigte, ohne die jene deutlicheren Organe niemals einen lebendigen Leib ergeben würden" (Georg Simmel, zit. bei Goffman 1953, S. IV). Auch die Naturwissenschaften haben wesentliche Fortschritte gemacht, indem sie ihre „Mikroskope" verbesserten. Die Soziologie muß ihren Weg erst noch gehen. Goffman ist einer ihrer herausragenden Wegbereiter und Aufklärer.

Literatur

1. Werke

Goffman, E., 1953, Communication Conduct in an Island Community. Ph. D. Dissertation. University of Chicago (unveröffentlicht).
Goffman, E., 1967, Stigma. Über Techniken der Bewältigung beschädigter Identität. Frankfurt a. M.
Goffman, E., 1971 a, Verhalten in sozialen Situationen. Strukturen und Regeln der Interaktion im öffentlichen Raum. Gütersloh.
Goffman, E., 1971 b, Interaktionsrituale. Über Verhalten in direkter Kommunikation. Frankfurt a. M.
Goffman, E., 1972, Asyle. Über die soziale Situation psychiatrischer Patienten und anderer Insassen. Frankfurt a. M.
Goffman, E., 1973, Interaktion: Spaß am Spiel. Rollendistanz. München.
Goffman, E., 1974, Das Individuum im öffentlichen Austausch. Mikrostudien zur öffentlichen Ordnung. Frankfurt a. M.

Goffman, E., 1977, Rahmenanalyse. Ein Versuch über die Organisation von Alltagserfahrungen. Frankfurt a. M.

Goffman, E., 1981 a, Strategische Interaktion. München.

Goffman, E., 1981 b, Geschlecht und Werbung. Frankfurt a. M.

Goffman, E., 1981 c, A reply to Denzin and Keller. In: Contemporary Sociology 10, H. 1, S. 60–68.

Goffman, E., 1981 d, Forms of Talk. Philadelphia.

Goffman, E., 1983, Wir alle spielen Theater. Die Selbstdarstellung im Alltag. 4. Aufl. München u. a.

Goffman, E., 1994, Die Interaktionsordnung. In: Knoblauch, H.A. Hrsg., Erving Goffman: Interaktion und Geschlecht. Frankfurt a. M. S. 50–104.

2. Sekundärliteratur

Bude, H., 1988, Auflösung des Sozialen? Die Verflüssigung des soziologischen „Gegenstandes" im Fortgang der soziologischen Theorie. In: Soziale Welt 39, H. 1, S. 4–17.

Burns, T., 1992, Erving Goffman. London.

Chayko, M., 1993, What is real in the age of virtual reality? „Reframing" frame analysis for a technological world. In: Symbolic Interaction 16, H. 2, S. 171–181.

Clough, P., 1990, Reading Goffman: Toward the deconstruction of sociology. In: Riggins, S. Hrsg., Beyond Goffman. Studies on communication, institution, and social interaction. Berlin/New York, S. 187–202.

Collins, R., 1980, Erving Goffman and the development of modern sociology. In: Ditton, J. Hrsg., The View from Goffman. London, S. 170–209.

Collins, R., 1988 a, Theoretical continuities in Goffman's work. In: Drew, P./Wootton, A. Hrsg., Erving Goffman: Exploring the Interaction Order. Oxford, S. 41–63.

Collins, R., 1988 b, Theoretical Sociology. San Diego/New York.

Creelan, P., 1984, Vicissitudes of the sacred. Erving Goffman and the book of Job. In: Theory and Society 13, H. 5, S. 663–695.

Crook, S./Taylor, L., 1980, Goffmans version of reality. In: Ditton, J. Hrsg., The View from Goffman. London, S. 233–251.

Deger, P., 2000, Begegnungen – Interaktionsordnung in Organisationen. Marburg.

Denzin, N. K./Keller, Ch. M., 1981, Frame analysis reconsidered. In: Contemporary Sociology 10, H. 1, S. 52–60.

Ditton, J., Hrsg., 1980, The View from Goffman. London.

Downing, St. J., 1997, Learning the plot. Emotional momentum in search of dramatic logic. In: Management Learning 28, H. 1, S. 27–44.

Drew, P./Wootton, A. Hrsg., 1988, Erving Goffman: Exploring the Interaction Order. Oxford.

Durig, A., 1995, The event frame. In: Studies in Symbolic Interaction 17, S. 241–264.

Eberle, Th. S., 1991, Rahmenanalyse und Lebensweltanalyse. In: Hettlage, R./Lenz, K. Hrsg., Erving Goffman – ein soziologischer Klassiker der zweiten Generation. Bern/Stuttgart, S. 157–210.

Freidson, E., 1983, Celebrating Erving Goffman. In: Contemporary Sociology 12, H. 4, S. 359–362.

Giordano, Ch., 1997, Ethnizität: Prozesse und Diskurse im interkulturellen Vergleich. In: Hettlage, R./Deger, P./Wagner, S. Hrsg., Kollektive Identität in Krisen. Ethnizität in Region, Nation, Europa. Opladen, S. 56–72.

Gonos, G., 1977, „Situation" versus „frame". The „interactionist" and the „structuralist" analysis of everyday life. In: American Sociological Review 42, H. 6, S. 854–867.

Greverus, I. M., 1981, Ethnizität und Identitätsmanagement. In: Schweizerische Zeitschrift für Soziologie 7, H. 2, S. 23–32.

Hettlage, R., 1991, Rahmenanalyse – oder die innere Organisation unseres Wissens um die Ordnung der Wirklichkeit. In: Hettlage, R./Lenz, K. Hrsg., Erving Goffman – ein soziologischer Klassiker der zweiten Generation. Bern/Stuttgart, S. 95–156.

Hettlage, R., 1997, Identitätsmanagement. Soziale Konstruktionsvorgänge zwischen Rahmung und Brechung. In: Welt Trends. Internationale Politik und vergleichende Studien 15, S. 7–23.

Hettlage, R./Hettlage-Varjas, A., 1993, Das eigene und das fremde Fremde. In: Wege zum Menschen. Monatsschrift für Seelsorge und Beratung, heilendes und soziales Handeln 45, H. 6, S. 316–327.

Hettlage, R./Lenz, K. Hrsg., 1991, Erving Goffman – ein soziologischer Klassiker der zweiten Generation. Bern/Stuttgart.

Knoblauch, H. A., 1994, Erving Goffmans Reich der Interaktion. In: ders. Hrsg., Erving Goffman: Interaktion und Geschlecht. Frankfurt a. M., S. 7–49.

Kuzmics, H., 1986, Verlegenheit und Zivilisation. Zu einigen Gemeinsamkeiten und Unterschieden im Werk von E. Goffman und N. Elias. In: Soziale Welt 37, H. 4, S. 465–486.

Laing, R. D., 1969, Phänomenologie der Erfahrung. Frankfurt a. M.

Manning, Ph., 1992, Erving Goffman and Modern Sociology. Stanford.

Messinger, S. L. u. a., 1962, Life as theater. Some notes on the dramaturgic approach to social reality. In: Sociometry 25, H. 1, S. 98–110.

Meyrowitz, J., 1990, Redefining the situation: Extending dramaturgy into a theory of social change and media effects. In: Riggins, St. H. Hrsg., Beyond Goffman. Studies in Communication, Institution and Social Interaction. Berlin/New York, S. 65–97.

Rawls, A. W., 1987, The interaction order sui generis. In: Sociological Theory 5, S. 136–149.

Riggins, St. H. Hrsg., 1990, Beyond Goffman. Studies in Communication, Institution and Social Interaction. Berlin/New York.

Schegloff, E. A., 1988, Goffman and the analysis of conversations. In: Drew, P./Wootton, H. Hrsg., Erving Goffman: Exploring the Interaction Order. Cambridge, S. 89–135.

Simmel, G., 1968, Soziologie. Untersuchungen über die Formen der Vergesellschaftung. 5. Aufl. Berlin.

Soeffner, H.-G., 1995, Goffman, Erving. In: Metzlers Philosophenlexikon. Stuttgart/Weimar, S. 318–321.

Waksler, F. C., 1989, Erving Goffman's Sociology. An Introductory Essay. In: Human Studies 12, S. 1–18.

Wehrspaun, M., 1989, Kommunikation, öffentliche Ordnung und das projektive Selbst. Die Bedeutung von Erving Goffmans Ökologie der sozialen Situation für die Analyse der Moderne. In: Zeitschrift für Soziologie 18, H. 5, S. 329–345.

Widmer, J., 1991, Goffman und die Ethnomethodologie. In: Hettlage, R./Lenz, K. Hrsg., Erving Goffman – ein soziologischer Klassiker der zweiten Generation. Bern/Stuttgart, S. 211–242.

Willems, H., 1997, Rahmen, Habitus und Diskurse. Zum Vergleich soziologischer Konzeptionen von Praxis und Sinn. In: Berliner Journal für Soziologie 7, H. 1, S. 87–107.

Williams, R., 1988, Understanding Goffman's methods. In: Drew, P./Wootton, A. Hrsg., Erving Goffman. Exploring the Interaction Order. Cambridge, S. 64–88.

Anmerkungen

Vorbemerkung: Für wichtige Hinweise und vor allem für die Kürzung eines längeren Manuskripts bin ich Frau Dr. Petra Deger, Regensburg, sehr zu Dank verpflichtet.

1 Im folgenden wird – wo immer es eine deutsche Ausgabe gibt – auf diese Bezug genommen. Eine komplette Auflistung von Goffmans Originalwerken findet sich in: Hettlage/Lenz 1991, S. 445 ff.

2 Randall Collins (1988 a, S. 41) hat Goffman als größten Soziologen der zweiten Hälfte des 20. Jhs. bezeichnet.

3 Hier sind insbesondere zu nennen: Emile Durkheim und Georg Simmel, der Strukturfunktionalismus (v.a. Alfred Radcliffe Brown und Talcott Parsons), viele Vertreter der in sich sehr differenzierten Chicago School (W. Lloyd Warner, Louis Wirth, George Herbert Mead, Charles H. Cooley, Herbert Blumer), die Ethnomethodologie (Harold Garfinkel, Harvey Sacks) und die Soziolinguistik (Dell Hymes).

4 Wie dies einige Beiträge in Drew/Wootton (1988) versuchen.

5 So ist z. B. Manning 1992 verfahren.

6 Diesen Aspekt betont Goffman v.a. in seinen Analysen totaler Institutionen, siehe insbesondere: Goffman 1972.

7 Siehe dazu ausführlicher: Hettlage 1991.

8 Dies ist eine Übersetzung des Autors aus der englischen Originalausgabe, die sich sinngemäß so in der dt. Ausgabe auf S. 104 findet.

9 Dies ist eine Übersetzung des Autors aus der englischen Originalausgabe, die sich sinngemäß so in der dt. Ausgabe auf S. 52 findet.

10 Siehe dazu exemplarisch: Goffman 1981 b.

Rudolf Stichweh

Niklas Luhmann
(1927–1998)

1. Biographische Vorbemerkung

Niklas Luhmann wurde am 8. Dezember 1927 in Lüneburg geboren und wuchs dort in einer Familie auf, die er selbst durch die Toleranz gegenüber den Wahlentscheidungen der Kinder beschrieben hat. Der Besuch eines humanistischen Gymnasiums wurde 1944 durch die Verpflichtung zum Kriegsdienst als Luftwaffenhelfer vorzeitig beendet. Nach dem Krieg folgten ein rechtswissenschaftliches Studium in Freiburg (1946–49), der juristische Vorbereitungsdienst und eine fast zehnjährige Tätigkeit in der öffentlichen Verwaltung Niedersachsens, hauptsächlich im Kultusministerium. Luhmann war in diesen Jahren ein Beamter, der am Feierabend Theorie und Lyrik las und in einem Zettelkasten eigene Überlegungen zu systematisieren begann. Der lebensgeschichtliche Bruch kam mit der Beurlaubung zum Studium der Verwaltungswissenschaft und der Soziologie an der *Harvard University* und bei Talcott Parsons (1960–61) und mit der ungefähr gleichzeitig einsetzenden Publikationstätigkeit. Nach dem Aufenthalt in Harvard ging Luhmann an das Forschungsinstitut der Verwaltungshochschule Speyer (1962–65). Auf Anregung Helmut Schelskys promovierte und habilitierte er in Soziologie an der Universität Münster, wurde Abteilungsleiter an der – Münster zugeordneten – Sozialforschungsstelle in Dortmund (1966–68) und 1968, lange vor Aufnahme des Lehrbetriebs, erster Ordinarius der neugegründeten Universität in Bielefeld. Dort ist er bis zur Emeritierung 1993 geblieben und war dieser Universität auch danach in seiner Forschungs- und Publikationstätigkeit verbunden. Luhmann starb am 6. November 1998 in Oerlinghausen.

Seit 1971 war Luhmann eine der sichtbarsten Figuren des intellektuellen Lebens der Bundesrepublik Deutschland. In jenem Jahr erschien im Suhrkamp Verlag unter dem Titel *Theorie der Gesellschaft oder Sozialtechnologie – Was leistet die Systemforschung?* eine Auseinandersetzung zwischen Jürgen Habermas und Niklas

Luhmann, die für Jahrzehnte diese beiden Autoren als die einflußreichsten Sozialtheoretiker Deutschlands etablierte. Man kann
diese Diskussion bis zum Frankfurter Soziologentag von 1968 mit
dem Leitthema „Spätkapitalismus oder Industriegesellschaft?"
zurückverfolgen. Luhmanns damaliger Vortrag fungierte später
als das erste Kapitel des gemeinsamen Buches mit Jürgen Habermas. Wenn man diese Zusammenhänge sieht, wird deutlich, wie
sehr die Rezeptionsgeschichte von Luhmanns Werk mit der Studentenbewegung um und nach 1968 und mit der gleichzeitigen
Renaissance der Kritischen Theorie und des Marxismus verknüpft
ist. Luhmann stand diesen politischen und intellektuellen Bewegungen zwar so fremd gegenüber, wie dies nur denkbar ist.
Gleichwohl bestand sein Publikum für lange Zeit zu großen Teilen aus Lesern, die vom Marxismus oder der kritischen Theorie
her die Erwartung auf eine systematische und gesamtgesellschaftliche Theorie mitbrachten, eine Erwartung, die diese Denkrich-
tungen selbst nicht mehr zu erfüllen vermochten. Auch wenn
gelegentlich die Meinung vertreten wird, das Luhmannsche Unterfangen sei (politisch) konservativ, so hat seine Theorie in Kreisen der BRD, die sich selbst als konservativ verstehen, doch nie
ein Interesse gefunden. Sofern man konsequent rezeptionsge-
schichtlich denkt, liegt eher die Vermutung nahe, daß sie das Erbe
des Marxismus angetreten hat.

2. Theorie sozialer Systeme

Wenn man Luhmann längere Zeit beobachten konnte, erinnert
man sich an ein einziges Wort, das er nie mit ironischer Distanz
und Brechung verwendet hat: *Theorie*. In dieser Unbedingtheit
des Setzens auf die Ergebnisse einer theoretischen Denkentwick-
lung gleicht er dem jungen Max Planck, der gleichfalls seine Umwelt damit verblüffte, daß er die Konzession verweigerte, die
darin besteht, daß jeder Physiker gelegentlich auch im Labor steht
und dort experimentelle Bestätigungen oder auch induktive Anregungen sucht. Planck hat auf diese Weise die soziale Rolle des
reinen, theoretischen Physikers etabliert. Natürlich war Luhmanns Rollenvorbild, wenn er für seine Entscheidung überhaupt
eines brauchte, nicht Max Planck oder einer der anderen in Frage

kommenden Physiker, sondern Talcott Parsons, der sich selbst als *„incurable theorist"* bezeichnete. Parsons und Luhmann haben eine Radikalität theoretischen Denkens in die Soziologie eingebracht, die die Generation der Durkheim, Weber und Simmel noch nicht gewagt hatte und die als eine Möglichkeit intellektuellen Verhaltens dem Fach erhalten bleiben wird, auch wenn die Theorien von Parsons und Luhmann einmal nur noch *„klassisch"* sein sollten.[1]

Die Theorie, die Niklas Luhmann zur Soziologie beigetragen hat, heißt *Systemtheorie.* In den ersten Jahren sprach Luhmann zuweilen auch von *funktional-struktureller Theorie,* doch diente diese Formel vor allem zur Abgrenzung von der *strukturell-funktionalen Theorie* eines Talcott Parsons. Sie signalisierte den Willen, nicht mehr von Beständen her zu denken und dann nach den Bedingungen der Erhaltung dieser Bestände zu fragen, sondern statt dessen vorgefundene soziale Wirklichkeit als Lösung eines Problems zu verstehen, so daß, wenn man in funktionaler Analyse das zugehörige Problem identifiziert hatte, die vorgefundene Lösung mit anderen denkbaren und vielleicht anderenorts verwirklichten Problemlösungen verglichen werden konnte. Die Selbstbeschreibung seiner Theorie als funktional-strukturell verlor schnell an Bedeutung, nachdem die Differenz zu Parsons unbestritten etabliert war. Natürlich kontinuiert Luhmanns Werk den beschriebenen Typus des Denkens, der am Vergleich von Problemlösungen und am Vergleich von Funktionssystemen orientiert ist. Aber der Funktionsbegriff selbst ist problematisch geworden. Er wird zwar weiterverwendet, aber im Unterschied zu anderen Leitformeln der Theorie nicht mehr laufend neu begründet.

Also ist *Systemtheorie* die dauerhaft richtige Fremd- und Selbstbeschreibung. Damit ordnet sich das Unterfangen einer Tradition zu, die seit dem Zweiten Weltkrieg als *Allgemeine Systemtheorie* (*General Systems Theory*) interdisziplinär und vor allem in den Naturwissenschaften mit eigenen Zeitschriften und Kongressen gut etabliert ist. *Kybernetik* ist ein eng verwandter Name, und Luhmann spricht in frühen Texten gelegentlich mit erkennbarem Selbstbezug von *kybernetischer Systemtheorie.*[2] Zunächst einmal impliziert Systemtheorie für Luhmann die Leitunterscheidung *System/Umwelt.* Diese besagt, daß sich Systeme mittels dieser für sie konstitutiven Differenz selbst in die Welt einschreiben und daß alles, was nicht in die sich vollziehende Systembildung eingeht, Teil der Umwelt des Systems wird. Man kann eine System/Umwelt-Theorie als *Theorie offener Systeme* entwerfen und betont dann die Austauschbeziehungen (Inputs und Outputs) des Systems mit der Umwelt und die kausale Abhängigkeit des Systems von seiner Umwelt. Oder man entwirft sie, und das war bei Luhmann von Anfang an der Fall, als *kybernetische Systemtheorie*, und dann tritt die *Selektivität* des Verhaltens des Systems in den Beziehungen zu seiner Umwelt in den Vordergrund. Diese Selektivität im Umgang des Systems mit seiner Umwelt beschreibt Luhmann in einer berühmt gewordenen Formel als *Reduktion von Komplexität*, d. h. als Relation einer als überkomplex erlebten Umwelt zu der selektiven Rekonstruktion dieser Komplexität, die im System vorgenommen wird. Diese Formel war früh ein zentraler Gegenstand der Kritik an Luhmann, weil ihm eine Nähe zu Arnold Gehlens *Entlastungsbegriff* und insofern anthropologische Prämissen der Systembildung vorgeworfen wurden. In einer für ihn typischen Wendung sprach Luhmann von der Reduktion von Komplexität zuletzt nur noch ironisch, als sei dies eine Theorieformel einer vergangenen Zeit, die seinerzeit von irgendeinem Theoretiker benutzt worden ist. Richtig ist daran, daß man heute eher den *Aufbau* von Komplexität betonen würde, der sich natürlich einem scharf selektiven Zugriff auf die Umwelt verdankt. Für die Beziehung zur Umwelt oder Welt aber würde man den Komplexitätsbegriff nicht verwenden, da Komplexität Elemente und Relationen zwischen den Elementen voraussetzt und es beides nur in Systemen gibt und insofern von *Reduktion von Komplexität* keine Rede sein kann.

Systemtheorie betreibt Luhmann immer als Theorie *sozialer Systeme*. So viel Material er aus so heterogenen Fächern wie der Linguistik, Kybernetik, Biologie und Philosophie benutzt, so kommt das Wissen dieser Fächer doch nur in bereits transformierter und an die Soziologie adaptierter Form vor; Luhmann schreibt im Grunde nie einen Satz, der nicht zur Soziologie gehört.

Worin besteht nun die Besonderheit sozialer Systeme? Luhmanns Antwort lautet: *Sinn*. Sinn läßt sich als Spezialfall eines generellen Paradigmas der allgemeinen Systemtheorie fassen, das mittels der beiden Termini *Überschußproduktion* und *Selektion* artikuliert wird. Systeme zeichnen sich durch die Verarbeitung von Möglichkeitsüberschüssen aus, die sie prinzipiell selektiv nutzen. Dieses Paradigma wird durch *Sinn* für soziale Systeme spezifiziert. Sinnhafter Umgang mit Möglichkeitsüberschüssen meint, daß die derzeit nicht gewählten Möglichkeiten nicht spurlos aus der Welt verschwinden, daß sie vielmehr *potentialisiert* werden. D.h. sie bleiben als Möglichkeiten erhalten, auf die man später zurückkommen kann. Die Leistungszuwächse und die Überforderungswahrscheinlichkeiten, die sich mit Sinn einstellen, liegen auf der Hand. Diese Auffassung von Sinn verdankt sich der Phänomenologie Edmund Husserls, der nach Parsons auf Luhmann wohl den größten Einfluß ausgeübt hat.

Sinn beschreibt die Spezifik der Operationsweise sozialer Systeme im Unterschied zu biologischen Systemen, physikalischen Systemen und Maschinen. Aber Sinn gibt es nicht nur für soziale Systeme. So unterscheidet Luhmann zwischen *psychischen* und *sozialen Systemen*, die beide im Medium von Sinn operieren und über Sinn und Sprache strukturell miteinander gekoppelt sind, im übrigen aber als streng voneinander getrennt operierende Systeme gedacht werden. Diese Differenzierung wiederholt die bereits bei Parsons vorliegende Unterscheidung von *personality systems* und *social systems*. Sie spricht einerseits etwas aus, was sich für jeden Soziologen von selbst versteht, daß nämlich Bewußtseinsinhalte wie Gedanken und Gefühle und erst recht im Unbewußten vermutete Steuerungsimpulse des Verhaltens kein Teil sozialer Systeme sein können. Wenn die Leitunterscheidung von sozialen und psychischen Systemen dennoch bis heute kontrovers ist, kann dies nur daran liegen, daß Luhmann und Parsons aus einer in ihren Folgen noch nicht hinreichend durchdachten soziologischen Selbstverständlichkeit entschiedener als gewohnt die konzeptuelle Konsequenz gezogen haben, psychische Systeme als Umwelt von Sozialsystemen aufzufassen. Das trägt der selbstzugeschriebenen Wichtigkeit des Einzelmenschen vielleicht nicht angemessen Rechnung. Luhmann betont demgegenüber den inneren Freiheitsgewinn, der darin liegt, daß man die Strukturbildungslast von Sozialsystemen nicht mit den Operationen des eigenen Bewußtseins tragen muß.

Während das Medium Sinn die Abgrenzung sozialer von biologischen und physikalischen Systemen erlaubt, leistet es die Abgrenzung zu psychischen Systemen nicht. Luhmann behandelt

Fragen dieses Typs als Frage nach den Elementen, aus denen ein System besteht. Dieser Duktus des Denkens verdankt sich einer physikalischen Analogie, die unter dem Einfluß des Philosophen Gaston Bachelard zustande gekommen sein dürfte.[3] Ein System wird in seine Elemente zerlegt und danach werden diese rekombiniert, wobei Auflöse- und Rekombinationsfähigkeit als das Spezifikum der modernen Wissenschaft gedacht werden. Mit der stärkeren Akzentuierung der Selbstreferentialität der Systeme verändert sich diese Theoriefigur. Die Zerlegung eines Systems in elementare Bestandteile wird dann als Selbstspezifikation seiner Elemente durch das System beschrieben, die im Konstitutionsprozeß des Systems erfolgt. Diese Vorstellung, daß ein System selbst die Elemente designiert, die als seine Elemente in Frage kommen, ist die für Luhmann (und Humberto Maturana) typische Variante des Emergenzkonzepts.

Wie ist unter diesen Prämissen die Unterscheidung sozialer von psychischen Systemen durchzuführen? Für psychische Systeme entwickelt Luhmann eine Theorie, die der Husserls verwandt ist. In der Regel benennt er das Prozessieren von *Gedanken* als das elementare Geschehen in psychischen Systemen.[4] Diese Systeme werden als *Bewußtseinssysteme* beschrieben, und es bleibt für ein Unbewußtes im Freudschen Sinne theoretisch kein Ort, es sei denn als ein Beobachterbegriff, der besagt, daß ein Beobachter einem psychischen System, das er beobachtet, Latenzen zuschreibt, die für dieses psychische System selbst undurchschaubar sind. An anderen Stellen scheint Luhmann die Identifikation des Psychischen mit dem Prozessieren von Gedanken zu eng. Es werden andere elementare Akte in Betracht gezogen – Gefühle, Willensäußerungen, Wahrnehmungsleistungen –, und ein daraus resultierender Vorschlag ist, von *intentionalen Akten* zu sprechen.

Für Sozialsysteme hätte man in erster Annäherung annehmen können, daß sie aus Handlungen als Elementen (aus *unit-acts* im Sinne von Parsons) bestehen. Lange hat Luhmann in diesem Sinne formuliert. Aber er kompliziert das Handlungsverständnis durch die Unterscheidung von *Handeln* und *Erleben*, für die man in der Soziologie keine Vorläufer findet.[5] Mit dieser Unterscheidung ist gemeint, daß Sozialsysteme Selektionen prozessieren, die entweder als *Handeln* aufgefaßt und dann dem System zugerechnet werden, das man für diese Handlungen verantwortlich machen will; oder sie werden als *Erleben* klassifiziert, womit sie der Welt zugerechnet, also als Informationen über objektive Weltzustände aufgefaßt werden, die nicht auf die Handlungen eines in diese Situation involvierten Systems bezogen werden dürfen. Zwei Entscheidungen stecken in dieser Leitunterscheidung von Handeln und Erleben. Erstens erzeugt sie einen Bedarf für einen abstrakten Begriff des Prozessierens von *Selektionen*, der der Unterscheidung von Handeln und Erleben vorausliegt. Zweitens wird der Begriff der *Zurechnung* zentral. Die Unterscheidung von Handeln und Erleben wird nicht als ontische Differenz von Seinsqualitäten sozialer Akte eingeführt, sondern hängt von Zurechnungen ab, die konsensuell oder konfliktuell vorgenommen werden können. Was folgt aus diesen Überlegungen hinsichtlich der Elementarkategorie für soziale Systeme? Der Selektionsbegriff kommt nicht in Frage, weil er soziale Systeme nicht von biologischen oder physikalischen Systemen abzugrenzen erlaubt. Ein spezifischerer Begriff wird erforderlich. Mündlich hat Luhmann am Ende der siebziger und am Anfang der achtziger Jahre oft gesagt, er zögere hinsichtlich der Entscheidung, ob er für *Handlung* oder für *Kommunikation* optieren solle. Also war Kommunikation der andere Kandidat, ein bis dahin im Vokabular des Soziologen eher beiläufig mitgeführter Terminus. Andererseits war seit der Informationstheorie der vierziger Jahre, seit Claude E. Shannon und Warren Weaver,[6] der Kommunikationsbegriff ein wahrscheinlicher Kandidat für eine soziologische Theorie, weil jede Theorie, die dem grundlegenden Charakter des Transfers von Informationen in sozialen Prozessen angemessen Rechnung tragen wollte, kaum den Handlungsbegriff als Grundbegriff verwenden konnte. Vielleich ist Jürgen Rueschs und Gregory Batesons *Communication: The Social Matrix of Psychiatry* von 1951 das erste Buch, das diese veränderte Theorielage für eine der sozialwissenschaftlichen Disziuplinen angemessen durchdenkt.[7]

Man kann hinsichtlich dieser von Luhmann zeitweise als offen skizzierten Entscheidungslage behaupten, daß mit der Unterscheidung von Handeln und Erleben die Entscheidung eigentlich schon gefallen war. Das in Frage kommende Element sozialer Systeme mußte *eine* Leistung garantieren: Es mußte die Zurechnungsprozesse steuern, in denen darüber verhandelt wird, ob bestimmte Selektionen als Handeln oder als Erleben aufgefaßt werden und auf welches System im Fall des Handelns die Zuschreibung erfolgt. Bei aller Toleranz für Paradoxien wird einleuchten, daß dafür der Handlungsbegriff keine überzeugende Lösung verspricht. In *Soziale Systeme* von 1984, seinem auch in anderen Hinsichten weichenstellenden Buch, ist Luhmanns Entscheidung vollzogen. Er präsentiert hier erstmals eine Kommunikationstheorie, die Kommunikation als die elementare Einheit der Konstitution sozialer Systeme auffaßt.[8]

In dieser Theorie wird Kommunikation nicht als *eine* Selektion behandelt, sondern als Verknüpfung *dreier* aufeinander bezogener Selektionen, die die wesentlichen Komponenten jeder Kommunikation sind. *Information, Mitteilung* und *Verstehen* sind die Namen, die Luhmann für diese drei Komponenten jeder Kommunikation wählt. Information ist in dem bei Gregory Bateson ausgearbeiteten Verständnis *eine Differenz, die eine Differenz macht*[9] (also beispielsweise: der Ausschlag eines Meßinstruments, den ein beobachtendes System als relevante Veränderung gegenüber früheren Messungen deutet). Eine solche informative Differenz ist für sich noch kein Teil einer Kommunikation (wie das Ablesen eines Meßinstruments keine Kommunikation ist); damit sie Teil einer Kommunikation wird, muß es ein System geben, das sich entschließt (oder dies auch unabsichtlich durch mimischen oder gestischen Ausdruck oder Körperhaltungen tut), diese Information *mitzuteilen*. Die Mitteilung macht offensichtlich den Handlungsanteil in der Kommunikation aus, und sie ist auch deshalb als Handlung zu deuten, weil es immer ein System geben muß, dem man die Mitteilung als durch dieses System verursacht zurechnen kann. Wahrheiten, die von allen gewußt werden und die gerade deshalb von niemandem mehr mitgeteilt werden müssen, sind demgemäß handlungsfreier Sinn. Schließlich genügen Information und Mitteilung noch nicht für das Zustandekommen einer Kommunikation. Damit eine Kommunikation realisiert werden kann, ist ein zweites System erforderlich, das die mitgeteilte Information *versteht*. Der Begriff des Verstehens, den Luhmann einführt, ist streng formal. Er übergreift die Unterscheidung Verstehen/Mißverstehen, d.h., er macht das Vorkommen einer Kommunikation nicht von einem *adäquaten* Verständnis des zweiten an der Kommunikation beteiligten Systems abhängig. Auch wenn der Empfänger einer traurigen Nachricht dem Überbringer freudig erregt die Hand schüttelt, handelt es sich um vollgültige Kommunikation, ungeachtet der Tatsache, daß sie Nichtverstehen verrät. Der gerade zitierte vierte Akt (das Schütteln der Hand), der für einen Beobachter das Verstehen bzw. Nichtverstehen des zweiten Systems zu erschließen erlaubt, ist selbst nicht mehr Teil der *Einheit der ersten Kommunikation*. Er verkörpert bereits Anschlußkommunikation bzw. Anschlußhandeln, das als Mitteilungsakt in einer nächsten kommunikativen Einheit fungiert.

Dieses dreistellige Kommunikationsverständnis, das Niklas Luhmann vertritt, ist formal mit anderen dreistelligen Theorien verwandt, wie sie Karl Bühler und John Searle vorgetragen haben.[10] Ich möchte die wichtigsten soziologischen Entscheidungen nennen, die in diese Theorie eingehen: 1. Kommunikation ist nicht auf die *Absicht zu kommunizieren* angewiesen. Mitteilungen können, sie müssen aber nicht absichtlich erfolgen. Es kommt nur darauf an, daß das zweite System eine Differenz von Information und Mitteilung zu beobachten imstande ist. 2. Kommunikation kann im Medium der Sprache stattfinden. Sie ist aber genausogut als *nonverbale Kommunikation* denkbar, wobei das Leistungsspektrum ein anderes ist. 3. Die Alternative von Kommunikation und Handlung ist theoretisch so aufgelöst, daß *jede Kommunikation einen Handlungsanteil* – als eine von drei Komponenten – *einschließt*. Das widerspricht nicht der Möglichkeit, daß es Handlungen gibt, die nicht als Teil einer Kommunikation fungieren (sozial orientiertes, aber einsam vollzogenes Handeln: Arbeit mit Meßgeräten, Alleinsein in der eigenen Wohnung). 4. Das Verstehen einer Kommunikation kann unmittelbar in die vierte Komponente (die Annahme oder Ablehnung des kommunizierten Sinns in der Anschlußkommunikation) übergehen. Das legt die Prozessualität von Kommunikation wie auch die jederzeit gegebene Möglichkeit der Systembildung offen. Luhmann spricht hier von *Rekursivität*. Damit ist gemeint, daß die Kommunikation auf das zurückkommt, was zuvor schon in ihr geschehen ist. Auf diese Weise kann es zur Stabilisierung systemischer Identitäten kommen. 5. Voraussetzung jeder Kommunikation ist, daß zwei Prozessoren oder Systeme (*alter* und *ego* in der der Phänomenologie entlehnten Terminologie) an ihr beteiligt sind. Parsons wie Luhmann theoretisieren diese Voraussetzung in einer *Theorie der doppelten Kontingenz* (der beidseitigen Ungewißheit hinsichtlich dessen, was die jeweils andere Seite tun wird, und der daraus folgenden Unbestimmtheit des eigenen Handelns).[11] Es geht in dieser Theorie um die Klärung der Bedingungen der Möglichkeit des Entstehens sozialer Systeme. Die Verwandtschaft zur Spieltheorie ist auffällig.

Warum aber ist Kommunikation ein Element sozialer Systeme? Zweifel am Elementstatus von Kommunikationen drängen sich auf. Dies nicht deshalb, weil Kommunikationen sich als komplexe Elemente – als aus drei Komponenten bestehend – erwiesen haben. Das gilt für *unit acts* oder für *Atome* als andere Kandidaten für den Elementstatus auch. Aber es scheint Kommunikationen als elementaren Einheiten eine innere Stabilität zu fehlen, die man intuitiv als Voraussetzung für den Elementstatus postulieren könnte. Luhmann ist mit Blick auf dieses Problem schon einige Jahre vor Einführung der Kommunikationstheorie den Weg gegangen, sich für die spezifische *Zeitlichkeit der Elemente sozialer Systeme* zu interessieren. Dies ist eine Frage, die sich Parsons offensichtlich nie gestellt hat. In einem seiner faszinierendsten Aufsätze, „Zeit und Handlung" von 1979, schlägt Luhmann eine Lösung vor, für die er sich auf den französischen Moralisten und Aufklärungsphilosophen Vauvenargues beruft.[12]

Elemente sozialer Systeme – Luhmann spricht in diesem Text noch von Handlungen, aber die These gilt in gleichem Maße für Kommunikationen – sind *Ereignisse*. Das aber heißt, daß sie von verschwindender Dauer sind; kaum haben sie begonnen, sind sie schon wieder vorbei, und ein jedes Sozialsystem sieht sich mit dem strukturellen Imperativ konfrontiert, unablässig neue Ereignisse hervorzubringen und diese an die gerade vergehenden Ereignisse anzuschließen, damit das System nicht einfach deshalb aufhört, weil nichts mehr geschieht. Das ist eine Deutung, die eine große Distanz von den Stabilitäts- und Gleichgewichtsvorstellungen des Strukturfunktionalismus der fünfziger Jahre trennt.

An dieser Stelle führt Luhmann einen weiteren neuen Begriff ein und spricht von der *Reproduktion* ereignishafter Elemente. Reproduktion meint dabei nicht eine identische Reproduktion, also nicht die wiederholte Herstellung ein und desselben Elements, sondern bezeichnet den Sachverhalt, daß neue Elemente auf die vor ihnen entstandenen Elemente Bezug nehmen müssen, daß sie in ihren Gestaltungsfreiheiten durch die Geschichte des Systems eingeschränkt werden. Jeden Akt der Reproduktion ereignishafter

Elemente nennt Luhmann nun *Operation*.[13] Mit diesem Austausch des Operationsbegriffs gegen den Elementbegriff ist eine weitreichende Umstellung der Theorie verbunden. Es ist allerdings fraglich, ob diese hinreichend durchgearbeitet worden ist.[14]

Koordiniert mit der Umstellung auf ein operatives Verständnis sozialer Systeme vollziehen sich eine Reihe fundamentaler Umbauten in der Theorie. Ein erster ist ein sich über fast zwei Jahrzehnte hinziehender Bedeutungsgewinn der Figur der *Selbstreferenz*. Im Grunde ist diese bereits in der Ausgangsposition einer kybernetischen Systemtheorie angelegt. Selektivität in den Beziehungen eines Systems zur Umwelt bedeutet in der kybernetischen Systemtheorie eine *eigenbestimmte* Selektivität. Das System wählt aus den Störungen der Umwelt diejenigen aus, die es benötigt, um bestimmte Eigenzustände zu stabilisieren oder zu optimieren. Entsprechend selbstreferentiell kontrolliert ist die Reproduktion der ereignishaften Elemente des Systems. Daran schließt unmittelbar der Begriff der *Autopoiesis* an, den Luhmann seit dem Anfang der achtziger Jahre bei Maturana und Francisco Varela entlehnt hat.[15] *Autopoiesis* bedeutet eigentlich nur, daß alles, was in einem System als Einheit fungiert – Element, Operation, Struktur, Grenze –, sich den eigenen Produktionsprozessen des Systems verdankt und daß auf dieser Ebene der Produktion der systemkonstitutiven Einheiten kein Import von Fremdmaterial möglich ist und insofern das System als ein (operativ und strukturell) *geschlossenes* zu verstehen ist. Man kann Autopoiesis als eine sehr formale Beschreibung eines bestimmten Typus von Systemen deuten, ohne daß man der Theorie einen Erklärungswert hinsichtlich der *Bedingungen der Möglichkeit* von Autopoiesis zuerkennt; auf diese Weise wird die Bedeutung der Theorie entsprechend relativiert.[16]

Unmittelbar mit der These der selbstreferentiellen Geschlossenheit autopoietischer Systeme ist die der *operativen und strukturellen Kopplung autopoietischer Systeme* verbunden, die wir gleichfalls bei Maturana vorbereitet finden. Operative Kopplung meint den Sachverhalt, daß ein Beobachter den Eindruck haben kann, daß ein bestimmtes einzelnes Ereignis (als für den Beobachter identisches Ereignis) gleichzeitig in zwei verschiedenen autopoietischen Systemen vorkommt und daß es deshalb diese beiden Systeme für die Dauer eines Ereignisses zusammenschließt. Bereits im jeweils nächsten Ereignis trennen sich die beiden Systeme wieder voneinander, weil jedes System an das gerade vergangene Ereignis nach eigenen Gesichtspunkten anschließt und es auf diese Weise retrospektiv vollständig in den eigenen Systemprozeß inkorporiert. Strukturelle Kopplung bezeichnet demgegenüber nicht etwa den Zusammenschluß von Strukturen zweier Systeme. Vielmehr geht es darum, daß Strukturen des einen Systems im ständigen Kontakt mit bestimmten Strukturen eines anderen Systems geformt werden. *Koevolution* ist ein anderer in der Wissenschaft üblicher Begriff für diesen Sachverhalt. Die Herausbildung von Bewußtseinssystemen im ständigen Kontakt mit sozialisatorisch relevanten Sozialstrukturen illustriert das, was mit struktureller Kopplung gemeint ist.

Eine letzte wichtige Umstellung in der Theorie sozialer Systeme betrifft den *Operationsbegriff* selbst. Sinntheorie und Informationstheorie haben die Einsicht vorbereitet, daß Operationen immer differenzgesteuert ablaufen. Operationen wählen eine bestimmte Option, und sie scheiden eine andere denkbare Möglichkeit aus. D.h., es läßt sich immer eine Unterscheidung erschließen, die den Operationen zugrunde liegt. Nun kann man in Sozial- und psychischen Systemen feststellen, daß vielfach die andere Seite der Unterscheidung, die jeweils nichtgewählte Möglichkeit, mitgesehen oder mitpräsentiert wird. Eine Operation, für die dies gilt, nennt Luhmann eine *Beobachtung*. Unter diesen Voraussetzungen folgt, daß jede Beobachtung eine Operation ist, weil sie operativ vollzogen werden muß, daß es andererseits aber in Sozialsystemen viele Operationen gibt, die man nicht Beobachtungen nennen würde, weil sie einfach nur geschehen oder ablaufen, ohne daß die Differenz zur jeweils anderen Seite artikuliert würde.

In Übereinstimmung mit verbreiteten Tendenzen in der Sozialtheorie, die meist unter dem Titel *Reflexivität* laufen und für die man Namen von Harold Garfinkel bis Anthony Giddens nennen kann, postuliert Luhmann, daß moderne Sozialsysteme in Akten der Beobachtung und der Selbstbeobachtung fundiert sind. Diese These muß man präzisieren. Die die moderne Gesellschaft bestimmende Form der Beobachtung, die, so Luhmann, allen Funktionssystemen der modernen Gesellschaft zugrunde liegt, ist – mit einem Terminus Heinz von Foersters[17] – die *Beobachtung zweiter Ordnung*. Darunter ist zu verstehen, daß es nicht mehr darum gehen kann, sich einen unmittelbaren Zugang zur *Realität* zu verschaffen, daß vielmehr Beobachter andere Beobachter beobachten und alle Beobachtung sich daran orientiert, was andere beobachtet haben und ob man sich daran anschließen oder davon absetzen will. Die moderne Wissenschaft, die in allen Operationen auf schon vorliegende Beobachtungen anderer Wissenschaftler rekurriert, welche in der Folge entweder bestätigt oder modifiziert werden, ist dafür ein einfaches Beispiel.

Luhmanns Theorie der Beobachtung wird ergänzt durch einen Kalkül, den der englische Logiker George Spencer Brown vorgeschlagen hat.[18] Allerdings übernimmt Luhmann diesen nicht als Kalkül, sondern als konzeptuelle Struktur, die die Logik des Unterscheidens darlegt. Beobachtungen benutzen Unterscheidungen, die jeweils zwei Seiten der Unterscheidung voneinander trennen. Differenzen mit zwei Seiten nennt Luhmann – in Anlehnung an Spencer Brown – *Formen*.[19] Was die Beobachtung als Operation betrifft, ist nun die Einheit von Unterscheidung und Bezeichnung wichtig. Spencer Browns These ist, daß das Treffen einer Unterscheidung und die Bezeichnung einer der beiden Seiten dieser Unterscheidung *uno actu* erfolgt. Die Bezeichnung wird also nicht in der Schwebe gehalten, sondern erfolgt immer im Akt der Verwendung der Unterscheidung. Daraus folgt dann weiterhin, daß man nicht im selben Akt auch die Unterscheidung beobachten kann, die man gerade verwendet. Die Beobachtung ist gewissermaßen blind für die von ihr im Moment verwendete Unterscheidung. Das ist eine unaufhebbare Sichtbeschränkung oder Latenz, die in der Beobachtungstheorie klassische Figuren der funktionalen Analyse zu rekonstruieren erlaubt. Und erst im nächsten Schritt kann man mittels einer weiteren Differenzierung vielleicht auch die gerade verwendete Unterscheidung beobachten.

Eine letzte These ist die des *reentry*. Eine Unterscheidung kann in den von ihr unterschiedenen Bereich wiedereintreten. Ein System, das auf einer System/Umwelt-Differenz ruht, die durch rekursive Vernetzung von Operationen entstanden ist, kann sich selbst mittels der Unterscheidung von System und Umwelt beobachten. Luhmann leitet aus dieser Leistung, die in bezug auf viele andere Unterscheidungen wiederholbar ist, eine Neubestimmung des *Rationalitätsbegriffs* her.[20] Die Rationalität von Systemen wird geknüpft an deren Fähigkeit zum Vollzug von *reentries*.

3. Gesellschaftstheorie

Bei Talcott Parsons hält sich in den späteren Jahrzehnten seines Werks eine Leitunterscheidung von *allgemeiner Handlungstheorie* und *Theorie des sozialen Systems*. Bekanntlich verkörpert das Sozialsystem nur eine der vier Boxen im *action frame of reference*. Andererseits betrifft es spezifischer die Kompetenz des Soziologen, während die Theorie des allgemeinen Handlungssystems offensichtlich auf interdisziplinäre Verflechtungen angewiesen ist. Bei Luhmann finden wir ein Analogon zu diesem Selbstverständnis, das aber völlig anders konstruiert ist. Die allgemeinere Theorie ist für ihn die Theorie sozialer Systeme, der alles zuzurechnen ist, was hier bisher skizziert worden ist. Unter den sozialen Systemen wird dann eines besonders ausgezeichnet, weil es das umfassende Sozialsystem ist, das alle anderen in sich einschließt. Dieses ist das Gesellschaftssystem, und die Gesellschaftstheorie als Theorie dieses Systems hat immer die zweite Hälfte des Luhmannschen Theorieprojekts ausgemacht.

Welche anderen sozialen Systeme gibt es neben dem Gesellschaftssystem? Luhmann unterscheidet drei Ebenen der Systembildung: *Interaktion, Organisation* und *Gesellschaft. Interaktionen* oder, wie es bei Luhmann auch heißt, *einfache Sozialsysteme* sind ein Analogon zum Goffmanschen Begriff des *encounter*.[21] Sie setzen die Anwesenheit der Beteiligten und Wechselseitigkeit der Wahrnehmung voraus. Sind diese Prämissen erfüllt, kommt es zwangsläufig zur Bildung eines Sozialsystems, da man – nach einer These von Paul Watzlawick, Janet H. Beavin und Don D. Jackson[22] – unter Bedingungen dieses Typs prinzipiell *nicht nicht kommunizieren* kann. Interaktionssysteme sind in ihrer Leistungsfähigkeit und Dauer eng begrenzt. Sie können nur ein Thema gleichzeitig bearbeiten, und mit dem Ende der Anwesenheit der Beteiligten ist auch das Interaktionssystem beendet.

Organisationen, die man als intermediäre Ebene der Systembildung bezeichnen kann, sind in der Terminologie von Luhmann *formale Organisationen*.[23] Sie sind Mitgliedschaftsverbände, die Mitgliedschaft im Sinne von Bedingungen des Eintritts und Bedingungen des Austritts formalisieren. Solange man Mitglied ist, unterwirft man sich einer Bindung an die Regeln, die in der Organisation gelten. Als autopoietische Systeme sind Organisationen auf der Basis von *Entscheidungen* operativ geschlossen. Entscheidungen sind für die Mitglieder bindend, soweit sie auf der Basis der Regeln der Organisation zustande gekommen sind.

Gesellschaft ist das umfassende Sozialsystem, das Interaktionen und Organisationen in sich einschließt. Luhmann definiert Gesellschaft über kommunikative Erreichbarkeit und folgert aus dieser Setzung, daß es heute in der Welt nur noch ein einziges Gesellschaftssystem gibt, so daß man von *Weltgesellschaft* sprechen muß. Das ist eine provokante, schon 1971 publizierte These,[24] die über lange Zeit erstaunlich wenig Widerspruch, vielleicht aber auch zu wenig Beachtung gefunden hat. Auch in Luhmanns Werk fungiert sie eher als eine selbstverständliche Präsupposition und hat nicht die theoretische und empirische Ausarbeitung erfahren, die sie verdient.

Wie sieht die *Theorie des Gesellschaftssystems* aus? Luhmann entwickelte sie über Jahrzehnte in vier großen, parallel geführten Strängen. Der jüngste dieser Stränge, der am wenigsten theoretische Artikulation erfahren hat, entsteht parallel zu der Intensivierung des Interesses an Selbstreferenz. Auch das Gesellschaftssystem als das alle anderen Systeme umfassende System ist ein selbstbezügliches System und kultiviert diese Selbstbezüglichkeit in Form von Selbstbeobachtungen und Selbstbeschreibungen. Luhmann ist diesen Fragen vor allem in Studien zur historischen Semantik der modernen Gesellschaft nachgegangen.[25]

Die anderen drei Stränge der Gesellschaftstheorie hängen eng mit Luhmanns *Sinntheorie* zusammen. Er unterscheidet eine *Sozial-*, eine *zeitliche* und eine *Sachdimension* jeden Sinns und ordnet den drei Termini dieser Unterscheidung die *Theorie der Kommunikationsmedien*, die *Evolutionstheorie* und die *Differenzierungstheorie* als die drei Kernstücke seiner Gesellschaftstheorie zu.

In der Sozialdimension des Sinns scheint vor allem die Frage relevant, wie es möglich ist, Auffassungs- und Interessenunterschiede unter Beteiligten zu überbrücken und in kommunikativen Zusammenhängen mit anderen Personen zwar nicht unbedingt Konsens zu erzielen, aber doch eine Selektionsübernahme zu motivieren, die zumindest auf Nichtintervention, Toleranz etc. hinausläuft. Sprache, insbesondere wirkungsvoll eingesetzte Sprache, ist ein Medium der Kommunikation, das dies zu leisten verspricht. In der Antike tritt als eine Kunstlehre die Rhetorik hinzu – und zwar als eine Technik der Verbesserung der Wirkungschancen jener Absichten, die mit sprachlichen Mitteln in der Kommunikation verfolgt werden. Dieselbe Funktionsstelle wird, so Luhmann, in der Moderne durch *symbolisch generalisierte Kommunikationsmedien* gleich mehrfach neu besetzt. Das ist eine Theorie, die an die Theorie der Tauschmedien – Geld, Macht, Einfluß und Wertbindungen – bei Talcott Parsons anschließt.[26] Im Unterschied zu Parsons, der Tauschmedien auf die Vermittlung von Input/Output-Prozessen zwischen Systemen spezialisiert sieht, analysiert Luhmann symbolisch generalisierte Kommunikationsmedien als systeminterne Mechanismen, die vor allem dort entstehen können, wo für besonders unwahrscheinliche Zumutungen der Selektionsübernahme zusätzliche Motivationsquellen erschlossen werden müssen. Warum beispielsweise sollte ich akzeptieren, daß jemand anders auf Güter zugreift, die ich auch gern hätte? Luhmanns Antwort auf diese Frage lautet: Weil im Akt des Zugriffs auf wirtschaftliche Güter Geld als symbolisch generalisiertes Kommunikationsmedium übergeben wird und damit zugleich die im generalisierten Medium garantierte Freiheit zur Verwendung dieses Mediums, welche von mir und jedem anderen, der über Geld verfügt, als Freiheit des Zugriffs auf andere Güter genutzt werden kann. Analog, aber mit je verschiedenen Figuren der Motivation, analysiert Luhmann Phänomene wie Liebe (Motivation durch meine Orientierung am Erleben des anderen, die mir unwahrscheinliche Handlungen ermöglicht), Macht (Motivation durch negative Sanktionen, die ich gern vermeiden möchte), Wahrheit, Kunst und Werte. Das hier skizzierte kommunikationstheoretische Basisargument wird von Luhmann ergänzt durch einen aufwendigen Katalog von Medieneigenschaften, der Sachverhalte wie eine *binäre Codierung der Medien* (schön/häßlich, wahr/unwahr etc.), *Inflations- und Deflationswahrscheinlichkeiten*, *Bezüge auf die körperliche Wirklichkeit der Beteiligten* (Gewalt, Sexualität, Bedürfnisse) und vieles andere mehr vorsieht. Man bemerkt schnell, daß in dieser Theorie ein großer Reichtum an Analysemöglichkeiten steckt, der bisher noch nicht genutzt wurde,[27] und man sollte an dieser Stelle auch betonen, daß der Theoriekomplex *Tauschmedien/Kommunikations-*

medien einen der seltenen Fälle radikaler Innovation in der Sozialwissenschaft verkörpert, die hier eine Theoriefigur hervorgebracht hat, für die es in der klassischen Soziologie am Anfang des 20. Jahrhunderts keine Vorbilder gibt.

Der zweite große Theoriekomplex in der Gesellschaftstheorie betrifft die Frage der Erklärung von *Strukturänderungen in der Zeit*. Luhmann optiert hier nicht für *Modernisierung, sozialen Wandel* oder *Entwicklung* als theoretisches Paradigma, vielmehr hat er sich früh für eine *Evolutionstheorie* neodarwinistischen Zuschnitts entschieden. Man konnte darüber überrascht sein, weil *Evolution* lange eine diskreditierte Option war. Donald T. Campbell, ein amerikanischer Psychologe und Methodologe, war einer der wenigen, der seit den fünfziger Jahren konsequent evolutionstheoretische Deutungen sozialwissenschaftlicher Probleme auszuarbeiten versucht hat.[28] Für Luhmanns Ansatz sind zwei Gesichtspunkte wichtig. Einmal fasziniert ihn die Idee, daß man Zufälle für den Aufbau von Strukturen nutzen kann. Das ist für ihn der konzeptuelle Kern von Evolutionstheorien und paßt optimal zu anderen Aspekten seiner Theorie, beispielsweise der Zentralstellung des Kontingenzbegriffs. Zweitens sieht Luhmann den Forschungsschwerpunkt eines evolutionstheoretischen Programms in der Ausarbeitung einer *Theorie evolutionärer Mechanismen*. Das führt dazu, daß andere Fragen in seiner Evolutionstheorie zurücktreten, etwa das viele Autoren beunruhigende Problem, in welchem Sinne von einer *Replikation* (= identischen Reproduktion) sozialer Elemente je die Rede sein kann.[29] Den Katalog evolutionärer Mechanismen – Variation, Selektion und Stabilisierung – und deren zentrale Position hat Luhmann von Campbell übernommen. Die wesentlichen Fragen zielen darauf, wie diese Mechanismen in verschiedenen Systemen besetzt sind und wie sie zusammenwirken bzw. voneinander getrennt sind.

Auf der Ebene des Gesellschaftssystems sieht Luhmann den Variationsmechanismus in der Möglichkeit des *nein*, die in jeder Kommunikation gegeben ist und die, wenn sie genutzt wird, einen Veränderungsimpuls auslöst. Als Selektionsmechanismus wirken die binären Codes der Kommunikationsmedien, denen die Leistung zugemutet wird, die auf der Basis von Negationen vorkommenden neuen Sinngehalte zu sortieren. Stabilisiert werden selegierte Sinngehalte durch Systembildung, d.h. durch Ausdifferenzierung eines Systems, das spezifisch die in den selegierten Sinngehalten thematisch werdenden Gesichtspunkte betreut. Stabilisierung wiederum macht sichtbar, welchen in systematisierter Form vorliegenden Sinn man möglicherweise auch ablehnen könnte und strukturiert auf diese Weise künftige Variationsanlässe. Das zeigt die zirkuläre Vernetzung der evolutionären Mechanismen.[30] Im übrigen fällt auf, daß die Struktur von Luhmanns Gesellschaftstheorie sich in der Binnenstruktur der Evolutionstheorie wiederholt. Mittels der Unterscheidung von drei evolutionären Mechanismen wird die Leitunterscheidung von Medientheorie, Evolutionstheorie und Differenzierungstheorie in die Evolutionstheorie hinein gespiegelt. Es gibt einen Mechanismus, der die *Plausibilität des Zufalls* verbürgt; einen zweiten, der die Übernahmewahrscheinlichkeit für an sich *unwahrscheinliche Sinnzumutungen* steigert, und einen dritten, der über Ausdifferenzierung die *sachliche Komplexität* der Welt ordnet.

Mit der *Differenzierungstheorie*, dem dritten großen Teilkomplex, sind wir im Kern der soziologischen Tradition. Die Veränderung, die Luhmann hier vornimmt, ist die Deutung der Differenzierungstheorie als Theorie der *Systembildung*. Differenzierung meint die Wiederholung von System/Umwelt-Differenzen innerhalb von Systemen. Dem liegt keine AGIL-Logik zugrunde, die für Parsons noch verbürgen konnte, daß immer genau vier Systeme entstehen, von denen jedes einen der vier denkbaren Funktionsschwerpunkte besetzt. An die Stelle dieses Theorems tritt bei Luhmann die Vorstellung, daß es für die Bildung von Systemen in Systemen eine begrenzte Zahl von *Formen* gibt. Die Frage nach *Formen der Systemdifferenzierung* ist insofern der konzeptuelle Kern seiner Differenzierungstheorie.

Zunächst einmal existiert die Möglichkeit *segmentärer Differenzierung*. Segmente zeichnen sich durch Gleichheit ihrer Binnenstruktur, aber auch durch Gleichheit ihrer gesellschaftlichen Bedeutung und ihres Ranges aus (ein Beispiel sind Verwandtschaftszusammenhänge in einer Stammesgesellschaft). Gemäß Durkheims klassischem Argument kann man in einer segmentär differenzierten Gesellschaft Segmente hinzufügen, aber auch wegnehmen, ohne daß sich an der Struktur der Gesellschaft etwas Wesentliches änderte. Eine zweite Differenzierungsform, die Luhmann zu einem späteren Zeitpunkt angesichts der umfangreichen Forschung zu diesem Thema aufgenommen hat, heißt *Zentrum/Peripherie*. Der Unterschied von Stadt und Land ist eine klassische Illustration dieser Unterscheidung, die institutionalisierte und systematische Differenzen in der Kontrolle von Ressourcen und Information meint. Hinsichtlich der Einordnung dieser Differenzierungsform kann man noch Klärungsbedarf vermuten. Es ist nicht leicht zu sehen, inwiefern Zentrum/Peripherie eine Form der Systembildung innerhalb von Systemen sein soll, die neue Systeme mit einer eigenständigen System/Umwelt-Differenz hervorbringt. Eher wird einleuchten, daß es sich bei Zentrum/Peripherie um eine Form der Strukturbildung in einem schon existierenden System handelt oder alternativ um eine Form der Vernetzung unter für sich eigenständigen Systemen. Beide Möglichkeiten würden die These, daß Zentrum/Peripherie eine eigenständige Differenzierungsform sei, tangieren und eher die Vermutung nahelegen, daß Zentrum/Peripherie-Differenzen Übergänge zwischen Differenzierungsformen charakterisieren. Eine dritte Differenzierungsform heißt *hierarchische Differenzierung* oder *Stratifikation*. Sie teilt die Gesellschaft in Sozialsysteme (Stände, Kasten, Schichten), die durch Ungleichheit des Rangs im Verhältnis zueinander beschrieben werden, wobei aber jedes dieser Systeme für die ihm zugehörigen Personen einen vollständigen Kontext der Lebensführung definiert. Die traditionalen Hochkulturen waren meist stratifizierte Gesellschaften, weshalb dem Studium dieser Differenzierungsform eine besondere Bedeutung für das Verständnis des Übergangs zur modernen Gesellschaft zukommt. *Funktionale Differenzierung* schließlich beschreibt Luhmann als die Differenzierungsform der modernen Gesellschaft. Damit ist die These impliziert, daß es heute Makrosysteme wie Recht, Wissenschaft, Massenmedien, Politik, Wirtschaft etc. gibt, die gleichzeitig *globale Makrosysteme* sind und zueinander in einem Verhältnis extremer sachlicher Diversität stehen, so daß sie prinzipiell nicht mehr in eine Rangordnung gebracht werden können. Anders als dies für eine segmentär differenzierte Gesellschaft gilt, ist jedes der Funktionssysteme unverzichtbar. Sie sind in einer Formulierung Luhmanns *selbstsubstitutive Ordnungen*, d.h. eine Knappheit von Geld kann nicht durch ein Mehr an Kunstwerken ersetzt werden, zumindest nicht auf der Ebene des Gesellschaftssystems. Da funktionale Differenzierung vermutlich die zentrale empirische Hypothese des Luhmannschen Werks ist, liegt es nahe zu prognostizieren, daß der weitere Erfolg der Theorie entscheidend davon abhängen wird, ob andere Forscher dieses Konzept als Schlüsselkategorie für die Beschreibung der modernen Gesellschaft akzeptieren.

4. Rezeption und Klassizität

„Klassisch" sind in einem in der Literaturwissenschaft verbreiteten Verständnis Texte, die zweimal, dreimal, ja immer wieder gelesen werden. In diesem Sinn kann Luhmann vermutlich Klassizität beanspruchen, weil alle seine Texte, obwohl sie immer als Zwischenergebnisse aus einer laufenden Produktion verstanden wurden, jene intensive und wiederholte Lektüre inspiriert haben, die letzten Sinnnuancen nachzugehen versucht.

Die Frage nach der Rezeptionsgeschichte Luhmanns ist damit aber nicht beantwortet. Die bisherige Rezeption ist offensichtlich ungleichmäßig. Im deutschen Sprachraum ist sie seit drei Jahrzehnten von hoher, ja eher noch zunehmender Intensität. Was die Wirkung betrifft, scheint mir folgende Beschreibung für den Großteil der Soziologie zutreffend: Das Programm, das sich mit dem Wort *Systemtheorie* verbindet, wird in der Regel abgelehnt. Das ändert nichts daran, daß im Arbeitsalltag für nahezu jeden deutschsprachigen Soziologen aus fast jeder Schule eine nicht kleine Zahl von Kategorien aus dem Luhmannschen Repertoire unverzichtbar und geradezu alltäglich – im Sinne von: die natürliche Weltauffassung beeinflussend – geworden sind. Dagegen ist nichts einzuwenden, weil niemand verlangen würde, daß man wissenschaftliche Theorien als Ganzes übernimmt.

Für die internationale Rezeption muß die Einschätzung anders ausfallen. Sie ist zwar in einigen Ländern sehr intensiv, aber im Weltmaßstab kann man das nicht sagen. Wenn man die Soziologie global betrachtet – und anders sollte man sie nicht mehr denken – dann steht die Antwort auf die Frage, wie die Disziplin insgesamt auf das Phänomen Luhmann reagiert hat, noch aus. Man wird das gespannt beobachten dürfen.

Literatur

1. Werke (Auswahl)

Luhmann, Niklas, 1964, Funktionen und Folgen formaler Organisationen. Berlin.

Luhmann, Niklas, 1965, Grundrechte als Institution. Berlin.

Luhmann, Niklas, 1968, Zweckbegriff und Systemrationalität. Tübingen.

Luhmann, Niklas, 1968, Vertrauen. Tübingen.

Luhmann, Niklas, 1969, Legitimation durch Verfahren. Neuwied.

Luhmann, Niklas, 1970–1995, Soziologische Aufklärung. Bd. 1–6. Opladen.

Luhmann, Niklas, 1971, Politische Planung. Opladen.

Luhmann, Niklas, 1971, Theorie der Gesellschaft oder Sozialtechnologie (mit Jürgen Habermas). Frankfurt a. M.

Luhmann, Niklas, 1972, Rechtssoziologie. 2 Bde. Reinbek.

Luhmann, Niklas, 1975, Macht. Stuttgart.

Luhmann, Niklas, 1977, Funktion der Religion. Frankfurt a. M.

Luhmann, Niklas, 1979, Reflexionsprobleme im Erziehungssystem (mit Karl-Eberhard Schorr). Stuttgart.

Luhmann, Niklas, 1980–1995, Gesellschaftsstruktur und Semantik. Bd. 1–4. Frankfurt a. M.

Luhmann, Niklas, 1981, Politische Theorie im Wohlfahrtsstaat. München.

Luhmann, Niklas, 1981, Ausdifferenzierung des Rechts. Frankfurt a. M.

Luhmann, Niklas, 1982, Liebe als Passion. Frankfurt a. M.

Luhmann, Niklas, 1984, Soziale Systeme. Frankfurt a. M.

Luhmann, Niklas, 1986, Ökologische Kommunikation. Opladen.

Luhmann, Niklas, 1988, Die Wirtschaft der Gesellschaft. Frankfurt a. M.

Luhmann, Niklas, 1990, Die Wissenschaft der Gesellschaft. Frankfurt a. M.

Luhmann, Niklas, 1991, Soziologie des Risikos. Berlin.

Luhmann, Niklas, 1992, Beobachtungen der Moderne. Opladen.

Luhmann, Niklas, 1993, Das Recht der Gesellschaft. Frankfurt a. M.

Luhmann, Niklas, 1995, Die Kunst der Gesellschaft. Frankfurt a. M.

Luhmann, Niklas, 1996, Die Realität der Massenmedien. Opladen.

Luhmann, Niklas, 1997, Die Gesellschaft der Gesellschaft. 2 Bde. Frankfurt a. M.

Luhmann, Niklas, 2000, Organisation und Entscheidung. Opladen.

Luhmann, Niklas, 2000, Die Politik der Gesellschaft. Frankfurt a. M.

Luhmann, Niklas, 2000, Die Religion der Gesellschaft. 2 Bde. Frankfurt a. M.

2. Bibliographie

Schriftenverzeichnis Niklas Luhmann (1958–1992) in: K. Dammann u. a. Hrsg., Die Verwaltung des politischen Systems. Opladen 1994, S. 283–411.

Niklas Luhmann-Schriftenverzeichnis. Soziale Systeme 4, 1998, 233–263.

3. Biographisches

Baecker, D./G. Stanitzek, Hrsg., 1987, Archimedes und wir. Interviews. Berlin.

Stichweh, R. Hrsg., 1999. Niklas Luhmann. Wirkungen eines Theoretikers. Bielefeld.

Bordmann, T. M./D. Baecker Hrsg., 1999. „Gibt es eigentlich den Berliner Zoo noch!" Konstanz.

4. Sekundärliteratur

Scholz, F., 1982, Freiheit als Indifferenz. Frankfurt a. M.

Baecker, D. u. a. Hrsg., 1987, Theorie als Passion. Frankfurt a. M.

Haferkamp, H./M. Schmid Hrsg., 1987, Sinn, Kommunikation und soziale Differenzierung. Frankfurt a. M.

Fuchs, P., 1992, Niklas Luhmann – beobachtet. Opladen.

Krawietz, W./M. Welker Hrsg., 1992, Kritik der Theorie sozialer Systeme. Frankfurt a. M.

Baecker, D. Hrsg., 1993, Probleme der Form. Frankfurt a. M.

Baecker, D. Hrsg., 1993, Kalkül der Form. Frankfurt a. M.

Dammann, K. u. a. Hrsg., 1994, Die Verwaltung des politischen Systems. Opladen.

Kneer, G./A. Nassehi, 1994, Niklas Luhmanns Theorie sozialer Systeme. München.

Luhmann Sonderhefte, 1995, Cultural Critique, H. 30 und 31.

Krause, D., 1996, Luhmann-Lexikon. Stuttgart.

Recherches sociologiques 27, 1996, Niklas Luhmann en Perspective, H.2.

Social Science Information 35, 1996, Collected Papers on Niklas Luhmann, H.2.

Baraldi, G. u. a., 1997, Glossar zu Niklas Luhmanns Theorie sozialer Systeme. Frankfurt a. M.

International Review of Sociology 7, 1997, Collected Papers on Niklas Luhmann. H.1.

Luhmann-Sonderheft, 1997, Thesis Eleven, No. 51.

Luhmann-Sonderheft, 1997, Soziale Systeme. H. 2.

Luhmann-Sonderheft, 1998, Soziale Systeme. H. 1.

Anmerkungen

1 Ich beziehe mich hier auf das Verständnis soziologischer Klassik, das Luhmann vorgeschlagen hat: Klassisch sei ein Aussagenzusammenhang, wenn er zwar noch als Problem fortlebt, aber in der Form der Lösung, die er dem Problem gegeben hat, nicht mehr kontinuierbar ist (Luhmann, N., Arbeitsteilung und Moral. Durkheims Theorie. In: Emile Durkheim, Über die Teilung der sozialen Arbeit, Frankfurt a. M. 1977, S. 17–35, hier S. 17).

2 Siehe etwa Luhmann, N., Soziologische Aufklärung. Opladen 1970, S. 132, Fn. 16.

3 Bachelard, G., La formation de l'esprit scientifique. Paris 1938; Ders., Le matérialisme rationnel. Paris 1953.

4 Siehe Luhmann, N., Die Autopoiesis des Bewußtseins (1987). In: Ders., Soziologische Aufklärung 6. Opladen 1995, S. 55–112.

5 Luhmann, N., Erleben und Handeln (1978). In: Ders., Soziologische Aufklärung 3. Opladen 1981, S. 67–80.

6 Shannon, C. E./Weaver, W.: The Mathematical Theory of Communication (1949). Reprint Urbana, Ill. 1969.

7 Ruesch, J./Bateson, G.: Communication: The Social Matrix of Psychiatry (1951). Reprint New York 1968.

8 Luhmann, N., Kommunikation und Handlung. In: Ders., Soziale Systeme. Grundriß einer allgemeinen Theorie. Frankfurt a. M. 1984, S. 191–241.

9 Siehe Bateson, G., Steps to an Ecology of Mind. Collected Essays in Anthropology, Psychiatry, Evolution and Epistemology. London 1973.

10 Bühler, K., Die Darstellungsfunktion der Sprache. Stuttgart 1934; Searle, J. R., Sprechakte. Ein sprachphilosophischer Essay. Frankfurt a. M. 1971.

11 Parsons, T., Interaction: Social Interaction (1968). In: Ders., Social Systems and the Evolution of Action Theory. New York 1977, S. 154–176; Luhmann, N., Doppelte Kontingenz. In: Ders., Soziale Systeme. Frankfurt a. M. 1984, S. 148–190.

12 Luhmann, N., Zeit und Handlung – Eine vergessene Theorie (1979). In: Ders., Soziologische Aufklärung 3. Opladen 1981, S. 101–125.

13 Siehe Luhmann, Soziale Systeme, S. 79: „Um deutlicher zu akzentuieren, daß nicht die unveränderte Erhaltung des Systems gemeint ist, sondern ein Vorgang auf der Ebene der Elemente, der für jede Erhaltung und Änderung des Systems unerläßlich ist, wollen wir die Reproduktion der ereignishaften Elemente als Operation bezeichnen."

14 Was heißt dieses neue Verständnis beispielsweise für den Komplexitätsbegriff, der ja die selektive Relationierung von Elementen meint? Schließlich ist dies gerade auch der Sinn des Operationsbegriffs, daß jede Operation eine selektive Relationierung von Elementen verwirklicht. Was sagt dann noch der Begriff der Komplexität, der eher auf stabile Muster (*patterns*) als auf die dynamische Stabilität operativ basierter Systeme zu passen scheint? Siehe Luhmann, N., Die Gesellschaft der Gesellschaft. 2 Bde. Frankfurt a. M. 1997, S. 139, Fn. 181: „Der Begriff der Operation sabotiert im Grunde den klassischen Begriff der Komplexität, weil er die Unterscheidung von Element und Relation in einen Begriff (Operation = selektive Relationierung von Elementen) aufhebt."

15 Siehe zum folgenden Maturana, H., Erkennen: Die Organisation und Verkörperung von Wirklichkeit. Braunschweig 1985.

16 Das ist bei Luhmann sowohl in „Die Kunst der Gesellschaft" wie in „Die Gesellschaft der Gesellschaft" betont.

17 Siehe für eine Sammlung wichtiger Aufsätze Foerster, H. v., Wissen und Gewissen. Frankfurt a. M. 1993.

18 Siehe Spencer Brown, G., Laws of Form. New York 1972.

19 Vgl. dazu Baecker, D. Hrsg., Probleme der Form. Frankfurt a. M. 1993; Ders. Hrsg., Kalkül der Form. Frankfurt a. M. 1993.

20 Siehe beispielsweise Luhmann, N., Die Gesellschaft der Gesellschaft. Frankfurt a. M. 1997, Kap. 1, XI.

21 Siehe Luhmann, N., Soziologische Aufklärung 2. Opladen 1975, S. 9–38; Goffman, E., Encounters. Indianapolis 1965.

22 Watzlawick, P./Beavin, J. H./Jackson, D. D., Menschliche Kommunikation. Formen, Störungen, Paradoxien. Bern 1969.

23 Luhmann, N., Funktionen und Folgen formaler Organisationen. Berlin 1964.

24 Luhmann, N., Die Weltgesellschaft (1971). In: Ders., Soziologische Aufklärung 2. Opladen 1975, S. 51–71.
25 Luhmann, N., Gesellschaftsstruktur und Semantik. 4 Bde. Frankfurt a.M. 1980–1995; Ders., Die Gesellschaft der Gesellschaft. Frankfurt a.M. 1997, Kap. 5.
26 Die wichtigsten Texte sind gesammelt in Parsons, T., Politics and Social Structure. New York 1969.
27 Siehe für die bisher ausführlichste Analyse Luhmann, N., Die Gesellschaft der Gesellschaft. Frankfurt a.M. 1997, Kap. 2.
28 Einige wichtige Arbeiten sind gesammelt in Campbell, D.T., Methodology and Epistemology in Social Science. Chicago 1988.
29 Siehe kürzlich noch Sperber, D., Explaining Culture: A Naturalistic Approach. Oxford 1996, der sich an diesem Verzweigungspunkt von den neodarwinistischen Modellen trennt und für *Epidemiologie* optiert.
30 Für die zirkuläre Vernetzung evolutionärer Mechanismen hat überzeugend auch Weick, K. E., The Social Psychology of Organizing. Reading, Mass. 1979, argumentiert.

Jürgen Habermas

1. Biographische Vorbemerkung

Jürgen Habermas entstammt dem protestantischen Bürgertum des überwiegend katholischen Rheinlandes. Er wurde am 18. Juni 1929 in Düsseldorf geboren und wuchs als Sohn des Leiters der Industrie- und Handelskammer im kleinstädtischen Milieu von Gummersbach auf; sein Großvater war an demselben Ort Seminardirektor und Pfarrer gewesen, seine Mutter erfüllte, wie in jener Zeit im Bürgertum üblich, die Funktion der Hausfrau. Kindheit und Jugend fallen beinah vollständig in die Zeit des Nationalsozialismus, die auch in Gummersbach Judenverfolgung, politischen Terror und habitualisierte Mitgliedschaft in der Hitlerjugend mit sich brachte. Zu jung, um diese politischen Umstände anders denn als Normalität erleben zu können, bedeutete jedoch der Sieg der Alliierten im Jahre 1945 auch für den Sechzehnjährigen bereits eine Art von moralischer Emanzipation: Die ersten Dokumentarfilme offenbarten das ungeahnte Ausmaß der nationalsozialistischen Gewaltherrschaft; die Eröffnung einer kommunistischen Buchhandlung ergänzte das Angebot der Stadtbücherei um Bücher aus der bislang unbekannten Tradition des Marxismus und der russischen Literatur; die Übertragung der Nürnberger Kriegsverbrecherprozesse im Radio schließlich vermittelte schockartig einen Eindruck von der Größe der moralischen Schuld Deutschlands. Als Habermas 1949 sein Studium der Fächer Philosophie, Geschichte, Germanistik und Psychologie an der Universität Göttingen aufnahm, konnte er sich daher bereits als Mitglied einer neuen Generation begreifen, für die die Etablierung eines demokratischen Rechtsstaates nicht nur die Chance des politischen Neuanfangs, sondern auch die zentrale Schutzvorrichtung gegen den Rückfall in die nationalsozialistische Barbarei bedeutete.

Allerdings bestand zwischen diesem politischen Selbstverständnis und den philosophischen Interessen, die Habermas in seiner Studienzeit verfolgte, kaum irgendeine Art der Berührung; in

Bonn, wo er 1954 nach kurzer Zwischenstation in Zürich sein Studium bei Erich Rothacker mit einer Promotion über Schellings Geschichtsphilosophie beschloß, beherrschte zu jener Zeit der Typ des geistesaristokratischen, mehr oder minder aktiv im nationalsozialistischen Deutschland verbliebenen Universitätsprofessors so stark das universitäre Klima, daß dem Studenten die Chance einer politischen Durchdringung seiner akademischen Interessen nicht gegeben war. Erst die Lektüre der *Einführung in die Metaphysik*, die Heidegger 1935 als Vorlesung gehalten hatte und 1953 ohne ein Wort der moralischen Distanzierung zum ersten Mal veröffentlichte, setzte dieser Phase philosophischer Unschuld schlagartig ein Ende. Hatte Habermas sich bis dahin nämlich weitgehend im Denkhorizont Heideggers bewegt, so mußte er nun wie in einem Konversionserlebnis erfahren, daß zwischen einer bestimmten Art des Philosophierens und jener nachträglichen Verleugnung von Schuld ein mehr als nur äußerlicher Zusammenhang bestand. Der Versuch, sich über den politischen Gehalt des Heideggerschen Werkes Klarheit zu verschaffen, mündete in einem kurzen, aber eindringlichen Artikel, mit dessen Veröffentlichung in der *Frankfurter Allgemeinen Zeitung* der junge Habermas zum ersten Mal breiteres Aufsehen erregte.[1] In denselben Zeitraum fällt auch seine Entscheidung, nach dem abgeschlossenen Studium zunächst einmal als freier Autor für eine Reihe von Organen tätig zu werden, unter denen an vorderster Stelle die *FAZ* und der *Merkur* standen.

Es waren wohl vor allem die soziologischen Essays, die Habermas für den *Merkur* verfaßte, welche Theodor W. Adorno veranlaßten, ihn zur Mitarbeit im 1952 wiedereröffneten „Institut für Sozialforschung" aufzufordern. Mit der Aufnahme einer Assistententätigkeit im Kreis der dort versammelten Wissenschaftler im Jahre 1956 begann für Habermas insofern eine neue Phase, als er sich nun die Techniken der empirischen Sozialforschung zu eigen machen mußte; das bedeutsamste Resultat der dadurch erworbenen Kenntnisse stellt wohl die Mitarbeit an jener einflußreichen Untersuchung dar, die unter dem Titel *Student und Politik* die politischen Orientierungsmuster der Studentenschaft in der Bundesrepublik der späten 50er Jahre zu ermitteln versuchte.[2] Wie sehr aber inzwischen bei Habermas politisches Selbstverständnis und philosophische Interessen zur Deckung gelangt waren, zeigte sich vor allem an der Richtung, die die Arbeit an der im selben Zeitraum begonnenen Habilitationsschrift nahm: Orientiert am normativen Modell eines öffentlichen Vernunftgebrauchs, wie es in der Epoche der Aufklärung vor allem von Kant entwickelt worden war, setzte sich Habermas in seinen Untersuchungen mit dem historischen Prozeß auseinander, in dem die ursprünglich einmal etablierte Sphäre der bürgerlichen Öffentlichkeit unter den ökonomischen Zwängen des kapitalistischen Wirtschaftssystems allmählich wieder ausgezehrt wurde.

Als sich im Vorfeld der Einreichung der aus diesen Forschungen resultierenden Schrift über den *Strukturwandel der Öffentlichkeit* abzuzeichnen begann, daß Max Horkheimer erhebliche Einwände gegen die Habilitationsleistung erheben würde,[3] kündigte Habermas am Institut und suchte eine andere Universität, um seine akademische Ausbildung zum endgültigen Abschluß zu bringen. Es war schließlich Wolfgang Abendroth, einer der wenigen Marxisten an einer westdeutschen Universität, der den heimatlos gewordenen Habilitanden einlud, an der Philipps-Universität Marburg mit dieser Arbeit habilitiert zu werden.

Noch vor dem offiziellen Abschluß des Habilitationsverfahrens wurde Habermas auf Initiative von Hans-Georg Gadamer und Karl Löwith zum außerordentlichen Professor für Philosophie an der Universität Heidelberg ernannt; von hier aus folgte er 1964 einem Ruf an die Goethe-Universität Frankfurt, wo er den Lehrstuhl Horkheimers übernahm, der zugleich in der Philosophie und der Soziologie beheimatet war. Der Wirkungskreis von Habermas wurde von nun an immer breiter, neben die wissenschaftliche Arbeit an der Erneuerung einer kritischen Gesellschaftstheorie trat jetzt in wachsendem Maße auch die politisch-publizistische Tätigkeit. Mit einer Reihe von Schriften und Artikeln zur Notwendigkeit einer demokratischen Hochschulreform wurde Habermas alsbald zu einem der führenden Dialogpartner der sich rapide ausweitenden Studentenbewegung;[4] die zweite Hälfte der sechziger Jahre wurde daher für ihn eine Phase starken politischen Engagements, in der freilich auch die Arbeit an einer intersubjektivitätstheoretischen Erneuerung der Kritischen Theorie nicht ruhte. Ein starker Sinn für realpolitische Zwänge, der sich bei Habermas stets mit einer großen Ansprechbarkeit für utopische Alternativen paarte, brachte ihn alsbald aber auch in ein spannungsreiches Verhältnis zur Studentenbewegung; das mag nicht zuletzt der Grund dafür gewesen sein, daß er sich 1971 dazu bereit fand, einer Einladung der Max-Planck-Gesellschaft zu folgen, gemeinsam mit Carl Friedrich von Weizsäcker Direktor eines neu zu gründenden „Instituts zur Erforschung der Lebensbedingungen der wissenschaftlich-technischen Welt" in Starnberg zu werden.

In den zehn Jahren, die er an diesem Institut tätig sein sollte, beschäftigte sich Habermas zusammen mit einem großen Kreis von Mitarbeiterinnen und Mitarbeitern vor allem mit Krisentendenzen in spätkapitalistischen Gesellschaften; überdies gab ihm die Freistellung von der akademischen Lehre die Chance, die Grundzüge einer Kommunikationstheorie der Gesellschaft auf systematische Weise in einem zweibändigen Buch zusammenzufassen, das unter dem Titel *Theorie des kommunikativen Handelns* 1981 erscheinen konnte. In dasselbe Jahr fiel seine Entscheidung, vom Amt des Direktors des Max-Planck-Instituts zurückzutreten. Dabei mag eine nicht geringe Rolle die Tatsache gespielt haben, daß ihm die Universität München zuvor die Möglichkeit verweigert hatte, durch eine Honorarprofessur in direkter Nachbarschaft des Instituts erneut in der akademischen Lehre tätig zu werden. Als Habermas 1982 an die Goethe-Universität Frankfurt zurückberufen wurde, wo er einen vakanten Lehrstuhl im Fachbereich Philosophie erhielt, setzte eine Phase weit ausstrahlender Lehre und Forschung ein, die unregelmäßig nur durch das nach wie vor entschiedene Engagement für politische Gegenwartsfragen unterbrochen wurde. Inzwischen international durch Veröffentlichungen und renommierte Preise zu großem Ruhm gelangt, verfolgte Habermas auf wissenschaftlicher Ebene das Projekt einer kommunikationstheoretischen Erneuerung des Vernunftbegriffs weiter, während in den Bereich der tagespolitischen Eingriffe vor allem die Auseinandersetzungen im Historikerstreit[5] und die Aufarbeitung der Folgen der deutschen Vereinigung fielen.[6] Auch die Emeritierung im Jahre 1994, die mit der Rückverlagerung des Lebensschwerpunkts von Frankfurt nach Starnberg einherging, änderte an diesem breit gefächerten Spektrum von philosophischen und politischen Aktivitäten wenig. Heute gilt Jürgen Habermas, der sich nach Veröffentlichung von *Faktizität und Geltung*, einer systematischen Studie zum demokratischen Rechtsstaat, inzwischen wieder stärker mit Fragen der Moralphilosophie und der Rationalitätstheorie befaßt, zweifellos als einer der international bedeutendsten Philosophen und Soziologen der Gegenwart.

2. Das Werk

Die Anfänge des soziologischen Denkens von Jürgen Habermas fallen in die Zeit, als in den frühen Jahren der Bundesrepublik mit der philosophischen Anthropologie und der Daseinsanalyse Heideggers noch zwei Ansätze vorherrschten, die zwischen der Soziologie und der Philosophie eine Vielzahl von Übergängen zuließen. Schon kurz nach der Fertigstellung seiner Dissertation über die Geschichtsphilosophie Schellings tritt er mit einem Aufsatz öffentlich in Erscheinung, der in konzentrierter, aber kategorial noch unfertiger Weise bereits das zentrale Motiv seiner späteren Gesellschaftstheorie anklingen läßt.[7] Unter dem wegweisenden Titel einer „Dialektik der Rationalisierung" unternimmt Habermas hier in Form eines soziologischen Essays den Versuch, diejenigen negativen Effekte zu veranschaulichen, die der technische Fortschritt bei aller Verbesserung des wirtschaftlichen Wohlstands in der sozialen Lebenswelt der Menschen hinterlassen hat: konnte das industrielle Wachstum zwar beschleunigt zur Beseitigung jenes ökonomischen Elends beitragen, das für die Lage der Industriearbeiterschaft des 19. Jahrhunderts typisch war, so ist in demselben Zeitraum doch auch eine neue Form des Pauperismus herangewachsen, die nicht in objektiven Daten über die Einkommenshöhe, sondern in Gestalt von subtilen Entfremdungserscheinungen zum Ausdruck gelangt. Es sind zwei Phänomenbereiche, die Habermas anführt, um seine Diagnose einer historisch neuartigen Form der sozialen Entfremdung zu belegen: zum einen hat der Prozeß, den Habermas bereits zu diesem frühen Zeitpunkt „technische Rationalisierung" nennt, innerhalb der Industrieproduktion dazu geführt, daß die Arbeiter durch die Automatisierung der Produktionsvorgänge ihren Initiativspielraum zunehmend verlieren und jede Kenntnis des Materials einbüßen; es wächst auf solchen Wegen die Distanz zu den „Dingen", weil die zuvor kontaktnah erfahrenen Stoffe und

Materialien nunmehr zu bloßem „Bestand" routinemäßig vollzogener Eingriffe werden. Den zweiten Ort einer Zunahme von Entfremdung macht Habermas genau dort aus, wo die zeitgenössische Soziologie gerade eine soziale Entlastung von den Zumutungen der automatisierten Industrieproduktion erwartete: auch im Bereich des Konsums vollzieht sich ihm zufolge nämlich eine derartige Distanznahme von den „Dingen", weil durch die permanente Anreizung der Nachfrage die Bedürfnisbefriedigung so beschleunigt wird, daß die Chance einer „verweilenden Berührung" mit den Objekten selbst verloren geht. In beiden sozialen Sphären, derjenigen der Industrieproduktion und derjenigen des Massenkonsums, ist es mithin ein und derselbe Vorgang, der nach Habermas zur Entstehung einer neuartigen Form des „Pauperismus" führen soll: im Zuge einer gesellschaftlichen Ausbreitung der Zweckrationalität, deren kulturelle Wurzeln in der „abendländischen Haltung" des „Verfügbarmachens" liegen, haben sich die technischen Mittel dermaßen verselbständigt, daß heute die Dingwelt als solche aus dem Erfahrungshorizont des Menschen zu verschwinden droht.

Diese frühe Zeitdiagnose ist, was die Fortentwicklung der Gesellschaftstheorie von Habermas anbelangen wird, in den nur transitorischen, bald wieder preisgegebenen Elementen nicht weniger instruktiv als in den später beibehaltenen Teilen. Das Bild der entwickelten Gesellschaften ist hier bereits vollständig von der Vorstellung geprägt, daß es ein Prozeß der nur einseitigen, technischen oder instrumentellen Rationalisierung gewesen ist, der zu den neuen Entfremdungserscheinungen in den sozialen Lebensverhältnissen geführt hat. Daher bedarf es zur Korrektur dieser Fehlentwicklungen auch, wie Habermas ebenfalls schon sagt, der Erweiterung des Rationalisierungsprozesses um eine weitere Dimension, die noch etwas unbestimmt „sozial" genannt wird.

Von welcher Eigenart ein solcher zweiter, erst noch in Gang zu setzender Vorgang der Rationalisierung sein muß, ergibt sich für Habermas zunächst allein aus einer Besinnung auf die Beschädigungen, die bislang schon an den sozialen Lebensverhältnissen sichtbar geworden sind: die wachsende Distanznahme von der dinglichen Welt ist nur zu korrigieren oder gar aufzuheben, wenn von nun an in die Produktionsgestaltung und das Konsumverhalten reflexive Bremsen eingebaut werden, die zur Regenerierung der plastischen, dingoffenen Kräfte der sozialen Lebenswelt führen können.

Ist bis zu diesem Punkt die Zeitdiagnose von Habermas bereits in wesentlichen Zügen von jenem dualistischen Begriffsschema bestimmt, das später die zentralen Grundannahmen seiner Gesellschaftstheorie prägen wird, so ist alles weitere freilich noch in einen ganz anderen Vorstellungshorizont eingelassen. Ein zentraler Unterschied zur reifen Theorie betrifft die Frage, welche sozialen Sphären es vor allem sind, die von den destruktiven Wirkungen eines verselbständigten Prozesses der technischen Rationalisierung in Mitleidenschaft gezogen werden. Im Gegensatz zur normativen Neutralisierung der Produktionssphäre, die schon bald für seine grundbegrifflichen Weichenstellungen entscheidend sein wird, geht Habermas hier nämlich noch von der damals weitverbreiteten Überzeugung aus, daß sich die negativen Effekte der technischen Rationalisierung primär an Entfremdungserscheinungen in der industriellen Arbeit ablesen lassen. Wesentlicher aber, was die Unterschiede zur späteren Gesellschaftstheorie anbelangt, ist die Tatsache, daß sich Habermas in seinen Überlegungen noch vollkommen unbekümmert der Vorstellungswelt Heideggers bedient, um die strukturelle Eigenart jener neuen Form von Entfremdung zu charakterisieren: Es ist nämlich die normative Idee einer kontaktnahen, geradezu handwerklichen Erschließung der objekthaften Welt als solcher, woran sich bemessen soll, warum die Automatisierung der Produktion und die Beschleunigung der Konsumtion als „Entfremdung" zu gelten haben.

Im Ausgang von diesem frühen Aufsatz vollzieht sich von nun an die Entwicklung der Gesellschaftstheorie von Habermas weitgehend entlang von Bahnen, die durch die Aufgabe der begrifflichen Präzisierung oder theoretischen Umformulierung der dort bereits angelegten Vorstellungskomplexe bestimmt sind. Die politisch bedingte Ernüchterung über die Philosophie Heideggers führt alsbald zur Preisgabe der Idee, daß sich die negativen Folgen der technischen Rationalisierung an Verzerrungen ablesen lassen, die die Erschließung der Welt als solche betreffen; an ihre Stelle tritt nun allmählich im Austausch mit Karl-Otto Apel die Vorstellung, daß es die sprachlich vermittelte Interaktion zwischen den Subjekten ist, woran Beschädigungen innerhalb der sozialen Lebenswelt normativ bemessen werden müssen. Eine wesentliche Verstärkung erhält diese zunächst nur keimhafte Idee im selben Zeitraum durch die Untersuchungen, die Habermas im Rahmen seines Habilitationsprojekts über den sozialgeschichtlichen *Strukturwandel der Öffentlichkeit* durchführt;[8] hier zeigt sich nämlich in philosophischer Hinsicht, daß das von Kant inaugurierte Modell eines öffentlichen Vernunftgebrauchs durchaus genügend Überzeugungskraft besitzt, um die Vorstellung einer Rationalisierung durch diskursive Einsicht in bessere Argumente nahezulegen. Wird eine solche Idee der herrschaftsfreien Diskussion auf anthropologische Weise als das Potential verstanden, das jeder zwischenmenschlichen Interaktion innewohnt, so entsteht jener anspruchsvolle Begriff des „kommunikativen Handelns", den Habermas von nun an seiner Gesellschaftstheorie zugrunde zu legen versucht. Danach vollzieht sich die gesellschaftliche Reproduktion stets über Prozesse sozialer Interaktion, denen deswegen geradezu objektiv das Ziel der Herrschaftsfreiheit zugrunde liegen soll, weil sie auf das zwanglose Medium der sprachlichen Verständigung angewiesen sind.

Es ist klar, daß Habermas mit dieser bislang nur vage umrissenen Idee von der Interaktion bereits einen bedeutsamen Schritt in Richtung einer Klärung jenes Begriffs der „sozialen" Rationalisierung unternommen hat, den er in seinem frühen Aufsatz nur ungenügend von dem herkömmlichen Modell der Zweckrationalität abgegrenzt hatte. Was ursprünglich in Gestalt einer Einstellung der reflexiven Besinnung als eine zweite Form der Rationalität gefaßt worden und der rationalen Perspektive des Verfügbarmachens entgegengesetzt worden war, wird nun mit Hilfe einer handlungstheoretischen Vertiefung des Öffentlichkeitsbegriffs als das Vernunftpotential sichtbar, das in Form der zwanglosen Überzeugungskraft besserer Gründe allen Kommunikationen zwischen Menschen innewohnen soll. Aber auch den davon abgegrenzten Begriff der Zweckrationalität, der zunächst in Orientierung an Heidegger mit der „abendländischen" Haltung der Verfügung zusammengebracht worden war, beläßt Habermas nicht länger in der Form, die er ihm ursprünglich gegeben hatte. Hier führt die intensivierte Auseinandersetzung mit der philosophischen Anthropologie, vor allem den Schriften Arnold Gehlens, insofern zu einer Revision, als die zweckrationale Einstellung nicht länger als typischer Ausdruck einer spezifischen Kultur, sondern als interner Bestandteil einer Form des Handelns begriffen wird, die im Unterschied zur Interaktion primär das Ziel der technischen Verfügung über unbelebte Gegenstände verfolgt. Natürlich trennt sich Habermas mit dieser kategorialen Umdeutung auch von jenen Modellen einer Kritik der instrumentellen Vernunft, wie sie zuvor von den philosophischen Autoren der Frankfurter Schule entwickelt worden waren. Denn mit der Behauptung, daß instrumentelle Einstellungen intern mit einer menschlichen Handlungspraxis verknüpft seien, die eine universell notwendige Voraussetzung der Reproduktion von Gesellschaften darstelle, geht umgekehrt auch die Chance verloren, eine solche Form der Rationalität auf überzeugende Weise mit irgendwelchen Machtinteressen oder einer besonderen Kultur zusammenzubringen.

Ist Habermas auf diesem Weg bereits zur Unterscheidung von zwei Rationalitätstypen gelangt, die an gesonderte Formen des gesellschaftlich erforderlichen Handelns gebunden sein sollen, so fehlt ihm zur vollständigen Transformation seines ursprünglichen Ansatzes freilich noch ein Entwicklungsschema, das das geschichtlich gewachsene Ungleichgewicht zwischen jenen beiden Rationalitätstypen erklärbar machen kann. Die Gelegenheit, eine solche Ergänzung vorzunehmen und die Unterscheidung von „Arbeit" und „Interaktion" für ein erweitertes Konzept der gesellschaftlichen Rationalisierung fruchtbar werden zu lassen, bietet sich Habermas in den sechziger Jahren in der Auseinandersetzung mit der damals vorherrschenden Technokratiethese; die wesentlichen Anregungen aber bezieht er in diesem Zusammenhang aus der Beschäftigung mit den Schriften Max Webers und, zum ersten Mal, auch Talcott Parsons.[9] Um ideologiekritisch zeigen zu können, daß die von Soziologen wie Helmut Schelsky oder Gehlen vertretene Technokratiethese ein nur unvollständiges Bild der gesellschaftlichen Moderne enthält, muß Habermas den Beweis antreten, daß sich die dort behauptete Verselbständigung der Technik der Unterdrückung oder Marginalisierung einer anderen Form sozial verkörperter Vernunft verdankt. Das verlangt aber wiederum den Nachweis, daß die im kommunikativen Handeln angelegte Rationalität nicht nur in gesellschaftlichen Institutionen bereits verwirklicht worden ist, sondern darüber hinaus auch einer weiteren Steigerung fähig wäre.

Habermas nimmt zum Zwecke einer solchen Argumentation zwei Erweiterungen an dem bislang verwendeten Begriffspaar vor, die beide von größter Bedeutung für die Fortentwicklung seiner Gesellschaftstheorie sein werden: Zum einen ordnet er dem Begriff des kommunikativen Handelns als Komplementärbegriff die Kategorie der „sozialen Lebenswelt" zu, die alle diejenigen Normen und Überzeugungen bezeichnen soll, die sich dank Prozessen der sprachlichen Verständigung bereits in Gestalt eines jeweiligen Horizontes an intersubjektiv geteilten Vorverständnissen angesammelt haben. Insofern diese lebensweltlich eingespielten Hintergrundüberzeugungen nun auch in dem Institutionengefüge einer Gesellschaft ihren Niederschlag gefunden haben, kann Habermas mit Parsons sagen, daß dadurch jeweils der institutionelle Rahmen festgelegt ist, in dem sich die gesellschaftliche Reproduktion vollzieht.

In ähnlicher Weise versucht Habermas zum zweiten, auch dem Begriff des instrumentalen Handelns eine Komplementärkategorie zuzuordnen, der die Aufgabe zufällt, vom Fluß der praktischen Vollzüge gleichsam die Ebene institutionell geronnener Gebilde abzuheben: haben sich auf solchem Wege also Handlungssphären etabliert, in denen im wesentlichen zweckrationale Gesichtspunkte institutionalisiert sind, so bezeichnet sie Habermas fortan als „Subsysteme" zweckrationalen Handelns.

Aber auch mit diesen begrifflichen Ergänzungen, in denen sich bereits erste Anleihen bei der Systemtheorie ankündigen, hat Habermas noch nicht die Stufe erreicht, auf der er den vorherrschenden Modellen der Modernisierung tatsächlich ein anderes, kommunikationstheoretisch erweitertes Bild der gesellschaftlichen Rationalisierung entgegensetzen könnte. Denn dazu fehlt es ihm noch an einem Konzept, das zu erklären in der Lage wäre, inwiefern die in den beiden unterschiedlichen Handlungssphären jeweils institutionalisierte Rationalität überhaupt steigerbar sein soll, so daß von einer „Rationalisierung" gesprochen werden kann.

Hier schließt Habermas an Max Weber an, um dessen Vorstellung einer gesellschaftlichen Rationalisierung in einer solchen Weise fruchtbar zu machen, daß sie nicht nur auf die zweckrational organisierten Handlungssphären, sondern auch auf die kommunikativ integrierten Sphären Anwendung finden kann: Wenn „Rationalisierung" für den ersten Typus von institutionalisierten

Handlungssphären bedeutet, daß durch methodisch angeleitetes Wissen die zweckrationale Kontrolle über natürliche oder soziale Vorgänge gesteigert wird, so heißt das umgekehrt für den zweiten Typus von Handlungssphären, daß hier auf dem Weg der sprachlichen Verständigung das Wissen um die Beschränkungen systematisch anwächst, die ungerechtfertigterweise der sozialen Interaktion durch ideologisch legitimierte Herrschaft auferlegt werden. So unfertig diese letzte Formulierung auch noch klingen mag und so sehr sie aufgrund ihrer inneren Vagheit in Zukunft Habermas auch noch beschäftigen wird, so unzweideutig kommt in ihr andererseits doch auch schon die zentrale Intuition zum Ausdruck, die nun die Skizzierung einer alternativen Theorie der gesellschaftlichen Rationalisierung leiten wird: in der Verselbständigung der Technik, wie sie von der Technokratiethese affirmativ behauptet wird, vollzieht sich zwar tatsächlich unter den Imperativen des kapitalistischen Wirtschaftssystems ein Prozeß der gesellschaftlichen Steigerung von Zweckrationalität, aber dessen Kehrseite stellt ein Vorgang nicht mehr nur der Marginalisierung, sondern der Bedrohung der kommunikativ integrierten Handlungssphären im ganzen dar.

In den Jahren, in denen Habermas seine Gesellschaftstheorie primär auf dem Weg einer Ideologiekritik der Technokratiethese begründet, ist es noch der Historische Materialismus, der den konzeptuellen Rahmen für die Erklärung der ungleichen Entwicklung der beiden Rationalisierungsmuster abgibt. Dementsprechend wird die Zunahme an Zweckrationalität, wie sie sich in den beiden Subsystemen der Wirtschaft und der politischen Verwaltung vollzieht, mit dem materiell vorgegebenen Druck zur Steigerung der Produktivkräfte erläutert. Die dadurch erzwungene, eben nur reaktive Umgestaltung der Produktionsverhältnisse soll verständlich machen, warum sich die „kommunikative" Rationalisierung des institutionellen Rahmens bislang stets nur in abhängiger Weise vollzogen hat. Der Umstand, daß in den spätkapitalistischen Gesellschaften die kommunikativ integrierten Handlungssphären als solche durch zweckrationale Imperative bedroht sein sollen, kann vor demselben Hintergrund des Historischen Materialismus damit erläutert werden, daß das beschleunigte Wirtschaftswachstum in steigendem Maße administrative, also zweckrationale Eingriffe in die Lebenswelt erzwingt.

Aber schon bald ist Habermas nicht nur mit diesem traditionellen Versatzstück, sondern auch mit einer Reihe von weiteren Elementen seiner Gesellschaftstheorie nicht länger zufrieden. Dazu zählen vor allem das noch nicht hinreichend bestimmte Konzept der kommunikativen Rationalisierung und das bislang ungeklärte Verhältnis von System- und Handlungstheorie, wie es in der Rede von den Subsystemen zweckrationalen Handelns zum Ausdruck gelangt. Das Jahrzehnt, das bis zur endgültigen Veröffentlichung der *Theorie des kommunikativen Handelns* vergeht, ist daher für Habermas ein Zeitraum der theoretischen Umarbeitung von zentralen Prämissen seiner Gesellschaftstheorie. Am Ende dieses langgezogenen Lernprozesses stehen drei wesentliche Veränderungen, durch die die Theorie endgültig von jenen Resten einer handlungstheoretisch begründeten Geschichtsphilosophie befreit wird, die aus den intellektuellen Anfängen bei der philosophischen Anthropologie und dem deutschen Idealismus stammten.

Werden diese drei Veränderungen in knappster Weise zusammengefaßt, so ergibt sich von den theoretischen Prämissen der gereiften Gesellschaftstheorie von Habermas das folgende Bild: zum ersten soll die Einsicht in das prekäre Ungleichgewicht der beiden Rationalisierungsprozesse methodisch nicht länger als das Ergebnis einer Selbstreflexion verstanden werden, die nach Vorbild der Geschichtsphilosophie der menschlichen Gattung im ganzen fiktiv zugemutet wird, sondern auf dem Weg einer „rationalen Nachkonstruktion" jener evolutionären Lernprozesse gewonnen werden, über die die im kommunikativen Handeln angelegten Rationalitätspotentiale sich gemäß ihrer jeweils eigenen Entwicklungslogik entfaltet haben. Zu diesem Zweck bedarf es zunächst der Grundlegung durch eine Universalpragmatik, die auf dem Weg einer Analyse der in der sprachlichen Verständigung angelegten Geltungsansprüche die Aspekte klärt, die am sozialen Handeln überhaupt „rationalisierungsfähig" sein können. Soll eine solche synchron vorgenommene Nachkonstruktion der Rationalitätsdimensionen kommunikativen Handelns ferner durch eine diachrone Theorie ergänzbar sein, die deren intern angelegte Entwicklungssequenzen freilegt, so fällt zweitens als eine bislang beibehaltene Prämisse auch die Geschichtstheorie des Historischen Materialismus weg. An deren Stelle tritt vielmehr eine Evolutionstheorie, die in Verallgemeinerung der Einsichten von

Jean Piaget die Stufen rekonstruiert, über die sich in Form von Lernprozessen die unterschiedlichen Aspekte der menschlichen Handlungsrationalität jeweils sequentiell haben entwickeln können. Schließlich ist die Präzisierung des bis zum Ausgang der sechziger Jahre nur vage gebrauchten Systembegriffs die dritte für die Theorieentwicklung wichtige Entscheidung. Aus seiner Auseinandersetzung mit Niklas Luhmann zieht Habermas die Konsequenz,[10] daß es für die zweckrational organisierten Handlungssphären ab einer bestimmten Stufe der Ausdifferenzierung durchaus angemessen ist, von Systemen in einer essentialistischen Weise zu sprechen, so daß hier übersubjektive, nur funktional zu erklärende Prozesse der effektiven Steigerung von Zweckrationalität angenommen werden müssen.

Mit der universalpragmatisch angelegten Theorie der Kommunikation, der Theorie der soziokulturellen Evolution und schließlich der Aufnahme systemtheoretischer Grundannahmen sind die drei theoretischen Voraussetzungen gekennzeichnet, unter denen Habermas nun jene Aufgabe neu zu lösen versucht, von der sein soziologisches Werk von Anfang an bestimmt war; denn auch die *Theorie des kommunikativen Handelns* verfolgt das Ziel, ein Konzept der gesellschaftlichen Rationalisierung auszuarbeiten, das so umfassend ist, daß es eine normativ und gesellschaftstheoretisch ausgewiesene Kritik von einseitigen, nämlich zweckrational dominierten Formen der Rationalisierung erlaubt. Allerdings setzt sich Habermas nun nicht mehr allein mit der Marxschen Kapitalismusanalyse und dem Weberschen Rationalisierungskonzept, sondern auch mit der Geschichtsdiagnose Adornos und Horkheimers auseinander, um in der Kritik von klassischen Theorien der gesellschaftlichen Rationalisierung seinen eigenen Ansatz zu begründen. Wie schon an Marx und an Weber, so versucht er nun auch an der Kritischen Theorie die handlungstheoretischen Engpässe herauszuarbeiten, die dem Ziel einer umfassenden und begründeten Kritik von zweckrational vereinseitigten Formen der Vergesellschaftung im Wege stehen – insofern läßt sich das neue Werk der *„TkH"* auch als ein Versuch verstehen, der geschichtsphilosophischen Diagnose einer „Dialektik der Aufklärung" eine kommunikationstheoretische Wendung zu geben.

Habermas baut seine zweibändige Untersuchung nach ungefähr demselben Muster auf, das schon Talcott Parsons seiner Studie

über *The Structure of Social Action* von 1937 zugrunde gelegt
hatte: Theoriegeschichtliche Rekonstruktionen von klassischen
Autoren der Soziologie wechseln sich mit systematisch angelegten
Zwischenbetrachtungen in einer Weise ab, daß für den Entwurf
einer *Theorie des kommunikativen Handelns* am Ende Argumente zusammengetragen sind, die sich sowohl als Resultate einer
immanenten Selbstkorrektur der Disziplin als auch als Ergebnisse
einer davon unabhängigen Beweisführung verstehen lassen.

Den ersten Schritt in der Umsetzung seiner kommunikationstheoretischen Prämissen in eine Theorie der Gesellschaft vollzieht
Habermas mit der Einführung des „Lebenswelt"-Begriffes; zwar
hatte diese Kategorie, wie wir gesehen haben, schon in der Kritik
der Technokratiethese eine entscheidende Rolle gespielt, nun aber
wird sie in Abgrenzung von der phänomenologischen Tradition
systematisch als Komplementärbegriff zum kommunikativen
Handeln entfaltet. Den Hintergrund für diesen Gedankengang
bildet die Überlegung, daß jeder Akt einer sprachlichen Verständigung sich stets schon im Rahmen von intersubjektiv anerkannten Situationsdefinitionen bewegt; die kooperativen Interpretati-
onsleistungen, die im Verständigungsvorgang erbracht werden,
setzen nicht immer wieder neu mit einer Definition aller
Situationsbestandteile ein, sondern knüpfen ihrerseits an eine un-
überblickbare Anzahl von bereits eingelebten Überzeugungen an.
Einen solchen Horizont an intersubjektiv geteilten Hintergrundannahmen, in die jeder Kommunikationsprozeß vorgängig eingebettet ist, nennt Habermas „Lebenswelt"; er begreift sie als ein zu
stabilen Überzeugungen geronnenes Resultat des kommunikativen Handelns, nämlich als das historische Produkt der Interpre-
tationsanstrengungen vorangegangener Generationen. Die Lebenswelt bildet also das Flußbett an intuitiv vertrautem Orientierungswissen, in dem der Strom der sozialen Kommunikations-
prozesse sich ohne die Gefahr der Stockung fortbewegen kann.

Nun geben die Mitglieder einer Gesellschaft, wie Habermas im
zweiten systematischen Schritt seine Argumentation erläutert, ihre Hintergrundüberzeugungen nicht nur einfach weiter, sondern
erweitern im Zuge unvermeidbarer Lernprozesse zugleich auch
ihr lebensweltliches Wissen. Aus diesem Grundgedanken leitet
Habermas die Vorstellung ab, durch die er die zugrunde gelegte
Theorie der Handlungsrationalität zu einem dynamischen Kon-

zept zu erweitern versucht: dessen Kern macht die Idee aus, daß sich erst auf dem Weg von kognitiven Lernvorgängen das lebensweltliche Orientierungswissen ontologisch so weit ausdifferenziert, daß drei fundamentale Weltbezüge (zur natürlichen, sozialen und subjektiv-inneren Welt) auseinandertreten und sich zu jeweils gesonderten Rationalitätsaspekten des kommunikativen Handelns verselbständigen. Habermas bedient sich hier der bereits erwähnten Übertragung der Entwicklungspsychologie Piagets auf die Bewußtseinsgeschichte der Gattung, um die Logik dieses übergreifenden Lernprozesses zu erklären; als den Mechanismus, der zur Ausdifferenzierung der lebensweltlichen Deutungssysteme führt, sieht er nämlich denselben Vorgang einer kognitiven Dezentrierung an, den Piaget für die intellektuelle Entwicklung des Kindes behauptet hatte. Jene formale Aufgliederung des Universums in drei Realitätsdimensionen, die die Voraussetzung eines reflexiven Umgangs mit der Wirklichkeit und daher die Bedingung sprachlicher Verständigungsprozesse darstellen, vollzieht sich auf der Ebene der Lebenswelt als ein Prozeß der schrittweisen Dezentrierung eines zunächst soziozentrisch geprägten Weltverständnisses.

Allerdings stellt sich bis hierher die Reproduktion einer Gesellschaft nur als ein Prozeß der symbolischen Erneuerung ihrer soziokulturellen Lebenswelt dar; die Rationalisierung dieses sozialen Binnenraumes, die sich in Form einer schrittweisen Dezentrierung des kulturellen Weltbildes vollzieht, bewirkt eine Freisetzung des kommunikativen Handelns von traditional festgeschriebenen Orientierungen und erweitert dadurch den Spielraum für sprachliche Verständigungsprozesse. Nun geht jedoch die Entwicklung von Gesellschaften nicht in der symbolischen Erneuerung sozialer Lebenswelten auf; die gesellschaftliche Reproduktion ist ebenso fundamental von der Aneignung natürlicher Ressourcen abhängig, durch die die materiellen Bedingungen des sozialen Lebens erhalten werden. Habermas unterscheidet dementsprechend, wie schon in seiner ursprünglichen Gegenüberstellung von „Arbeit" und „Interaktion", die Aufgabe der symbolischen Reproduktion von dem Zwang zur materiellen Reproduktion, zu der er über die gesellschaftliche Arbeit hinaus auch die Praxis der politischen Verwaltung rechnet. Freilich interessiert sich Habermas hier, anders als in seinen früheren Untersuchungen, weniger für den Gegensatz, in dem die beiden Handlungsorientierungen der Kommunikation und der Zweckrationalität an sich stehen, als vielmehr für den Gegensatz, der zwischen den Organisationsformen dieser beiden Handlungsweisen existiert.

Denn die dritte systematische Stufe seiner Gesellschaftstheorie betritt Habermas mit der Behauptung, daß sich in Differenz zu den kommunikativen Handlungen jene zweckrationalen Tätigkeiten, die zur materiellen Reproduktion einer Gesellschaft beitragen, nur über funktionale Mechanismen aufeinander abstimmen lassen. Die Unterscheidung, die er damit trifft, ist deswegen von großer Bedeutung, weil er mit ihrer Hilfe die Einführung der Systemtheorie handlungstheoretisch begründen wird: Während sich die symbolische Reproduktion von Gesellschaften stets über den Mechanismus kommunikativen Handelns vollzieht, so daß sie einer intern an der sozialen Lebenswelt ansetzenden Perspektive zugänglich sein soll, muß die materielle Reproduktion von Gesellschaften als ein Prozeß der Systemerhaltung analysiert werden, weil sich in ihrem Rahmen die erforderlichen Zwecktätigkeiten der Subjekte nur funktional, also unabhängig von deren Handlungsintentionen, untereinander koordinieren lassen.

Habermas benutzt nun diese Distinktion der beiden Integrationsformen sozialen Handelns, für deren Bindung an zwei unterschiedliche Reproduktionsaufgaben der Gesellschaft er in der Sekundärliteratur heftig kritisiert worden ist, um die gesellschaftliche Entwicklung unter dem doppelten Gesichtspunkt einerseits der Rationalisierung der Lebenswelt und andererseits der Steigerung von Systemkomplexität beschreiben zu können. Mit der Eröffnung einer solchen Perspektive bereitet er den vierten systematischen Schritt seiner Argumentation vor, der die eigentliche Pointe seines zweistufigen Gesellschaftskonzepts enthält. Diese besteht in der Behauptung, daß sich erst im Zuge der soziokulturellen Evolution die Mechanismen der Systemintegration so stark aus dem Horizont der gesellschaftlichen Lebenswelt herausgelöst haben, daß sie als selbständige Formen der Koordinierung sozialen Handelns in Erscheinung treten und autonome Handlungssphären bilden können. Der methodische Dualismus von „System-" und „Sozialintegration", der zunächst nur zwei komplementäre Perspektiven in der Analyse ein und desselben Entwicklungsprozesses beschreiben sollte, verkehrt sich mithin für

Habermas auf dem Weg der Rationalisierung sozialen Handelns in den faktischen Dualismus von „System" und „Lebenswelt".

Zur Begründung dieser starken These, mit der Habermas seine essentialistische Einführung des Systembegriffs gleichsam historisch zu begründen versucht, hebt er aus dem Prozeß der gesellschaftlichen Rationalisierung den geschichtlichen Augenblick heraus, an dem die Dezentrierung des lebensweltlichen Wissens so weit fortgeschritten war, daß sich normativ neutralisierte Handlungssphären selbständig etablieren konnten. Das ist nach seiner Auffassung in jenem Stadium der Fall, in dem sich in Folge der Entbindung des kommunikativen Handelns von partikularen Wertorientierungen auch die Aspekte der Erfolgs- und der Verständigungsorientierung voneinander getrennt haben. Dann nämlich sind die Subjekte aufgrund ihres ausdifferenzierten Weltverständnisses kognitiv darauf vorbereitet, daß sich ihre Handlungen nicht mehr allein durch kommunikative Verständigung, sondern auch über bloß empirische Informationen miteinander verkoppeln lassen, als deren Träger Habermas mit Parsons die sogenannten „Kommunikationsmedien" ausmacht. Unter den verschiedenen Kommunikationsmedien, die sich nach Gesichtspunkten ihrer entweder die sprachliche Verständigung bloß kondensierenden oder sie gänzlich ersetzenden Entlastungsleistung unterscheiden lassen, sind es für Habermas nun allein die letzteren, die zur Herausbildung von zweckrational organisierten Handlungssystemen führen können: Denn mit der Entwicklung des Geldes und der Etablierung staatlich organisierter Macht entstehen in der sozialen Evolution die beiden Steuerungsmedien, die unter Umgehung jedes sprachlichen Kommunikationsaufwands die zweckrationalen Handlungen zu koordinieren vermögen, die zur Bewältigung der materiellen Reproduktion beitragen.

Mit der historischen Entkoppelung von „System" und „Lebenswelt", deren Behauptung nicht unumstritten geblieben ist, rechtfertigt Habermas die Einführung des zweistufigen Konzepts, das den Schlußstein seiner Gesellschaftstheorie darstellt. Darin wird als der fundamentale Reproduktionsmechanismus auch von modernen Gesellschaften zwar der Prozeß der kommunikativen Verständigung angesehen, zugleich aber als ein historisches Produkt die Existenz von solchen normfreien Handlungssphären unterstellt, die allein einer systemtheoretischen Analyse zugänglich sind. Als das Wesentliche einer soziologischen Theorie der Moderne erweist sich somit die Verschränkung von Kommunikationstheorie und Systemkonzept: Jede Analyse der Verständigungsprozesse, durch die sich heute Gesellschaften in ihrer lebensweltlichen Basis reproduzieren, verlangt nach einer Ergänzung durch die Systemanalyse, mit deren Hilfe die systemischen Formen der materiellen Reproduktion untersucht werden. Aus dieser dualistischen Konstruktion gewinnt Habermas schließlich im letzten Schritt seiner Argumentation auch den Rahmen, in dem er seine Zeitdiagnose zu entwickeln versucht. Ihr zentrales Motiv ergibt sich aus der Absicht, den Prozeß der „Dialektik der Aufklärung" so auszulegen, daß die resignativen Konsequenzen vermeidbar werden, zu denen Adorno und Horkheimer sich getrieben sahen. Dazu stellt die entwickelte Gesellschaftstheorie die argumentativen Mittel bereit: denn in ihrem Licht erweisen sich nun die systemisch verselbständigten Organisationskomplexe, in denen Adorno und Horkheimer nur noch die Endstufe einer Logik der Naturbeherrschung zu erblicken vermochten, ihrerseits als die sozialen Produkte einer Rationalisierung der sozialen Lebenswelt. Als eine krisenhafte Tendenz der Gegenwart erscheint dann aber nicht die Existenz von zweckrationalen Organisationsformen des sozialen Lebens als solche, sondern erst ihr Eindringen in jene Binnenbereiche der Gesellschaft, die auf Prozesse der kommunikativen Verständigung konstitutiv angewiesen sind: an diesem Phänomen einer „Kolonialisierung der sozialen Lebenswelt" macht Habermas daher seine eigene Diagnose einer Pathologie der Moderne fest: „Die Rationalisierung der Lebenswelt ermöglicht eine Steigerung der Systemkomplexität, die so hypertrophiert, daß die losgelassenen Systemimperative die Fassungskraft der Lebenswelt, die von ihnen instrumentalisiert wird, sprengen."[11]

Obwohl Habermas auch in seinen Studien zum demokratischen Rechtsstaat den soziologischen Bestand seiner Theorie fortentwickelt hat, indem von ihm wesentlich genauer als zuvor die Mechanismen einer Beschränkung der demokratischen Öffentlichkeit thematisiert werden, kann diese resümeehafte Formulierung als der vorläufige Ertrag seiner Gesellschaftstheorie angesehen werden. Mit der kritischen These einer Kolonialisierung der Lebenswelt stellt das Resultat seines soziologischen Denkens eine

Diagnose dar, die sich an Erklärungsvermögen und Fassungskraft mit den Theorien der sozialwissenschaftlichen Klassiker messen kann, ohne am Ende zu resignativen oder pessimistischen Konsequenzen genötigt zu sein.

3. Klassizität und aktuelle Relevanz

Nicht anders als bei den Gründungsvätern der Soziologie, so verdankt sich auch bei Jürgen Habermas das Programm der eigenen Gesellschaftstheorie dem Interesse an einer empirischen Umsetzung einer zunächst philosophischen Intuition. Waren es für Durkheim die Erkenntnis- und Morallehre der Philosophie Kants, für Max Weber die Nihilismusdiagnose Nietzsches, die den Entwurf einer soziologischen Theorie der Gesellschaft bis in die zentralen Begriffe hinein motivierten, so war es für Habermas die Einsicht in die rationalisierende Kraft der kommunikativen Verständigung. Gewonnen auf den verschlungenen Pfaden einer zunächst anthropologischen Umdeutung des Prinzips der Öffentlichkeit, steht diese Idee am Anfang der Theorieentwicklung bei Habermas und bestimmt seither die Erweiterung seines ursprünglichen Programms noch um jedes neue Element: die Vielzahl der Auseinandersetzungen mit konkurrierenden Ansätzen, die tastenden Versuche des Aufbaus einer selbständigen Begriffssprache, die Reihe der konzeptuellen Änderungen an den Grundannahmen der eigenen Theorie, stets unterstehen sie nur dem einen, unverrückten Ziel, den Gedanken eines historisch wirksamen Potentials der kommunikativen Rationalität gegen alle sich aufdrängenden Zweifel und Einwände zu verteidigen. Die enge Verbindung, die zwischen philosophischer Ausgangsidee und dem Interesse an Soziologie besteht, ist bei Habermas in derselben grundsätzlichen Überlegung begründet, die sich auch am Anfang des Weges von Durkheim oder Weber findet: wer unter nachidealistischen Bedingungen noch zu Erkenntnissen über den Charakter gelangen möchte, den das menschliche Welt- und Selbstverhältnis in der Gegenwart besitzt, der kommt nicht umhin, die institutionellen Einrichtungen der entwickelten Gesellschaften zu studieren; denn es sind die sozialen Institutionen und Praktiken, in deren jeweiliger Gestalt sich objektiv niedergeschlagen hat, welche Fort- oder Rückschritte die Menschen bei der Erzeugung gesellschaftlicher Ordnungen, ja bei der Gestaltung der Lebensverhältnisse im ganzen gemacht haben.

Bei Habermas nimmt diese enge Verzahnung von philosophischer Ausgangsidee und Gesellschaftstheorie von Anfang an die Gestalt einer Konzeption von zwei gesellschaftlichen Rationalisierungsprozessen an. Gegenüber der vorherrschenden Tendenz innerhalb der Soziologie, den Prozeß der Modernisierung auf das Schema einer Steigerung von Zweckrationalität zu reduzieren, versucht er den Gedanken einer rationalisierenden Kraft der kommunikativen Verständigung dadurch empirisch zu stützen, daß er am institutionellen Gefüge moderner Gesellschaften die Spuren eines zweiten, moralischen Prozesses der Rationalisierung freizulegen unternimmt. Was Habermas zur Fortentwicklung der Soziologie beigetragen hat, ja, was ihn schon jetzt zu einem „Klassiker" der Disziplin hat werden lassen, verdankt sich weitgehend der damit umrissenen Anstrengung: den kategorialen Bestand der klassischen Gesellschaftstheorie so zu erweitern, daß auch jene Dimension einer gesellschaftlichen Rationalisierung systematisch erfaßbar wird, die sich nicht einer Steigerung von Zweckrationalität, sondern einer Zunahme an kommunikativer Rationalität verdankt.

Dieser Grundgedanke hat international im Feld der Gesellschaftstheorie den Anstoß zu einer breiten Diskussion gegeben, die mittlerweile geradezu zu einer „Industrie" an Sekundärliteratur geführt hat. Aber die Aneignung des Habermasschen Werkes vollzieht sich zumeist auf der Ebene der soziologischen oder philosophischen Begriffsklärung, ohne daß davon die empirische Sozialforschung schon in einem nennenswerten Maße beeinflußt worden wäre – nur selten werden die Thesen zur Kolonialisierung der Lebenswelt, werden die Untersuchungen zur wachsenden Verrechtlichung oder Bürokratisierung direkt zur Grundlage sozialwissenschaftlicher Untersuchungen gemacht. Es mag sein, daß dem Werk von Jürgen Habermas in dieser Hinsicht dasselbe Schicksal beschieden ist, das auch die Theorien der soziologischen Klassiker ereilt hat: daß es nämlich zumindest ein oder zwei Generationen an Sozialwissenschaftlern benötigen wird, bevor die Ergebnisse seiner gesellschaftstheoretischen Bemühungen in der Forschung wirksam werden können.

Literatur

1. Werke (Auswahl)

Habermas, J., 1962, Strukturwandel der Öffentlichkeit. Untersuchungen zu einer Kategorie der bürgerlichen Gesellschaft. Neuwied.

Habermas, J., 1963, Theorie und Praxis: sozialphilosophische Studien. Neuwied.

Habermas, J., 1968, Technik und Wissenschaft als „Ideologie". Frankfurt a. M.

Habermas, J., 1969, Erkenntnis und Interesse. Frankfurt a. M.

Habermas, J., 1970, Zur Logik der Sozialwissenschaften. Frankfurt a. M.

Habermas, J., und Luhmann, N., 1971, Theorie der Gesellschaft oder Sozialtechnologie – Was leistet die Systemforschung? Frankfurt a. M.

Habermas, J., 1973, Legitimitätsprobleme im Spätkapitalismus. Frankfurt a. M.

Habermas, J., 1976, Zur Rekonstruktion des historischen Materialismus. Frankfurt a. M.

Habermas, J., 1981, Theorie des kommunikativen Handelns. 2 Bde. Frankfurt a. M.

Habermas, J., 1983, Moralbewußtsein und kommunikatives Handeln. Frankfurt a. M.

Habermas, J., 1984, Vorstudien und Ergänzungen zur Theorie des kommunikativen Handelns. Frankfurt a. M.

Habermas, J., 1985, Der philosophische Diskurs der Moderne: 12 Vorlesungen. Frankfurt a. M.

Habermas, J., 1986, Autonomy and solidarity: interviews (with Jürgen Habermas). Ed. By Peter Dews. London.

Habermas, J., 1988, Nachmetaphysisches Denken: Philosophische Aufsätze. Frankfurt a. M.

Habermas, J., 1991, Erläuterungen zur Diskursethik. Frankfurt a. M.

Habermas, J., 1992, Texte und Kontexte. 2. Aufl. Frankfurt a. M.

Habermas, J., 1994, Faktizität und Geltung. 4. Aufl. Frankfurt a. M.

Habermas, J., 1996, Die Einbeziehung des Anderen: Studien zur politischen Theorie. Frankfurt a. M.

Outhwaite, W. (ed.), 1996, The Habermas Reader. Cambridge.

2. Bibliographien

Goertzen, R., 1982, Jürgen Habermas: Eine Bibliographie seiner Schriften und der Sekundärliteratur 1952–1981. Frankfurt a. M.

3. Intellektuelle Biographien

Gripp, H., 1984, Jürgen Habermas. Paderborn.

Horster, D., 1991, Jürgen Habermas. Stuttgart.

Reese-Schäfer, W., 1991, Jürgen Habermas. Frankfurt a. M.

4. Monographien und Sammelbände zum Werk

Bernstein, R. B. (Ed.), 1985, Habermas and Modernity. Cambridge.

Cooke, M., 1994, Language and Reason. A Study of Habermas's Pragmatics. Cambridge.

Honneth, A./Joas, H. Hrsg., 1986, Kommunikatives Handeln. Beiträge zu Jürgen Habermas „Theorie des kommunikativen Handelns". Frankfurt a. M.

McCarthy, Th., 1980, Kritik der Verständigungsverhältnisse. Zur Theorie von Jürgen Habermas. Frankfurt a. M.

Outhwaite, W., 1994, Habermas. A critical Introduction. Cambridge.

Thompson, J. B./Held, D. (Ed.), 1982, Habermas. Critical Debates. London.

White, S. K. (Ed.), 1965, The Cambridge companion to Habermas, Cambridge.

White, S. K., 1988, The recent work of Jürgen Habermas. Reason, Justice and Modernity. Cambridge.

Anmerkungen

1 Habermas, J., Mit Heidegger gegen Heidegger denken. Zur Veröffentlichung von Vorlesungen aus dem Jahre 1935, in: FAZ, 25. Juli 1953, wiederabgedruckt in: ders. Philosophisch-politische Profile, 3. Aufl., Frankfurt a. M. 1981, S. 65–71.

2 Habermas, J./Friedeburg, L.v./Oekler, Ch./Weltz, F.: Student und Politik. Eine soziologische Untersuchung zum politischen Bewußtsein Frankfurter Studenten, Neuwied am Rhein/Berlin 1961.

3 Inzwischen ist in den „Gesammelten Schriften" Max Horkheimers der Brief veröffentlicht worden, in dem er gegenüber Adorno starke Bedenken im Hinblick auf die theoretischen Leistungen von Habermas anmeldet: Max Horkheimer an Theodor W. Adorno (27. Sept. 1958), in: Horkheimer, M.: Gesammelte Schriften, Bd. 18, Briefwechsel 1949–1973, hrsg. von Gunzelin Schmid Noerr, Frankfurt a. M. 1996, S. 437–452.

4 Habermas, J., Protestbewegung und Hochschulreform, Frankfurt a. M. 1969.

5 Habermas, J., Eine Art Schadensabwicklung, Frankfurt a. M. 1987.

6 Habermas, J., Die nachholende Revolution, Frankfurt a. M. 1990.

7 Habermas, J., Die Dialektik der Rationalisierung, in: Merkur, VIII, Jg. 1954, S. 701 ff.

8 Habermas, J., Strukturwandel der Öffentlichkeit. Untersuchungen zu einer Kategorie der bürgerlichen Gesellschaft, Neuauflage (1. Auflage 1962), Frankfurt a. M. 1990.

9 Vgl. v. a. die Aufsätze, die in folgendem Band versammelt sind: Habermas, J., Technik und Wissenschaft als ,Ideologie', Frankfurt a. M. 1970.

10 Zur Auseinandersetzung mit Niklas Luhmann vgl.: Habermas, J./ Luhmann, N., Theorie der Gesellschaft oder Sozialtechnologie – Was leistet die Systemforschung, Frankfurt a. M. 1971.

11 Habermas, J., Theorie des kommunikativen Handelns, Frankfurt a. M. 1981, Bd. 2, S. 232 f.).

Cornelia Bohn und Alois Hahn

Pierre Bourdieu

1. Biographie und akademische Laufbahn

Pierre Bourdieu wird am 1. August 1930 in Denguin, einem kleinen abgelegenen Ort des französischen Departement Basses Pyrénées geboren, wo er auch den größten Teil seiner frühen Jugend verbringt. Nach seinem Studium an der *Sorbonne* und an der *École Normale Supérieure* (die unter anderem Emile Durkheim, Raymond Aron, Jean-Paul Sartre und Michel Foucault zu ihren ehemaligen Schülern zählt), arbeitet er kurze Zeit als Lehrer. Über die Stationen einer Forschungsprofessur in Algier (1958–1960) sowie einer Professur an der *Sorbonne* (1960–1961) gelangt er zu Beginn der 60er Jahre an die *Ecole des Hautes Etudes en Sciences Sociales*. Dort ist er zunächst als Assistent am *Centre de Sociologie Européenne* tätig, das von Raymond Aron gegründet worden war; 1964 wird er hier zum Direktor ernannt.[1] 1982 wird Bourdieu auf den Lehrstuhl für Soziologie am *Collège de France* berufen, der wohl prestigeträchtigsten französischen Bildungsinstitution.

Bourdieu ist aber nicht nur und nicht primär ein *Homo academicus*. Er ist zunächst und vor allem einer der bedeutendsten und fruchtbarsten Forscher und Autoren, die gegenwärtig in Frankreich arbeiten. Seine Originalität kommt bereits während seines Forschungsaufenthaltes in Algerien zum Tragen. So betreibt er seine dortigen ethnologischen Studien nicht als bloß distanzierte Betrachtungen, sondern als eine Synthese von Engagement und Professionalität oder in Bourdieus Worten als *„métier militant"*.

Hier vollzieht sich sicher auch eine erste Distanzierung vom Modell des engagierten Intellektuellen, der mit der Pose des Propheten zu allem und jedem etwas sagt, ohne dazu vom *„métier"* her qualifiziert zu sein, von jenem Typus also, den damals vor allem Sartre verkörperte. Die Verknüpfung von Soziologie und „Handwerk" im Sinne von Professionalität bleibt ein zentrales Anliegen Bourdieus.[2] Es geht ihm darum, die Soziologie als empirische Einzelwissenschaft von der Allzuständigkeitsphantasie des am Ideal des „*écrivain*" orientierten französischen Intellektuellen zu differenzieren. Dies ist natürlich auch eine Strategie. Es geht um Seriosität, die bisweilen bis zur Selbstaufopferung gegen das übliche französische Distinktionskriterium der Eleganz ausgespielt und durchgehalten wird: von der manchmal nicht leicht verständlichen Sprache bis zur üppigen Ausstaffierung der Texte mit Zahlenwerken, korrespondenzanalytischen Berechnungen und Graphiken, die vor allem der intellektuellen Schickeria die kalte Schulter zeigen wollen. Statt Zeitungsaufrufe zu verfassen oder sich an Demonstrationen zu beteiligen, werden – während Algerien um seine politische Unabhängigkeit kämpft – von Bourdieu Studien über die Sozialstruktur Algeriens, über die Lage der Arbeiterschaft, über den schmerzhaften Prozeß der Entwurzelung aus der traditionalen Gesellschaft und über die Spannungsverhältnisse zwischen den verschiedenen ethnischen Gruppen erarbeitet.[3] Was anfangs vielleicht als Episode geplant war, gewinnt eine Eigendynamik. Bourdieu empfindet es als unzulänglich, über das „moderne" Algerien zu schreiben, ohne sich auf die ethnologischen Grundlagen einzulassen. Die Analyse von Kontinuität und Diskontinuität bei der Transformation von traditionalen in moderne Gesellschaften bleibt ein Thema in seinen Arbeiten. In diesem Zusammenhang untersucht er die Welt der Kabylen, beschreibt in einer subtilen Interpretation die symbolischen Implikationen der Raumaufteilung ihres Hauses, ihres Kalenders, ihrer Sprichworte und ihre Heiratspolitik, die Strategien, die sie anwenden, um Einfluß, Ehre und Geltung zu sichern und zu mehren. Dies alles geschieht zunächst in der Manier des an Lévi-Strauss geschulten Strukturalisten.[4] Aber gerade bei der Interpretation seines Forschungsmaterials über die Kabylen wird Pierre Bourdieu die Problematik des strukturalistischen Ansatzes Schritt für Schritt bewußt: Die Konzepte des Strukturalismus berücksichtigen die Tatsache nicht, daß Akteure strategisch handeln, und insbesondere lassen sie keinen Platz für den strategischen Umgang mit Zeit, für die Logik des Verzögerns, des Hinausschiebens, des Beschleunigens, des Tempogewinns und der Rhythmisierung von Sequenzen.

2. Theorie der Praxis

Die beste Erörterung dieser Probleme findet sich in Bourdieus beiden Büchern *Entwurf einer Theorie der Praxis* und *Le sens pratique*. Ausgangspunkt dieser Studien war die Schwierigkeit, daß sich das von Bourdieu erhobene kabylische Mythenmaterial nicht in die Form bringen ließ, die es nach den Theorien des Meisters, also Claude Lévi-Strauss, eigentlich hätte haben müssen. Es blieben „Zwiespältigkeiten und Widersprüche, die sich ständig aus dem Versuch ergaben, die Anwendung der strukturellen Methode bis zur letzten Konsequenz zu treiben."[5] Anfangs versucht der junge Strukturalist in langer, mühsamer Arbeit diese Widersprüche zwischen verschiedenen Kalenderversionen durch Konstruktion immer neuer Schemata zu beseitigen. Das gelingt aber nicht, was zu erheblichen Selbstzweifeln führt, über die Bourdieu ganz offen berichtet. Doch dann kommt der paradigmatische Durchbruch. Bourdieu erkennt, daß die Widersprüche nicht auf die Unfähigkeit des Forschers, die immanente Logik hinter ihnen zu entdecken, zurückzuführen sind, sondern daß sie wesenstypisch für die praktische Logik sind. Diese nämlich ist immer nur bis zu einem gewissen Maße schlüssig. So ergänzen sich etwa Sprichwörter nicht zu einem bruchlosen System. Jedes Sprichwort hat ein Gegenbeispiel. Aber darauf kommt es gar nicht an, weil die Bedeutung jedes einzelnen von ihnen sich auf bestimmte Situationen beschränkt, die sie auslegen und zu deren praktischer Bewältigung sie gehören. Der Forscher braucht also nicht logische Modelle zu entwickeln, „[...] die die größtmögliche Zahl von beobachtbaren Fällen am schlüssigsten und sparsamsten erklären."[6] Ja, diese Modelle werden falsch und gefährlich, „[...] sobald man sie als reale Grundlagen dieser Praktiken behandelt. Denn dies läuft unweigerlich darauf hinaus, daß man die Logik der Praktiken überschätzt und sich deren wahre Grundlage entgehen läßt. Einer der praktischen Widersprüche der wissenschaftlichen Analyse der Logik der Praxis liegt in dem paradoxen Sachverhalt, daß das schlüssigste und damit sparsamste Modell, welches die Gesamtheit der beobachtbaren Tatsachen am einfachsten und am systematischsten erklärt, nicht die Grundlage der von ihm besser als von jeder anderen Konstruktion erklärten Praxis ist, oder [...], daß die Praxis die Beherrschung der Logik, die in ihr zum Ausdruck kommt, nicht voraussetzt – und doch auch nicht ausschließt."[7] Es kommt also darauf an, die Logik der Praxis zu beschreiben, auch wenn sie nicht identisch ist mit der Praxis der Logik. Denn die Logik der Praxis ist – wie Bourdieu an anderer Stelle formuliert – logisch bis zu jenem Punkt, an dem Logischsein nicht mehr praktisch wäre.[8]

Damit ist eine Frontstellung gegenüber Claude Lévi-Strauss bezogen. Aber der Widerspruch gegen eine Theorie erhebt sich nicht im leeren Raum. Theorien sind in „Feldern" angesiedelt, zu denen sie gehören. Bedeutet also ein Angriff auf den Objektivismus eines Lévi-Strauss nicht zugleich eine Parteinahme für die Seite von Jean Paul Sartre, dessen Subjektivismus der Strukturalismus ja gerade zu überwinden schien? Es gilt mithin, eine neue Theorie zu finden, die beiden Theorien widerspricht, sie aber gleichzeitig um entscheidende Einsichten beerbt und im Feld der Disziplinen entsprechend plazierbar ist. Diese Synthese versucht Bourdieu sowohl in methodisch erkenntnistheoretischer – oder vielleicht besser: erkenntnispraktischer – Hinsicht als auch in der Formulierung einer eigenen Sozialtheorie.

Anhand der Unterscheidung von *modus operandi* und *opus operatum* zeigt er, wie der objektivistische Erkenntnismodus (der von Strukturalisten wie Ferdinand de Saussure, Claude Lévi-Strauss oder Michel Foucault, aber auch Emile Durkheim vertreten wird) aus der entlasteten Perspektive des wissenschaftlichen Beobachters all das unberücksichtigt läßt, was die praktische Operation gerade auszeichnet. Indem der Objektivismus nur das vollendete Werk, nicht aber dessen Genese analysiert, überzieht er die Praxis mit einer Eindeutigkeit und Widerspruchsfreiheit, die ihr gerade nicht eigen ist. Er unterstellt ihr eine sachliche und zeitliche Kohärenz, die erst aus der Perspektive des wissenschaftlichen Beobachters sichtbar, ja erst durch diese erzeugt wird. Dabei ist diese Perspektive selbst – wie Bourdieu im Anschluß an Jack Goody betont – ein Resultat von Aufzeichenbarkeit. Der wissenschaftliche Beobachter hat es stets mit abgeschlossenen Vorgängen zu tun. Ihm präsentiert sich als Gleichzeitigkeit, was sich in der sozialen Praxis nur in sukzessiver Abfolge von stets neuen Spielzügen vollzieht: so wie ein Schachspieler, der eine Partie *spielt,* in einer völlig anderen Lage ist, als jemand, der eine aufgezeichnete (also bereits gespielte) Partie (synoptisch!) *analysiert.*[9]

Am Beispiel der strukturalistischen (Claude Lévi-Strauss) und der phänomenologischen (Marcel Mauss) Analyse des Gabentauschs zeigt Bourdieu, wie er sich die „doppelte Übertragung" des objektivistischen und subjektivistischen Erkenntnismodus in den von ihm vorgeschlagenen praxeologischen Erkenntnismodus vorstellt. Während der Strukturalismus den Gabentausch auf ein zeitvergessenes Reziprozitätsmodell reduziert und die für die Logik der Gabe notwendige „Verkennung" *(méconnaissance)* von Reziprozitätserwartungen nicht sieht, und die Praxis damit zur bloßen Ausführung einer Struktur gerät, bleibt die phänomenologische Analyse bei der *„vérité voulue"* stehen. Was es aber zu analysieren gilt, ist die sich in der Zeit und in den Strategien der Teilnehmer konstituierende „doppelte Wahrheit" der sozialen Realität: „Anders gesagt, der zeitliche Abstand, der es erlaubt, den objektiven Tausch wie eine diskontinuierliche Serie von freien und großzügigen Handlungen zu leben, macht den Gabentausch lebensfähig und psychologisch lebbar, indem er den Selbstbetrug vereinfacht und begünstigt. Er ist Bedingung der Koexistenz von Wissen und Verkennung der Logik des Tauschs."[10] Das Problem des Objektivismus ist, so Bourdieu, daß er zwischen dem gelehrten Wissen *(connaissance savante)* und dem praktischen Wissen *(connaissance pratique)* eine allzu scharfe Grenze zieht und daher das praktische Wissen auf Rationalisierungen, Vorbegrifflichkeiten oder Ideologien reduziert. Den vor jedem wissenschaftlichen Wissen präkonstruierten Vorstellungen der Mitglieder einer Kultur – dem praktischen Wissen also – schreibt Bourdieu ein im eigentlichen Sinne konstitutives Vermögen zu. Diese Einsicht der von ihm unter dem Titel „Subjektivismus" zusammengefaßten Theorien (dazu gehören die Phänomenologie, Ethnomethodologie, Interaktionstheorien und *rational choice*-Theorien) nimmt Bourdieu in seine Methode auf: „Es ist vielleicht der Fluch der Humanwissenschaften, daß sie es mit einem Gegenstand, der spricht, zu tun hat."[11]

Daraus schließt Bourdieu, daß die soziologische Theorie in ihrem ersten Stadium mit den Gewißheiten des Alltagslebens brechen muß (ein Bruch im Sinne von Gaston Bachelard). Theorie enthält nicht nur andere Einsichten als die Praxis, sondern impliziert auch eine völlig andere Einstellung zur Welt, obwohl sie sich auf die Praxis bezieht. Theorie muß diesen unvermeidlichen Abstand deutlich machen. Andererseits muß sie aber die im praktischen Wissen gegebenen Kategorien in sich aufnehmen. Sie kann sie nicht einfach unberücksichtigt lassen. Darin folgt Bourdieu Alfred Schütz und nicht Bachelard. Dieser theoretischen Intention versucht das Konzept des „Habitus" Rechnung zu tragen. Der „Überschreitung durch Integration" subjektivistischer und objektivistischer Sozialtheorien folgt in Bourdieus Theorie noch ein weiterer „Bruch", der in den letzten Jahren als *reflexive Soziologie* diskutiert wird.[12] Ein zentraler Einwand Bourdieus gegen subjektivistische Theorien ist, daß sie die *Doxa*, die Welt der natürlichen Einstellungen, die Analyse all dessen, was stillschweigend und selbstverständlich hingenommen wird, was unausgesprochen funktioniert, unbedacht generalisierten. Erst die Kontingenzerfahrung, daß die Welt der natürlichen Einstellung auch anders sein könnte, sei Voraussetzung für die reflexive Rückwendung auf die doxische Erfahrung und mache diese Reflexion zugleich wissenschaftlich notwendig. Die impliziten Voraussetzungen einer sich nicht reflektierenden Beobachterposition – das trifft den Subjektivismus wie den Objektivismus – werden daher von Bourdieu in Frage gestellt. Eine reflexive Soziologie bezieht die Reflexion auf die Erzeugungsbedingungen ihrer eigenen Theorieproduktion mit ein. Eine der wesentlichen Möglichkeitsbedingungen für Wissenschaft überhaupt ist für Bourdieu die *skolé*, die handlungsentlastete Betrachtung. Reflexivität und Selbstbezüglichkeit der eigenen Analyse meint für Bourdieu aber immer auch die Reflexion auf den eigenen Werdegang und die eigene Position im Feld der Wissenschaften.

3. Habitus, Feld und die erweiterte Kapitaltheorie

Der Schlüsselbegriff für die Sozialtheorie Bourdieus ist das Konzept des „Habitus". Er steht in einem Verhältnis wechselseitiger Ermöglichung zu den sozialen Feldern. Der Begriff des Habitus ist seit langem tradiert und findet sich bei so unterschiedlichen philosophischen und soziologischen Autoren wie Aristoteles, Blaise Pascal, Max Weber, Marcel Mauss, Emile Durkheim oder

Edmund Husserl, auf die Bourdieu z. T. Bezug nimmt.[13] Immer geht es um die vielschichtigen Bedeutungen von Fähigkeiten, Gewohnheit, Haltung, Erscheinungsbild, Stil. Bourdieu führt all diese Sinndimensionen zusammen und betont besonders den generativen Aspekt von Habitus. Habitus ist nicht nur in dem Sinne handlungsermöglichend, als er entlastend wirkt und damit rasches, situatives Agieren und Reagieren erleichtert. Habitus ist zusätzlich auch die Basis innovativer und schöpferischer Lösungen für praktische Probleme. Der Habitus gilt Bourdieu als ein durch geregelte Improvisation dauerhaft begründetes Erzeugungsprinzip, als generatives Prinzip der Praxis. Das heißt aber nicht, daß er zum exklusiven Prinzip aller Praxis erhoben wird, wenn es auch, so Bourdieu, keine Praxis gibt, der kein Habitus zugrunde liegt.[14] Der Begriff des Habitus versucht, zwischen den komplementären Einseitigkeiten des Objektivismus und des Subjektivismus zu vermitteln. Habitus und Feld werden von Bourdieu als zwei Existenzweisen des Sozialen bezeichnet: „Leib gewordene und Ding gewordene Geschichte", objektiviert in Sachen, in Gestalt von Institutionen – dafür stehen Felder –, inkorporiert, leibhaftig geworden in Gestalt eines Systems dauerhafter, übertragbarer Dispositionen – dafür steht der Habitus.[15]

Der Habitus ist also zunächst dadurch gekennzeichnet, daß aus ihm Handlungen, Wahrnehmungen, Beurteilungen entspringen. Er erzeugt sie. Insofern kann man ihn als ihren Generator bezeichnen. Bourdieu spricht deshalb auch von der Generativität des Habitus. Dessen spontane Wirkung hängt vor allem damit zusammen, daß er dem Körper gleichsam „eingeschrieben" ist. Wo die soziologische Tradition von Verinnerlichung spricht, setzt Bourdieu den Begriff der Inkorporation ein. Mit dieser Ausdrucksweise wird auch (ähnlich wie bei Arnold Gehlen) eine stärkere Verankerung der Gewohnheiten im Körper unterstrichen. Der Körper, um den es sich hier handelt, ist allerdings erst das Ergebnis von zahlreichen Lern- und Konditionierungsprozessen. Er ist als Sitz von Habitus Resultat sozialer Zurichtungen. Andererseits basiert die Spontaneität sozialer Vorgänge auf diesem „inkorporierten" Habitus. Der Habitus als System von Dispositionen und Schemata fungiert als Denk-, Handlungs- und Wahrnehmungsmatrix. Schemata sind im Verlauf der kollektiven Geschichte ausgebildet worden und werden von den Akteuren in ihrer je

eigenen Geschichte erworben. Das Element Schemata im Innen-
bau des Habitus ist gegen einen starren Regelbegriff konzipiert;
Dispositionen verweisen auf Übertragbarkeit und Generativität,
die mit dem Habitus als Erzeugungsprinzip – *modus operandi* –
von Praxisformen beansprucht werden. Daraus ergibt sich die
Charakterisierung des Habitus als gleichzeitig strukturiertes – das
ist in der Inkorporationsannahme enthalten – und strukturierendes Prinzip – das ist in der Generativitätsannahme enthalten.[16]
Der Habitus als strukturiertes und strukturierendes Prinzip ist
gleichzeitig Erzeugungsprinzip und Wahrnehmungs-, Interpreta-
tions- und Bewertungsmatrix von Praktiken und Werken. Mit
dem Habitus ist aber nicht vorrangig die inhaltliche Determinati-
on einzelner Praktiken beschrieben, sondern vornehmlich die Art
und Weise ihrer Ausführung bestimmt.

Der fungierende Habitus ist durch Implizitheit charakterisiert.
Obgleich sozial und historisch entstanden, werden die im Habitus
inkorporierten Strukturen zu einer Art „zweiter Natur" der Akteure, deren Genese gerade in Vergessenheit gerät. Bourdieu
spricht von einem praktischen Wissen, das *in praxi* und nicht im
Bewußtsein der Akteure auffindbar ist, von einer quasi-körper-
lichen Weltsicht, von begriffslosem Erkennen, von einem praktischen Sinn, der die Operationsweise des Habitus beschreibt.
Kritisiert werden hier rationalistische Handlungstheorien, die
Handlungen als das Resultat bewußter Entscheidungen darstellen,
und es wird ihnen der Habitus als nicht gewähltes Prinzip aller
Wahlen entgegengesetzt.

Bourdieu geht davon aus, daß wir „in Dreiviertel unserer
Handlungen Automaten sind."[17] Er bezieht sich auf die Leibniz-
sche Metapher des *automate spirituel*, auf die Analyse jener Automatismen also, die sich von selbst, ohne Aufmerksamkeit darauf
zu verwenden, vollziehen, ja deren Vollzug von der Reflexion auf
den Vollzug gestört wird. Im Habitus manifestieren sich vorre-
flexive Orientierungen, wie sie paradigmatisch der Geschmack,
Stil, Neigungen, Vorlieben, Grundüberzeugungen darstellen, die
sich allenfalls *ex post* in rationale Begründungen übersetzen lassen. Ein anderer Bezugspunkt für diese im Körperlichen situierten
geistigen Automatismen ist das in dem Buch Bourdieus über Blaise Pascal angesprochene Zitat aus dessen *Pensées*: „Wir sind sowohl Automat als auch Geist. Daher kommt es, daß es nicht bloß

eines rationalen Beweises bedarf, um uns von etwas zu überzeugen. Beweise wirken nur auf den Geist. Die eingelebte Gewohnheit aber überzeugt uns am massivsten und eindringlichsten. Sie bringt den Automaten dazu nachzugeben. Er reißt den Geist mit, ohne daß es diesem bewußt wird. [...] die Gewohnheit, die uns ohne Gewalt, ohne Kunst, ohne Argument die Dinge glaubhaft macht."[18] Die *croyance,* so schließt Bourdieu an Pascal an, gehört zur Ordnung des Automaten und das heißt zur Sphäre des Körpers. Es handelt sich um einen Typ von Grundüberzeugungen im Sinne eines unhinterfragten Fürwahrhaltens. Das gilt ebenso für die *doxa épistémique,* jenen Wirklichkeitsglauben, auf den sich Wissenschaft gründet.[19] Er findet sich in den intellektuellen Praktiken als ungedachte Denkkategorie wieder. In Relation zu den sozialen Feldern bedeutet *croyance* den von den Beteiligten geteilten Glauben an den Sinn und Wert des Spiels, einschließlich dessen *enjeu,* den Einsatz, der auf dem Spiel steht. Der Glaube ist daher entscheidend dafür, ob man zu einem Feld gehört.

Eine weitere Charakterisierung des Habitus besteht im „*Hysteresis*"-Effekt. Bourdieu geht davon aus, daß im Habitus die Tendenz verankert ist, sich vor Krisen und Infragestellungen zu schützen. Er schafft sich ein Milieu, an das er weitgehend vorangepaßt ist, eine relativ konstante Welt von Situationen, die geeignet sind, seine Dispositionen zu verstärken.[20] Wenn habituelle Dispositionen über die Zeit hinweg stabil bleiben, so heißt das auch, daß sie die Praxis auch dann noch anleiten, wenn sie zu den Strukturen einer gewandelten Umwelt nicht mehr passen. Die *Hysteresis-* oder Trägheitsannahme hat sicherlich auch den Sinn, die Eigenlogik des Habitus gegenüber vorschnellen Kausalitätsannahmen zu betonen. Sie unterstellt aber dadurch eine Prävalenz der primären Konditionierung im Sozialisationsprozeß und führt zur These des Überdauerns der Erwerbsbedingungen in den Praxisformen. Hier zeigen sich Probleme, die in der Folgeliteratur diskutiert wurden. Sie werden in ihrer vollen Tragweite erst sichtbar, wenn man den engen Zusammenhang von Habitus- und Feldtheorie in Betracht zieht, d. h. die gesellschaftstheoretischen Implikationen der Sozialtheorie Bourdieus berücksichtigt. Erst dann läßt sich die Frage beantworten, welche differentiellen gesellschaftlichen Bedingungen im Sinne des Inkorporationsprozesses auf welche Weise für die Habitusprägung konstitutiv sind. Eine wichtige Frage ist jedenfalls, ob man in der modernen Gesellschaft nicht ohnehin von einer Pluralität von Habitus ausgehen müsse, die Individuen oder soziale Akteure in ihrer sozialen Laufbahn schrittweise übernehmen, ohne es zu bemerken. Sinnvoll ist es dann, einen „Primärhabitus" – der der Herkunftsfamilie entstammt – und eine Vielzahl von „Sekundärhabitus" zu unterscheiden, die in den jeweiligen sozialen Feldern zu einem späteren biographischen Zeitpunkt erworben und praktiziert werden.[21]

Die Theorie der sozialen Felder besetzt in Bourdieus Sozialtheorie die Stelle einer Differenzierungstheorie der modernen Gesellschaft. Die historische Ausdifferenzierung eines autonomen oder relativ autonomen sozialen Feldes – die Sprachregelung und die damit angesprochene Auffassung ist in seinen Schriften nicht vereinheitlicht – verdankt sich einer Perspektivendifferenzierung. Die Perspektive allerdings, die eine neue Wirklichkeit erzeugt, wird zum blinden Fleck ihres eigenen Funktionierens. Sie ist wirksam aufgrund der Verdrängung ihrer eigenen arbiträren Entstehung. Ist sie aber erst einmal etabliert, wirkt sie mit „Aufdringlichkeit" und ist nicht mehr als Folge ihrer perspektivischen Konstruktion durchschaubar. Der Erzeugungsprozeß der sozialen Wirklichkeiten geht dem Bewußtsein verloren; was bleibt, ist die *illusio*, ein Wirklichkeitsglaube, der feldspezifische Geltung und Verbindlichkeit beansprucht.[22] Die *illusio*, so könnte man sagen, ist eine Beobachterkategorie. Sie bezeichnet im Feld verhandelte Wirklichkeitsannahmen und Bedeutungsinvestitionen, die dem Spielgeschehen zugrunde liegen, aber als solche nicht bewußt sind, während *croyance* auf der Teilnehmerseite situiert ist und den leibgebundenen automatenhaften Glauben derer bezeichnet, die im Feld engagiert sind.

Soziale Felder sind von der Theoriestelle her vergleichbar mit Alfred Schütz' „Sinnprovinzen", Max Webers „Wertsphären", Erving Goffmans „Rahmen" oder Niklas Luhmanns „Subsystemen". All diesen Theorien ist gemeinsam, daß sie Wirklichkeit als sozial konstruiert beschreiben. Dies gilt *a fortiori* für die ausdifferenzierten Felder oder Subsysteme. Anders aber als in Schütz' Sinnprovinzen oder in Luhmanns Funktionssystemen wird bei Bourdieu vom „agonischen" Engagement sozialer Akteure ausgegangen, deren Strategien die Dynamik der Feldoperationen bestimmen. Es geht also nicht um die virtuelle Gleichzeitigkeit allen geltenden Sinns, sondern um ein im Kampf aktualisiertes Geltendmachen von Sinn. Im Strategiebegriff berühren sich Bourdieus Analysen mit denen von Goffman. Während die interaktionellen Strategien der Akteure bei Goffman primär um Selbstdarstellung und strukturreproduzierende Achtungs- und Anerkennungsverhältnisse kreisen, geht Bourdieu von einem strategischen Gewinnstreben der Akteure aus. Gewinne werden als Positionsgewinne im sozialen Raum abgetragen, d.h. Erfolg ist auch hier in letzter Instanz strukturell manifestierte soziale Anerkennung. Die Vorstellung des Prozedierens von Sinn *in actu* teilt Bourdieu mit der Systemtheorie Luhmanns. In beiden Fällen handelt es sich um Sinnaktualisierung durch Operationen: Im einen Fall geht es um Aktionen von Akteuren, die ihre Einschränkung durch das Aufeinandertreffen von Habitusdispositionen und Feldstrukturen erfahren, im anderen Fall geht es um an binären Codes orientierte subsystemspezifische Formen von Kommunikation.

Die von Bourdieu beschriebenen ausdifferenzierten sozialen Felder stimmen inhaltlich größtenteils mit den auch sonst in den üblichen Diffenzierungstheorien genannten Feldern überein (von Wilhelm Dilthey bis Max Weber, von Talcott Parsons bis Niklas Luhmann), wenn auch bezüglich der historischen Sequenzen ihrer Ausdifferenzierung andere Akzente gesetzt werden (religiöses Feld, philosophisches Feld, Machtfeld, ökonomisches Feld, Recht, Kunstfeld, Feld der Universitäten, intellektuelles Feld etc.). Allerdings bleibt die Anzahl der Felder in Bourdieus Theorie unbestimmt. Dem Feld der Mode etwa wird noch ein Feld der *Haute couture* eingetragen, dem Sprachfeld das Feld der literarischen Produktion. Da Feldgrenzen für Bourdieu nicht ausschließlich durch Sinngrenzen bestimmt sind, sondern durch je aktuelle Konstellationen von Akteuren, entsteht immer dort ein neues soziales Feld, wo die *soziale Magie* (Mauss) den Akteuren etwas wert erscheinen läßt, umkämpft zu werden. Soziale Felder sind für Bourdieu nicht ohne Eigennamen denkbar. Im Gegensatz zu Weltgesellschaftstheorien verbinden sich damit typisch Begrenzungen durch Sprache und Nation.[23]

Soziale Felder sind als Kampffelder, Kräftefelder und Spielfelder charakterisiert. Zu den universellen Merkmalen der inneren Strukturen eines Feldes, die Bourdieu herauszufinden sucht, gehört, daß sie bipolar organisiert sind: z.B. die Gelehrten und die

Künstler im Falle des intellektuellen Feldes. Universell auffindbar sind ebenso, so Bourdieu, die auf Webers Untersuchungen des Religionsfeldes zurückgehenden Positionen von Doxa, Orthodoxie, Häresie; die an der spezifischen Kapitalsorte Reicheren bzw. Ärmeren; die Herrschenden und Beherrschten; die Arrivierten und ihre Herausforderer; die Unterscheidung von Legitimität und Illegitimität. Es gehört dazu das Paradox der gleichzeitigen Gegnerschaft und Komplizenschaft sowie der Chiasmus sich kreuzender Blindheit und Hellsichtigkeit. Soziale Felder werden als irreduzible Realitäten begriffen, als spezifizierte Universen, denen jeweils besondere *enjeux* und ein besonderes Regelpotential eigen sind. Die Bestimmung des *enjeu* des Spiels und seiner Regeln, die Bestandteil des *enjeu* sind, stehen dabei immer mit auf dem Spiel. Man kann also von einem doppelten Kampfgeschehen sprechen; denn die Definition der legitimen Mittel und Einsätze des Kampfes gehört zu den Zielen des Kampfes selbst.

Nun sind die sozialen Felder nicht das einzige Teilungsprinzip der sozialen Welt in Bourdieus Theorie. Sie werden als Sondersinnwelten in einen mehrdimensionalen Raum eingetragen. Die drei Dimensionen des sozialen Raums sind das Kapitalvolumen, die Kapitalstruktur, d. h. die Zusammensetzung des Kapitalvolumens, und die Laufbahn (*trajectoire*) der positionierten Akteure. Bourdieu unterscheidet das ökonomische, das kulturelle und das soziale Kapital voneinander, schließlich das symbolische Kapital als wahrgenommene und als legitim anerkannte Form der drei vorgenannten Kapitalien (gemeinhin als Prestige oder Renommée bezeichnet).[24] *Ökonomisches Kapital* ist für Bourdieu – im Unterschied zu Karl Marx – nicht nur der Besitz an Produktionsmitteln, sondern alle Formen des materiellen Reichtums. *Kulturelles Kapital* taucht in Bourdieus Theorie in drei voneinander unterschiedenen Formen auf; er unterscheidet so die *objektivierte Form*, das sind beispielsweise Bücher, Gemälde, Kunstwerke oder technische Instrumente; die *inkorporierte Form*, diese bezeichnet in einem allgemeinen, den schulisch- akademischen Rahmen überschreitenden Sinne kulturelle Fertigkeiten, Fähigkeiten und Wissensformen, außerdem umfaßt sie nur langfristig zu erwerbende Wahrnehmungs- und Bewegungskompetenzen sowie spontane Äußerungen des Geschmacks; die *institutionalisierte* Form von kulturellem Kapital bezieht sich auf Erwerb und Vergabe von

Titeln wie Schulabschlüsse, Hochschuldiplome. Institutionalisierung bedeutet gegenüber der inkorporierten Form daher immer auch eine *legitime* Form kulturellen Kapitals. Das *Delegationsprinzip* ist hier ausgeschlossen. Da jeder Akteur das *inkorporierte* und das *institutionalisierte Kulturkapital* durch Einsatz von Zeit für sich selbst erwerben muß, verweist dies auch auf eine Limitierung der Konvertierungsmöglichkeiten der Kapitalsorten untereinander, etwa der Transformation von *ökonomischem Kapital* in *kulturelles Kapital*; neben das *ökonomische* und *kulturelle Kapital* stellt Bourdieu das *soziale Kapital* als weitere eigenständige Ressource im Positionierungskampf der Akteure. *Sozialkapital* resultiert aus der Nutzung „eines dauerhaften Netzes von mehr oder weniger institutionalisierten *Beziehungen* gegenseitigen Kennens oder Anerkennens."[25] Die Bedeutung der Kapitalsorten variiert mit den Gesellschaftstypen. So ist das Sozialkapital beispielsweise in bäuerlichen Gesellschaften oder in der Adelsgesellschaft von vorrangiger Bedeutung. Erst in der modernen Gesellschaft übernehmen das ökonomische und kulturelle Kapital eine weichenstellende Rolle für die Positionierung der Akteure.

Bezüglich der Akteure entscheiden Kapitalien eindeutig über deren Plazierung im sozialen Raum, d.h. auch über deren Klassenzugehörigkeit und Chancen in den Klassifikationskämpfen. Diese entzünden sich häufig an der Bewertung und am legitimen Einsatz von Kapitalsorten, die nur sehr beschränkt konvertierbar sind. In den einzelnen Feldern sind sie in Gestalt von importierten, konvertierten oder feldspezifisch generierten Kapitalien als Einsätze verwendbar. Sie entscheiden jedoch nicht über die Plazierung des jeweiligen Feldes im sozialen Raum. Dennoch geht Bourdieu im Unterschied zu anderen Differenzierungstheorien von einer hierarchischen Ordnung zwischen den Sozialfeldern aus. Ohne Kriterien dafür anzugeben, setzt er voraus, daß die Spitze der Hierarchie vom Machtfeld besetzt ist. Dies wird deutlich an der immer wieder an den Theorien Goffmans und anderen Interaktionstheorien geübten Kritik, daß sie die virtuelle Omnipräsenz des gleichsam gesellschaftsuniversellen Machtfeldes in einer jeden Interaktion systematisch ausblenden.[26] Es wird auch in der historischen Studie zur Ausdifferenzierung des Kunstfeldes thematisch, wenn für Bourdieu im 19. Jahrhundert die bürgerliche Kunst oder der Realismus mit Positionen im Machtfeld korrespondieren; nur die *l'art pour l'art*-Bewegung scheint kein Äquivalent im Machtfeld aufzuweisen.[27] Und es zeigt sich, wenn an der Spitze der Hierarchie der Fakultäten die Jurisprudenz steht, da sie in Bourdieus Analysen dem Machtfeld am nächsten steht.[28] Andererseits ist für Bourdieu – ganz im Einklang mit der soziologischen Tradition, z.B. Max Weber –, unbestritten, daß auch Macht nur über Legitimation stabilisierbar ist – Macht und Herrschaft werden allerdings nicht immer deutlich unterschieden. Insofern ist auch die relative Plazierung der Felder in der sozialen Hierarchie Gegenstand von Kämpfen, bei denen es um soziale Anerkennung als letzte Ressource geht.

Trotz ihrer orthogonalen Stellung zueinander gelingt es Bourdieu in der vielbeachteten Studie *Die feinen Unterschiede*, Sozialraum-Modell und Feldtheorie zusammenzuführen. Das Thema ist die Analyse sozialer Ungleichheitsverhältnisse, die entsprechend der Kapitaltheorie Bourdieus um ihre symbolische Dimension erweitert werden. Man kann von einem Paradigmenwechsel in der Ungleichheitsforschung sprechen, der von Bourdieus Studie ganz entscheidend mitangestoßen wurde und unter dem Titel „Lebensstilforschung" nachhaltig wirksam ist. Der Klassenbegriff wird hier nicht nur um den Durkheimschen Klassifikationsbegriff ergänzt, sondern es werden ihm auch noch die im Weberschen Begriff des sozialen Standes formulierten Komponenten der Lebensführung integriert. So wie bei Saussure die sinntragenden Phoneme nicht aus der Identität ihrer akustischen Substanz, sondern aus ihrer differentiellen Abweichung im Sprachsystem gewonnen werden, so wird die Statusidentität bei Bourdieu als signifikante Distinktion begriffen. Allerdings geht es hier im Gegensatz zu Saussures Modell um dynamische und nicht um statische Differenzen. Auch für Bourdieu ist daher der Ausgangspunkt für Identität nicht Einheit, sondern Differenz.

Die eigentliche Absicht Bourdieus ist es stets gewesen, zu einem historisch fundierten empirischen Verständnis der Gegenwartsgesellschaft zu kommen. Deshalb sind alle seine theoretischen Reflexionen ursprünglich Nebenprodukte von großen Studien, die sich auf zentrale Lebensbereiche und institutionelle Felder beziehen, wie Bildung, Universität, Staat, Bürokratie, Kultur und Religion, Klassen und Schichten oder neue soziale Verelendungsformen, die dem Abbau des Wohlfahrtsstaates entspringen. Im Gegensatz zu seiner bislang praktizierten Haltung, die vom Wissenschaftler erwartet, nicht journalistisch tätig zu werden, hat Bourdieu in den letzten Jahren eine Rolle übernommen, die er früher Sartre und Aron vorgeworfen hatte. Er hat sich eingemischt und mischt sich ein: Sei es in Stellungnahmen zur Verfolgung Intellektueller, sei es mit Streitschriften zu Fragen der monetaristisch orientierten Europapolitik.

4. Klassizität

Worin besteht nun die „Klassizität" Bourdieus für die Soziologie? Bourdieu selbst hat – ohne es so zu nennen – ein Kriterium für Klassizität formuliert, wenn er schreibt: „Das wirklich Schwierige und Seltene ist nicht, sogenannte ‚eigene Einfälle' zu haben, sondern sein Scherflein dazu beizutragen, jene nicht personengebundenen Denkweisen zu entwickeln und durchzusetzen, mit denen die verschiedensten Menschen Gedanken hervorbringen können, die bisher nicht gedacht werden konnten."[29] Möglicherweise ist sein Beitrag zur Entwicklung und Durchsetzung einer solchen Denkweise in der Beschreibung enthalten, daß allem Wissen von der sozialen Welt Differenzen und Distinktionen zugrunde liegen und daß sie die Realität erst erzeugen, die sie zu begreifen erlauben. Im übrigen läßt sich die Klassizität eines Autors – gerade im Kontext der Theorien von Bourdieu – nicht „objektiv" bestimmen. Daraus folgt gleichwohl nicht, daß hier Beliebigkeit waltet. Bestimmte Kriterien lassen sich durchaus angeben, die im Normalfall als Mindestbedingung erfüllt sein müssen, damit einem Autor Klassizität zugeschrieben werden kann. Die wichtigste scheint feldspezifische Anschlußfähigkeit zu sein. D.h. für die Soziologie, daß jemand zu den als für die Disziplin konstitutiv angesehenen Problemen, und zwar zu allen oder doch den meisten, Beiträge verfaßt hat, die zustimmend oder kontrovers aufgegriffen worden sind, weil sie Herausforderungen für etablierte *croyances* oder neue Rechtfertigungen gegenüber solchen Herausforderungen bieten. So ist Bourdieus Behandlung des Klassenthemas und der Erfolg seiner Distinktionstheorie ohne den Hintergrund der fallenden Konjunktur des Marxismus kaum denkbar. Klassizität in diesem Sinne ist also keine Eigenschaft, sondern eine relationale Attribution; Themenvielfalt bei gleichzeitiger Beschränkung auf wenige theoretische Konzepte, in deren Licht die Mannigfaltigkeit als kohärente Manifestation der Plausibilität der Grundannahmen erscheint. Dabei ist es typischerweise so, daß selbst neue Theorien Lösungen zu etablierten Problemen anbieten können oder daß neu formulierte Problemstellungen sich als legitime Mutationen veralteter Paradigmen empfehlen können. Gerade diese Tatsache qualifiziert „klassische" Texte zum Gegenstand legitimer Dauerselbstreflexion eines Faches, die dann als „Theorievergleich" zur institutionalisierbaren permanenten Feldaktivität wird. Der moderne soziologische Klassiker als „Großtheoretiker" formuliert universal anwendbare Theorien, die zudem selbstreflexiv in dem Sinne sind, daß die Perspektive der jeweiligen Theorie auf sie selbst anwendbar ist. Für Bourdieu ist außerdem zentral, daß er keineswegs bloß „Großtheoretiker" ist. Er selbst würde sich eher als Theoretiker wider Willen ansehen. Denn für ihn ist die empirische Analyse der Gegenwartsgesellschaft mit Hilfe moderner Verfahren (z.B. der Korrespondenzanalyse, die er eigentlich als erster in der Soziologie populär gemacht hat) Bedingung seriöser soziologischer Arbeit und Voraussetzung valider Theoriearbeit. Daß Gegenwartsanalyse stets im Licht historischer Einsichten zu erfolgen hat, versteht sich dabei für ihn von selbst.

All diese Voraussetzungen reichen indessen nicht aus. Zusätzlich wird man erwarten können, daß ein Klassiker sich auch im „Interdiskurs", wie Jürgen Link das im Anschluß an Foucault formuliert hat, behaupten kann. Es geht also um Anschlußfähigkeit nicht nur im engeren Disziplinfeld, sondern auch um die Verwendbarkeit von Theorien in den Nachbarwissenschaften und im Feld der öffentlichen Meinung. Soziologische „Klassiker" produzieren Schlüsselbegriffe, die ihre Disziplin als legitime Agentur der „öffentlichen Seinsauslegung" ins Gespräch bringen oder in ihm halten. Als solche können sicherlich die Begriffe „Habitus", „Feld", „kulturelles Kapital", „Distinktionsgewinn" u.a. gelten. Geht man davon aus, daß ein großer Teil der Philologien, aber auch der historischen Wissenschaften insgesamt einen hohen Bedarf an „Leitdisziplinen" haben, so entsteht hier ein neuer Markt für soziologische Klassik-Formationen. Klassizität wird durch Übersetzbarkeit wichtiger Kategorien in den Diskurs anderer Disziplinen konstituiert. Die oft eingenommene Abwehrstellung der „Klassiker" selbst ändert daran nichts. In den Humanwissenschaften erreicht Klassizität typischerweise nur, wer sowohl disziplinär als auch transdisziplinär als Stichwortgeber erscheint und wer als jemand wahrgenommen werden kann, der zu öffentlich relevanten Fragestellungen diskutierbare Konzepte beisteuert. Bei aller häufigen Polemik von „Klassikern" gegen „Journalismus", „Intellektuelle" oder die „Medien"[30] ist ihre Verknüpfbarkeit mit den dort gepflegten Diskursen – sei es auch im bloß negativen Sinne – ein untrügliches Merkmal der sozialen Position eines Klassikers. Die Stellung Bourdieus scheint nun gegenwärtig dadurch bestimmt zu sein, daß seine Produktionen und seine *persona publica* ihn zunehmend von einem disziplinären zu einem interdisziplinären, von einem Fachwissenschaftler zu einem intellektuell und öffentlich anerkannten „Klassiker" machen.

Literatur

1. Monographien

Bourdieu, P., 1958, Sociologie de l'Algérie. Paris.

Bourdieu, P. u. a., 1963, Travail et travailleurs en Algérie. Paris/La Haye.

Bourdieu, P./Sayad, A., 1964, Le déracinement. La crise del'agriculture traditionelle en Algérie. Paris.

Bourdieu, P. u. a., 1968, Le métier de sociologue. Paris (Dt. Soziologie als Beruf. Wissenschaftstheoretische Voraussetzungen soziologischer Erkenntnis. Berlin/New York 1991).

Bourdieu, P./Passeron, J.-C., 1971, Die Illusion der Chancengleichheit. Stuttgart.

Bourdieu, P., 1972, Esquisse d'une théorie de la pratique, précédé de trois études d'ethnologie kabyle. Genf (Dt. Entwurf einer Theorie der Praxis auf der ethnologischen Grundlage der kabylischen Gesellschaft. Frankfurt a. M. 1976).

Bourdieu, P., 1977, Algérie 60. Structures économiques et strutures temporelles. Paris.

Bourdieu, P., 1979, La distinction. Critique sociale du jugement. Paris. (Dt. Die feinen Unterschiede. Kritik der gesellschaftlichen Urteilskraft. Frankfurt a. M. 1982).

Bourdieu, P., 1980, Le sens pratique. Paris (Dt. Sozialer Sinn, Kritik der theoretischen Vernunft. Frankfurt a. M. 1987).

Bourdieu, P., 1980, Questions de sociologie. Paris (Dt. Soziologische Fragen. Frankfurt a. M. 1993).

Bourdieu, P. u. a., 1981, Titel und Stelle. Frankfurt a. M.

Bourdieu, P., 1982, Leçon sur la leçon. Paris (Dt. Sozialer Raum und Klassen. Leçon sur la leçon. Zwei Vorlesungen. Frankfurt a. M. 1984).

Bourdieu, P., 1982, Ce que parler veut dire. L'économie des échanges linguistiques. Paris (Dt. Was heißt sprechen? Die Ökonomie des sprachlichen Tausches. Wien 1990).

Bourdieu, P., 1984, Homo academicus. Paris (Dt. Homo academicus. Frankfurt a. M. 1984).

Bourdieu, P., 1988, L'ontologie politique de Martin Heidegger. Paris (Dt. Die politische Ontologie Martin Heideggers. Frankfurt a. M. 1988).

Bourdieu, P., 1989, La noblesse d'Etat. Paris.

Bourdieu, P., 1989, Satz und Gegensatz. Über die Verantwortung der Intellektuellen. Berlin.

Bourdieu, P., 1992, Les règles de l'art. Génèse et structure du champ littéraire. Paris (Dt. Die Regeln der Kunst. Genese und Struktur des literarischen Feldes. Frankfurt a. M. 1999).

Bourdieu, P./Wacquant, L. J. D., 1992, Réponse. Pour une anthropologie réflexive. Paris (Dt. Reflexive Anthropologie. Frankfurt a. M. 1996).

Bourdieu, P., 1992, Rede und Antwort. Frankfurt a. M.

Bourdieu, P., 1992, Die verborgenen Mechanismen der Macht. Schriften zu Politik & Kultur I. Hamburg.

Bourdieu, P., 1994, Raisons pratiques. Sur la théorie de l'action. Paris (Dt. Praktische Vernunft. Zur Theorie des Handelns. Frankfurt a. M. 1998).

Bourdieu, P., 1996, Sur la télévision. Suivi de l'emprise du journalisme. Paris (Dt. Über das Fernsehen. Frankfurt a. M. 1998).

Bourdieu, P., 1997, Méditations pascaliennes. Paris.

2. Beiträge in Zeitschriften und Sammelbänden

Bourdieu, P., 1971, Genèse et structure du champ religieux. In: Revue française de sociologie 12, Nr. 3, S. 295–334.

Bourdieu, P. u. a., 1973, Les stratégies de reconversion. In: Information sur les sciences sociales 12. Nr. 5. S. 61–113 (Dt. Reproduktionsstrategien im sozialen Wandel. In: Bourdieu, P. u. a., Titel und Stelle. Über die Reproduktion sozialer Macht, Frankfurt a. M. 1981, S. 23–88).

Bourdieu, P./Desaut, Y., 1975, Le courtier et sa griffe. In: Actes de la recherche en sciences sociales 1, S. 7–36 (Dt. Die neuen Kleider der Bourgeoisie. In: Scharf, Alfons Hrsg., Kursbuch 42 (1975): Unsere Bourgoisie, S. 172–182).

Bourdieu, P., 1975, Flaubert ou l'invention de la vie d'artiste. In: Actes de la recherche en sciences sociales 2, S. 67–94 (Dt. Flaubert: eine Sozioanalyse. In: Sprache im technischen Zeitalter 25 (1975), Nr. 102, S. 173–189; Nr. 103, S. 240–255).

Bourdieu, P., 1983, Ökonomisches Kapital, kulturelles Kapital, soziales Kapital. In: Krekel, R. Hrsg., Soziale Welt, Sonderheft 2: Soziale Ungleichheiten, S. 183–198.

Bourdieu, P., 1986, „Habitus code et codification". In: Actes de la recherche en sciences sociales 64, S. 40–44.

Bourdieu, P./Graw, I., 1992, Selbstbeziehung. In: Texte zur Kunst, 2 (6), Juni, S. 115–129.

Bourdieu, P./Ackermann, U., 1992, Politik und Medienmacht. Ein Gespräch mit P. Bourdieu. In: Die Neue Gesellschaft – Frankfurter Hefte 39, Heft 9, S. 804–815.

Bourdieu, P. Hrsg., 1993, La misère du monde. Paris (Dt. Das Elend der Welt. Zeugnisse und Diagnosen alltäglichen Leidens an der Gesellschaft, Konstanz 1997).

Bourdieu, P., 1993, Die historische Genese einer reinen Ästhetik. In: Gebauer, G./Wulf, C. Hrsg., Praxis und Ästhetik. Frankfurt a. M., S. 14–32.

Bourdieu, P., 1994, L'emprise du journalisme. In: Actes de la recherche en science sociales, 101–102, S. 3–9.

Bourdieu, P./von Thadden, E., 1994, Wieder Frühling in Paris. In: Wochenpost 15, 7. April, S. 12–13.

Steinrücke, M. Hrsg., 1997, Der Tote packt den Lebenden (Textsammlung von Bourdieu). Hamburg.

3. Sekundärliteratur:

Honneth, A., 1990, Die zerissene Welt der symbolischen Formen. Zum kultursoziologischen Werk Pierre Bourdieus. In: ders., Die zerissene Welt des Sozialen. Sozialphilosophische Aufsätze. Frankfurt a. M.

Müller, H. P., 1986, Kultur, Geschmack und Distinktion. Grundzüge der Kultursoziologie Pierre Bourdieus. In: Kölner Zeitschrift für Soziologie und Sozialpsychologie, Sonderheft 27: Kultur und Gesellschaft, S. 162-190.

Bohn, C., 1991, Habitus und Kontext. Ein kritischer Beitrag zur Sozialtheorie Bourdieus. Opladen.

Schwingel, M., 1995, Bourdieu zur Einführung. Hamburg.

Anmerkungen

1 Die faktische Leitung der Forschungsarbeiten lag aber, wie Aron in seinen Memoiren selbst bemerkt, stets in Bourdieus Händen. Der endgültige Bruch mit Aron vollzieht sich dann im Gefolge der 68er Unruhen.

2 Programmatisch in dieser Hinsicht: Bourdieu, P. u. a., Le métier de sociologue. Paris 1968.

3 Vgl., Bourdieu, P., Sociologie de l'Algérie. Paris 1958; Bourdieu, P. u. a., Travail et travailleurs en Algérie. Paris/La Haye 1963; Bourdieu, P./Sayad, A., Le déracinement. La crise de l'agriculture traditionelle en Algérie. Paris 1964.

4 Vgl., Bourdieu, P., La maison kabyle ou le monde renversé. In: Echange et communication. Melanges offerts à Claude Lévi-Strauss à l'ocassion de son 60ème anniversaire. Paris/La Haye 1970, S. 739–758.

Bourdieu, P., Sozialer Sinn, Kritik der theoretischen Vernunft. Frankfurt a. M. 1987, S. 24.

6 Ebenda, S. 27.

7 Ebenda, S. 27.

8 Bourdieu, P./Wacquant, L. J. D., Réponses. Pour une anthropologie réflexive. Paris 1992, S. 101, 103.

9 Vgl., Bourdieu, P., Sozialer Sinn, Kritik der theoretischen Vernunft. Frankfurt a. M. 1987, S. 152, 157.

10 Bourdieu, P., Méditations pascaliennes. Paris 1997, S. 229.

11 Bourdieu, P. u. a., Le métier de sociologue. Paris 1968, S. 56.

12 Vgl. besonders: Bourdieu, P./Wacquant, L. J. D., Réponses. Pour une anthropologie réflexive. Paris 1992.

13 Ein sehr ähnliches Konzept findet sich bei Arnold Gehlen, der bei Bourdieu erstaunlicherweise nicht auftaucht.

14 Bourdieu, P., Entwurf einer Theorie der Praxis auf der ethnologischen Grundlage der kabylischen Gesellschaft. Frankfurt a. M. 1976, S. 207.

15 Bourdieu, P., Sozialer Raum und Klassen. Leçon sur la leçon. Zwei Vorlesungen. Frankfurt a. M. 1985, S. 69.

16 Bourdieu, P., Sozialer Sinn, Kritik der theoretischen Vernunft. Frankfurt a. M. 1987, S. 98 f.

17 Bourdieu, P., Die feinen Unterschiede. Kritik der gesellschaftlichen Urteilskraft. Frankfurt a. M. 1982, S. 140.

18 Bourdieu, P., Méditations pascaliennes. Paris 1997, S. 23 f. (eigene Übersetzung).

19 Ebenda, S. 26.

20 Vgl., Bourdieu, P., Sozialer Sinn, Kritik der theoretischen Vernunft. Frankfurt a. M. 1987, S. 114.

21 Für den Vorschlag zwischen Primär- und Sekundärhabitus zu unterscheiden vgl. Lettke, F., Habitus und Strategien ostdeutscher Unternehmer. München 1996, bes. S. 48; für die gesellschaftstheoretischen Implikationen vgl. Bohn, C., Habitus und Kontext, Opladen 1991.

22 Bourdieu, P., Méditations pascaliennes. Paris 1997, S. 33 ff.

23 Ebenda, S. 41.

24 Bourdieu, P., Sozialer Raum und Klassen. Leçon sur la leçon. Zwei Vorlesungen. Frankfurt a. M. 1985, S. 11.

25 Bourdieu, P., Die verborgenen Mechanismen der Macht. Schriften zu Politik & Kultur I. Hamburg 1992, S. 63.

26 Vgl. Bourdieu, P./Wacquant, L. J. D., Réponses. Pour une anthropologie réflexive. Paris 1992, S. 120; vgl. auch Bourdieu, P., Ce que parler veut dire. L'économie des échanges linguistiques. Paris 1982. (Dt. Was heißt sprechen? Die Ökonomie des sprachlichen Tausches. Wien 1990).

27 Bourdieu, P., Les règles de l'art. Génèse et structure du champ littéraire. Paris 1992, S. 112, 114.

28 Vgl. Bourdieu, P., Homo academicus. Paris 1984. (Dt. Homo academicus. Frankfurt a. M. 1984).

29 Bourdieu, P., Sozialer Sinn, Kritik der theoretischen Vernunft. Frankfurt a. M. 1987, S. 12.

30 Bourdieus jüngstes, viel gescholtenes Buch über das Fernsehen macht da keine Ausnahme: Bourdieu, P., Sur la télévision. Suivi de l'emprise du journalisme. Paris 1996 (Dt. Über das Fernsehen. Frankfurt a. M. 1998).

Autorinnen und Autoren

Klaus R. Allerbeck, geb. 1944, Professor für Soziologie, Johann Wolfgang Goethe-Universität Frankfurt am Main. *Buchveröffentlichungen*: Datenverarbeitung in der empirischen Sozialforschung, 1972; Soziologie radikaler Studentenbewegungen, 1973; Einführung in die Jugendsoziologie, 1976; Demokratisierung und sozialer Wandel, 1976; Politische Ungleichheit, 1978; Die Entscheidung über Erhebungsmethode und Methoden-Mix in der empirischen Wirtschafts- und Sozialforschung, 1981; Jugend ohne Zukunft? Einstellungen, Umwelt, Lebensperspektiven, 1985.

Cornelia Bohn, geb. 1955, Hochschulassistentin für Soziologie, Universität Trier. *Buchveröffentlichungen*: Habitus und Kontext, 1991; Schriftlichkeit und Gesellschaft, 1999.

Lewis A. Coser, geb. 1913, Distinguished Professor of Sociology Emeritus, State University of New York (Stony Brook), Adjunct Professor of Sociology, Boston University. *Buchveröffentlichungen*: Towards a Sociology of Social Conflict, 1954; The Functions of Social Conflict, 1956 (Dt. Übers. 1965); Men of Ideas, 1965; Continuities in the Study of Social Conflict, 1967; Masters of Sociological Thought, 2nd. ed. 1977; Greedy Institutions, 1974; The Pleasures of Sociology, 1980; Introduction to Sociology, 1983; Refugee Scholars in America, 1984.

Alois Hahn, geb. 1941, Professor für Soziologie, Universität Trier, Professeur associé, Ecole des Hautes Etudes en Sciences Sociales, Paris. *Buchveröffentlichungen*: Einstellungen zum Tode und ihre soziale Bedingtheit, 1968; Wissenschaft von der Gesellschaft, 1973 (mit H. Braun); Religion und der Verlust der Sinngebung, 1974; Soziologie der Paradiesvorstellungen, 1976; Selbstthematisierung und Selbstzeugnis: Bekenntnis und Geständnis, 1987 (mit V. Knapp); Die ersten Jahre junger Ehen, 1989 (mit R. Eckert und M. Wolf); AIDS und die gesellschaftlichen Folgen, 3 Bde., 1992–1997 (mit W. H. Eirmbter und R. Jacob).

Andreas Hess, geb. 1959, Lecturer in Sociology, University of Wales, Bangor. *Buchveröffentlichung*: Die Politische Soziologie C. Wright Mills' 1995; American Social and Political Thought, 2000.

Robert Hettlage, geb. 1943, Professor für Soziologie, Universität Regensburg. *Buchveröffentlichungen*: Persistenz im Wandel. Das Mobilisierungspotential sizilianischer Genossenschaften: Eine Fallstudie zur Entwicklungsproblematik, 1979 (mit Chr. Giordano); Genossenschaftstheorie und Partizipationsdiskussion, 2. Aufl. 1987; Selbsthilfe in Andalusien. Kooperativen im Kampf gegen ländliche Arbeitslosigkeit, 1989 (mit D. Goetze u. a.); Familienreport. Eine Lebensform im Umbruch, 2. Aufl. 1998.

Axel Honneth, geb. 1949, Professor für Sozialphilosophie, Johann Wolfgang Goethe-Universität Frankfurt am Main. *Buchveröffentlichungen*: Soziales Handeln und menschliche Natur. Anthropologische Grundlagen der Sozialwissenschaft, 1980 (mit H. Joas); Kritik der Macht. Reflexionsstufen einer kritischen Gesellschaftstheorie, 1985; Die zerrissene Welt des Sozialen. Sozialphilosophische Aufsätze, 1992; Kampf um Anerkennung. Zur moralischen Grammatik sozialer Konflikte, 1992; Desintegration. Bruchstücke einer soziologischen Zeitdiagnose, 1994.

Stefan Müller-Doohm, geb. 1942, Professor für Soziologie, Carl von Ossietzky Universität Oldenburg. *Buchveröffentlichungen*: Jenseits der Utopie. Theoriekritik der Gegenwart. 1991; Kulturinszenierungen 1996[2] (mit K. Neumann-Braun); ‚Wirklichkeit' im Deutungsprozeß. Verstehen und Methoden in den Kultur- und Sozialwissenschaften 1996[2] (mit T. Jung).

Richard Münch, geb. 1945, Professor für Soziologie, Otto-Friedrich-Universität Bamberg. *Buchveröffentlichungen*: Theorie des Handelns, 1982/1988; Die Struktur der Moderne, 1984/1991; Die Kultur der Moderne, 2 Bde., 1986/1993; Dialektik der Kommunikationsgesellschaft, 1991/1992; Das Projekt Europa. Zwischen Nationalstaat, regionaler Autonomie und Weltgesellschaft, 1993; Sociological Theory, 3 Bde., Chicago 1994; Dynamik der Kommunikationsgesellschaft, 1995; Risikopolitik, 1996; Globale Dynamik, lokale Lebenswelten, 1998.

Karl-Dieter Opp, geb. 1937, Professor für Soziologie, Universität Leipzig. *Buchveröffentlichungen*: Soziologie im Recht, 1973; Abweichendes Verhalten und Gesellschaftsstruktur, 1974; Soziologie der Wirtschaftskriminalität, 1975; Individualistische Sozialwissenschaft, 1979; Die Entstehung sozialer Normen, 1983; The Rationality of Political Protest, 1989; Die volkseigene Revolution, 1993 (mit P. Voß); Methodologie der Sozialwissenschaften, 3. Aufl. 1995; Die enttäuschten Revolutionäre, 1997.

Karl-Siegbert Rehberg, geb. 1943, Professor für Soziologische Theorie, Theoriegeschichte und Kultursoziologie, Technische Universität Dresden. *Buchveröffentlichung*: Soziologische Denktraditionen. „Schulen", Kreise und Diskurse in der deutschen Soziologie, 1999.

Joachim Stark, geb. 1952, Redakteur einer Tageszeitung. *Buchveröffentlichung*: Das unvollendete Abenteuer. Geschichte, Gesellschaft und Politik im Werk Raymond Arons, 1986.

Rudolf Stichweh, geb. 1951, Professor für Allgemeine Soziologie und soziologische Theorie, Universität Bielefeld. *Buchveröffentlichungen*: Zur Entstehung des modernen Systems wissenschaftlicher Disziplinen. Physik in Deutschland 1740–1890, 1984; Der frühmoderne Staat und die europäische Universität. Zur Interaktion von Politik und Erziehungssystem im Prozeß ihrer Ausdifferenzierung, 1991; Wissenschaft, Universität, Professionen. Soziologische Analysen, 1994.

Reinhard Wippler, geb. 1931, Professor für Theoretische Soziologie, Universiteit Utrecht. *Buchveröffentlichungen*: Vrije Tijd Buiten, 1966; Sociale Determinanten van het vrijetijdsgedrag, 1968; Theoretische sociologie als practisch probleem, 1973; Sociologie tussen empirie en theorie, 1996.

Personenregister

Soziologie und Gesellschaft bei C.H.Beck

Verlag C.H.Beck München

Soziologie und Gesellschaft bei C.H.Beck

Walter Euchner (Hrsg.)
Klassiker des Sozialismus
Band 1: Von Babeuf bis Plechanow
1991. 329 Seiten mit 20 Abbildungen. Leinen
Band 2: Von Jaures bis Marcuse
1991. 338 Seiten mit 18 Abbildungen. Leinen

Klaus M. Leisinger
Unternehmensethik
Globale Verantwortung und modernes Management
1997. 250 Seiten. Leinen

Sudhir Kakar
Die Gewalt der Frommen
Zur Psychologie religiöser und ethnischer Konflikte
Aus dem Englischen von Barbara Hörmann
1997. 312 Seiten. Broschiert

Claudia Honegger / Theresa Wobbe
Frauen in der Soziologie
Neun Portraits
1998. 389 Seiten mit 7 Abbildungen. Paperback
Beck'sche Reihe Band 1198

Herwig Birg
Die demographische Zeitenwende
Der Bevölkerungsrückgang in Deutschland und Europa
2001. 226 Seiten mit 40 Schaubildern und 25 Tabellen. Paperback
Beck'sche Reihe Band 1426

Paul Nolte
Die Ordnung der deutschen Gesellschaft
Selbstentwurf und Selbstbeschreibung im 20. Jahrhundert
2000. 520 Seiten. Leinen

Verlag C.H.Beck München